내영의
진수성찬

내영의
진수성찬

ⓒ 박순용, 2021

초판 1쇄 발행 2021년 4월 10일

지은이   박순용
펴낸이   이기봉
편집   좋은땅 편집팀
펴낸곳   도서출판 좋은땅
주소   서울 마포구 성지길 25 보광빌딩 2층
전화   02)374-8616~7
팩스   02)374-8614
이메일   gworldbook@naver.com
홈페이지   www.g-world.co.kr

ISBN 979-11-6649-620-2 (03230)

내영의 진수성찬

박순용 지음

성경은 하나님이 예수님을 땅에 보내실 때 두른 포장지며 또한 인류에 내린 선물이다.
이 안에 숨어있는 예수그리스도 십자가의 피를 발견하여,
모두가 예수의 피뿌림을 받게 되길 두 손 모아 기도한다.

좋은땅

목차

1

성경 속의 그림자와 보물

성경은 창세기로부터 시작한다. 호기심을 가지고 한 장 한 장 넘긴다. 천지 창조가 나오고 아담과 하와, 가인과 아벨, 노아홍수, 아브라함, 이삭, 야곱, 요셉의 이야기가 재미있는 스토리로 전개된다. 모두 신나게 읽어 가다가 출애굽기에서 막히기 시작하여 레위기, 민수기, 신명기에서 대게 그 산을 못 넘어가고 덮어 두든지 뛰어넘든지 한다.

등산을 할 때 처음엔 아기자기한 야산을 넘는다. 그러다 보면 어느덧 산중턱에 이른다. 가파르고 험준한 바윗길이 나온다. 거기서 못 올라가고 포기하는 사람도 있다. 그러나 험준한 바위에 올라서면 더 좋은 경치가 기다리듯이 성경도 읽기 어려운 부분들을 잘 넘기면 신앙이 그만큼 성숙해지고 예수님에 대하여 좀 더 잘 보일 수가 있는 것이다.

하나님이 이 땅으로 보내 주신 보화 중의 보화인 아들 예수님은 인생 최고의 복이요 선물이요 보화인 것이다. 예수님이 이 땅에 오실 때에 하나님은 구약성경을 설명서로 주셨다.

아들에 관한 설명서와 같은 것이다. 모세의 설명서도 아니고 아브라함의 설명서도 아니고 다윗의 설명서도 아닌 것이다.

예수님은 또 보물찾기와 같다. 대개 보면 금은보화는 모두 깊이 땅속 바위틈에 숨어 있듯이 하늘의 보화되신 예수님도 숨겨져 오신 분이다. 밭에 감추인 보화라 하셨다. 아무나 찾을 수 없다. 그러나 찾으려고 하면 찾을 수 있다.

우리는 초등학교 때 소풍을 다녀온 경험이 있을 것이다. 점심을 먹고 나면 선생님이 보물찾기 시간을 준다. 어디서부터 어디까지 숨겨 놨으니 찾으라 한다. 학생들은 '와'하고 헤어져 돌도 들추어 보고 나무껍질 사이도 유심히 보고 풀포기 사이도 들여다본다. 찾는 아이는 신이 나서 '나 찾았다'하고 못 찾은 아이는 풀이 죽는다. 보물 쪽지에 따라 공책이나 연필을 상으로 받는다.

하나님은 인생들에게 예수님을 구약성경 39권 안에 그리고 이 세상 가운데 감추어 오신 분이다. 우리 인생들은 일평생 보물인 예수님을 찾는 것이다. 일찍 찾는 사람도 있고 늦게 찾는 이도 있는 것이다. 구약에 모든 인물과 선지자들은 인생이 예수라고 하는 보물을 잘 찾도록 도와주는 역할을 하고 있는 것이다. 선생님이 보물을 숨겨 놓고 설명을 해 준다. 돌 속에도 나무 껍질사이도 가랑잎 속에도 숨겨 놨으니 유심히 잘 보고 찾으라고 조언하듯, 모든 선지자들은 예수님 잘 찾도록 설명해 주고 있는 것이다. 우리가 구약을 읽을 때 예수님은 어디 계실까? 보물찾기 때 보물쪽지가 돌멩이 속에 있듯이 어린양 속에도 송아지 속에도 비둘기 속에도 아담을 비롯해서 아벨, 노아, 아브라함, 이삭, 야곱, 요셉, 모세, 여호수아, 다윗, 솔로몬, 요나, 우물,

반석, 구름, 구약 곳곳에 숨어 계신 분이다. 우리는 종종 구약성경 안에서 설교하는 말씀을 듣는다. 몇 가지만 빼고는 거의 예수님 없는 사람 위주로 하는 설교를 듣는다. 모세가 훌륭하다느니 다윗처럼 하나님을 잘 섬겨야 한다는 식으로 그 당시 사람을 추켜세우고 귀한 시간을 허비하는 것을 본다. 하나님은 사람 설교하라고 하시는 것이 아니고 그 사람 속에 감추어 계신 예수님을 찾아 성도들에게 나누어 주라고 하시는 것이다.

또 예수님은 퍼즐과 같은 모습이다. 퍼즐은 전체가 한 모양이지만 조각조각 나누어졌다.

바로 구약성경이 그와 같다. 퍼즐을 흩어 놓은 것 같은 것이다. 구약성경을 잘 맞추다 보면 하나님이 구약성경에 그려 넣으신 전체 그림이 보이게 될 것이다. 하나님은 모든 인생들에게 이 그림을 보여 주고 싶어 하신다. 그 그림은 바로 십자가의 피인 것이다. 또 예수님을 구약성경을 통해 보여 주시는 모습이 실물과 그림자같이 운행하신다. 그림자가 있으면 그 그림자를 움직이는 실물이 있듯이 구약성경을 움직이는 그림자 속에 예수님이라는 실물이 있는 것이다. 즉 이스라엘백성들 앞에서 지팡이로 모세가 반석을 쳐서 물이 나왔다. 그 반석이 바로 예수님이라는 사실이다. 이삭이 장작을 지고 모리아 산을 향해 가는 것, 예수님께서 십자가를 지고 가시는 모습이다. 모세가 산에 올라가 두 손을 들고 기도하는 모습은 예수님이 십자가에서 못 박히시고 다 이루었다고 하신 모습인 것이다. 높은 하늘에서 반짝이는 별빛이 금방 온 것이 아니고 한참 전에 비친 빛이 온 것이다.

구약성경에 나타난 모든 사건은 그림자요 실물은 예수님인 것이다.

하나님께서 예수님을 밭에 감추인 보화처럼 보내셨다. 값지고 귀한 물건을 선물할 때 어떻게 보낼까? 아무렇게 보낼까? 아니다 깨질세라 다칠세라 아주 조심히 다룬다. 부드러운 비닐로 감싼다. 그리고 플라스틱으로 고정시키고 박스에 넣어 테이프로 끈으로 묶는다. 예수님이 바로 그렇게 오신 분이다.

하나님은 예수님을 이 땅에 보내실 때에 최고로 안전하게 보내시기 위하여 포장되어 오신 분이다. 바로 그 구약이라는 박스 안에 예수님을 포장해서 보내신 것이다.

모든 인류에게 주시는 하나님의 선물이다. 예수님을 바로 알려면 구약이란 박스와 율법이란 비닐을 벗기고 봐야 감추어진 예수님을 바로 볼 수가 있는 것이다.

그토록 귀한 보물을 우리에게 주셨다. 받는 입장에 있는 우리들은 어떤 태도로 선물을 받아야 할까 어떻게 보관을 해야 하나. 아마도 가장 안전한 곳에 보관하듯이 예수님은 우리 마음에서도 가장 좋은 곳 중심에 주인으로, 하나님으로, 왕으로 섬겨야 한다.

그렇다. 이제 계속해서 구약을 통해 설명하고자 한다. 읽다 보면 나의 신앙고백을 이해하게 될 것이다.

성경은 숨은그림찾기 하는 것 같다. 신문이나 잡지책을 보면 숨은그림찾기란이 있다.

쉽게 찾을 수가 없다. 그러나 자세히 살펴보면 숨은 그림이 보인다. 우리가 찾는 그림은 예수그리스도의 십자가의 피인 것이다. 나와 함께 구약성경 속으로 여행을 떠나 보자.

2

천지창조와 예수님

성도들이라면 누구든지 제일 먼저 읽는 성경이 창세기일 것이다. 그중에 1장 1절의 천지 창조의 말씀은 첫 번째로 만나는 말씀이다. 이 세상의 나온 많은 사람들이 읽으면서 어떤 생각을 했을까. 아마도 무심코 지나간 사람이나 혹은 기독교의 전설로 또는 실제 세상에 광활한 우주 공간을 보면서 믿어지지 않는 사람도 있으리라. 성경을 기록하게 하실 때 천지 창조를 왜 첫머리에 기록하셨을까. 그것은 하나님 편에서 볼 때 아주 귀중한 섭리와 뜻이 있고 인간들이 볼 땐 엄청난 진리가 숨겨져 있는 말씀이다.

여기서 잠깐 세상으로 들어가 보자. 세상엔 수많은 회사와 공장들이 있고, 수많은 제품들을 쏟아 낸다. 회사마다 공장마다 자기상표가 있다. 어디다 상표와 이름을 달고 붙일까? 아마도 제일 잘 보이는 곳을 택할 것이다. 혹시나 못보고 그냥 지나칠까봐서 광고판을 이곳저곳에 세운다. 왜일까. 홍보하기 위해서다. 자동차를 보면 앞에다 뒤에다 상표를 붙였다. 전자제품마다 자기상표를 표시한다. 아파트는 아파트대로 자기네 회사가 지었다고 자랑한다. 그것은 확실히 자기네 회사나 공장에서 만든 것이기에 합법적이고 자신이 있기에 선전하는 것이다. 세상엔 많은 종교와 신들이 자기들 신이 최고라고 자랑하고 선전한다. 그러나 어느 경전이나 그 신들의 책자 중 어느 부분에서는 자기들 신이 세상을 만들었다는 내용이 있다. 그런데 왜 앞에 다는 기록을 못 한 걸까. 바로 그것은 자신이 없고 거짓이기 때문일 것이다. 세상 사람들도 자기 회사 공장 제품을 가장 잘 보이는 곳에 설치하듯 하나님께서도 성경 첫머리에 만드신 세상을 자신 있게, 확실하게, 완벽하게 자랑하시고 알리시고 싶어서 누구든지 읽고 믿으라고 기록하신 것이다.

하나님은 하루하루 만드시고 보시기에 좋았더라 하셨다. 하나님이 보시기에 좋은 세상은 인간의 눈으로 볼 땐 표현을 못 할 정도로 엄청나게 좋은 세상이다. 그래서 세계 곳곳으로 다니면서 아름다운 산과 바다 기암절벽을 바라보며 탄성을 자아낸다. 어떻게 만드셨을까. 높은 산이며 넓디넓은 바다며 해와 달과 별, 우주공간이 엄청난 창조물을 엿새 만에 만드셨다. 너무 크고 엄청나기 때문에 사람들은 믿지도 못하지만 믿으려 하지도 않고 저절로 생겼다고 해서 자연이라 한다. 히3;4절에는 집마다 지은이가 있으니 만물을 지은이는 하나님이시라 한다. 롬1;20절에는 능력의 신성이 그 만드신 만물을 보아 알게 되나니 그러므로 저희가 핑계치 못하리라. 세상은 살아 있고 보이는 성경이다.

한 가지 예를 들어 보려 한다. 봄에 보면 각종 나무에서 꽃들이 피어난다. 벚나무를 보자. 거무스름한 죽은 나무 같은 데서 어떻게 그렇게 수백만 송이의 아름다운 꽃이 향기를 뿜어내면서 장식을 할까 벚나무가 학교를 나온 것도 아니고 디자이너 공부를 한 것도 아니고 향기 공장을 가진 것도 아니고 단지 땅속에서 물만 먹었을 뿐인데. 이 벚나무가 저절로 생겼을까. 각종 꽃을 보라 수만 가지 꽃 중에 똑같은 꽃이 있는가? 각종 과일을 보라. 똑같은 비료와 물을 먹는데 배나무에선 배가 열리고 사과나무에선 사과가 호두나무에선 호두가 열리는가?

배나무 사과나무에 설탕 공장이 있는가? 호두나무에 기름 공장이 있는가? 이런 것들이 저절로 되었겠는가? 세상엔 저절로 된 것은 하나도 없다. 높은 빌딩과 비행기는 사람이 만든 것인 줄 안다. 창조에 관한 설명은 한이 없다.

하나님은 천지창조를 제일 먼저 읽게 하셨다. 이유가 있다. 천지창조를 믿는 사람이라면 그 나머지 사건은 다 믿을 수 있기 때문이다. 성경 안에는 많은 기적과 이적이 있다. 믿을 수 있다. 예수님 십자가와 부활, 믿을 수 있다. 우리들이 부활해서 천국 가는 것 다 믿을 수 있는 것이다.

그런데 예수님하고는 어떤 관계가 있을까. 하나님은 세상을 만드실 때 예수님으로 말미암아 창조하셨다 (요1;3절 참조). 또 예수님 때문에 창조하셨고 예수님을 위하여 창조하셨다 (골1;16절 끝부분 참조). 원래 하나님 나라는 천국이다. 이 세상을 창조하신 것은 인간을 창조하신 다음 그 인간 중에서 예수님의 배필을 구하고자 함이다. 그래서 하나님은 예수님을 이 세상에 소개하신다. 우리 아들 참 잘 생겼다고 누구든지 우리 아들에게 오고 싶으면 십자가 앞으로 모이라 하시고 온 세상사람 잘 보고 찾아오라고 갈보리 산 높은 언덕에 더 잘 보이도록 십자가를 세워 놓고 그 위에다 예수님을 못 박으시고 온 인류에게 홍보하시고 광고하시고 계시다. 하나님은 이 세상을 만드신 후 성경 제일 앞부분 잘 보이는 곳에 기록하게 하시고 구원의 역사도 한 귀퉁이에서 일어난 사건이 아니라 로마가 지켜보는 가운데서 세상 중앙에서 일어난 사건이다.

왜 온 세상 인류 다 보라고, 다 믿으라고, 다 구원받으라고, 다 천국 오라고, 선전하시는 하나님 또 성령님도, 또 선지자, 사도들도, 우리들도, 예수 믿으라고 선전, 홍보하는 것이다.

3

아담과 하와, 예수님과 성도

모든 우주 만물은 양과 음으로 창조되었다. 양은 남성이고 음은 여성이다. 태양계에서도 해와 낮은 양[남] 달과 밤은 음[여]이다. 식물에도 동물계에서도 생물, 곤충에도 수놈과 암놈으로 지으셨다. 그런데 유독 사람만 음이 없고 혼자다. 모든 동물 생물들이 만나서 제일 먼저 한 일이 무엇일까? 그 당시 상황으로 돌아가서 생각해 보자, 그때 아담 주위에 같이 살았을 것이다, 살생이 없으니까 모두가 친구나 다름없이 뒹굴며 지냈을 것이다. 그러면서 자연스럽게 짝짓기하는 모습을 보았을 것이다. 그 짝짓기는 누가 가르쳐 준 것도 아니고 어디서 배운 것도 아니다. 서로 간에 당기는 힘으로 맞추어 지는 것이다. 그 광경을 본 아담의 마음이 어떠했을까? 아마도 남자의 본능적인 생리 현상이 작용했으리라. 그 당시는 동물과도 교감이 있었다. 소와 말과 코끼리, 원숭이, 사자가 아담한테 이렇게 말을 했을 것이다, '이봐 아담, 하나님이 우리보고 번성하랬어.', '땅에 충만하랬어. 우린 지금 바쁘거든.'아담은 짝이 없어서 심심했을 것이다. 모든 생명체들이 창조 시에는 성숙한 모양으로 창조된다. 아담도 나이는 한 살이지만 성숙도는 30세쯤 될 것이다, 왜냐하면 예수님 공생의 나이가 30세라 하셨기 때문이다.

아담은 오실 자의 표상이라 하셨다. 혈기 왕성한 건장한 청년으로 지음 받았다. 그런 아담이 동물들이나 곤충들이 짝짓기하는 행위들을 보면서 무슨 마음이 들었을까? 아마도 이성을 갈구하는 마음이 들었으리라. 아담의 그 외로움을 보신 하나님께서 돕는 배필을 지어 주시는데 여기서부터 잘 이해하면서 읽기 바란다.

아담을 깊이 잠들게 하신다. 갈비뼈를 뽑기 위해서 깨어 있는 아담의 갈비뼈도 아프지 않게 빼내실 수 있는데 꼭 깊이 재워야만 되셨는가? 그리고 다른 뼈로는 안 되고 꼭 갈비뼈로만 하신 이유가 무엇일까.

우리가 성경을 해석할 땐 예수님이 열쇠다. 십자가의 피가 열쇠다. 바울 사도는 그리스도는 하나님의 비밀이라 했다. 모든 성경이 예수 그리스도의 십자가의 피로써 열릴 수 있다.

이만해서 요한복음으로 들어가 보자. 19;34절에 그중 한 군병이 창으로 옆구리를 찌르니 곧 피와 물이 나오더라. 이 사건은 이미 예수님은 십자가의 못 박혀 운명하신 다음, 그러니까 하나님께서 예수님을 깊이 잠들게 하심과[죽음] 아담이 깊이 잠들음은 어떤 관계일까? 또 아담의 옆구리에서 갈비뼈를 취하심과 죽으신 예수님의 옆구리에서 피와 물을 흘리심의 어떤 관계가 있을까? 하나님께서는 잠든 아담의 옆구리에서 갈비뼈를 뽑아서 만든 사람이 여자요, 하와인 것이다. 여자는 남자의 옆구리에서 나왔다 하여 여편네라 한다. 여자가 없는 남자는 항상 옆구리가 시리다는 말이 맞는 것 같다. 남녀가 걸어갈 땐 앞뒤가 아니라 옆으로 걷는다.

아담을 돕는 배필도 아담의 몸에서 나온 것으로 만드셨고 창조 맨 마지막 작품이듯 둘째아담인 예수님도 옆구리에서 흘린 피로서 다시 태어난 성도들을 세상 마지막 재림하실 때 자기의 신붓감으로 정하실 것이다. 주님은 니고데모에게 물과 피로 거듭나야 천국에 들어간다 하시다, 옆구리[허리]에서 사람이 나온다는 참고 성경이 몇 군데 나온다.

창35;11절에 야곱의 허리에서 많은 왕들이 나오리라 하셨다. 히7;5절에도 아브라함과 멜기세덱의 이야기가 나온다. 아브라함이 전쟁에서 돌아오는데 멜기세덱이 아브라함에게 축복한다. 아브라함은 멜기세덱에게 십일조를 바친다. 원래 십일조는 레위 지파가 받는 것인데 레위는 아직 세상에 나오지 않은 상태이다. 그러면 그 당시 레위는 어디 있었을까.

히7;9절에 보면 레위는 아브라함의 옆구리[허리]에 있었다고 한다. 아담의 옆구리에서 하와가 나오고 아브라함의 옆구리에서 레위가 나오고, 야곱의 옆구리에서 많은 왕들이 나왔듯이. 허리에는 굵은 창자국 찬송가 가사처럼 우리주님 옆구리에서 흘리신 보배로운 물과 피로 거듭난 성도가 예수님의 신부가 될 것이다.

4

여섯째 날과 안식일

하나님은 천지창조를 엿새 동안에 다 만드시고 칠 일은 쉬셨다. 그리고 인간의 날과 하나님의 날을 구분해 놓으셨다. 인간에게는 육 일을 주시고 하나님은 하나를 가지셨다. 그 후로는 육 일과 칠 일 사이에는 보이지 않는 경계가 있는 것 같다. 모세를 통해서 율법을 주실 때에도 엿새 동안은 네 모든 일을 힘써 하고 제 칠 일은 하나님의 날이라고 구분해 놓으셨다, 법으로도 정해놓고 울타리도 쳐 놓았다. 인간들이 침범할까봐. 그렇게 했는데도 불구하고 세상에 사는 인간들은 하나님의 날까지 빼앗아 갔다, 인류 역사상 계속해서 하나님의 날을 빼앗아 쓰고 있다. 이스라엘 백성을 특별히 뽑아서 시범 케이스로 지켜보게 하셨다, 그런데 역시나다. 북쪽의 이스라엘도, 남쪽의 유다도, 결국 포로로 잡혀가서 안식일을 지키고 왔다.

그 후로도 이스라엘 백성들은 표면적으로는 안식일을 잘 지키는 것 같다. 실제로 이스라엘에 가 보면 안식일 날에는 셔터 문들이 닫혀있고 뒷문으로 나가서 여행도 가고 다른 일들을 한다고 한다. 그러면서도 이스라엘 백성들은 최고로 잘 지키는 자라며 예수님을 대적하고 각종 시험과 올무를 놓아 걸리게 하고 결국 십자가에 죽게 만든 장본인들이다.

예수님은 이들을 향해 회칠한 자들이다, 형식과 외식 자들이라고 책망하셨다.

지금 우리나라의 안식일 교회가 있다, 안식일 교회가 안식일을 주장한다. 꼭 예수님 당시 바리새인을 보는 것 같다. 바리새인의 뿌리가 아닌가 싶다. 요10;31절에 이렇게 기록되어 있다. 유대인들은 안식일이 큰 날이므로 유대인뿐만 아니라 안식일 교인들에게도 큰 날인 것이다.

여기서 주님이 하신 말씀을 들어 보라. 인자는 안식일에 주인이다. 우리가 성경을 읽고 해석하는 가운데 가장 위험한 요소가 문자적인 해석이다. 글자로 풀어보려고 하면 이단이나 다른 방향으로 빠지기 쉽다. 성경은 영적인 요소이기 때문에 영적으로 해석해야 풀리는 경우가 많다. 고전 2;13절에 신령한 일은 신령한 것으로 분별한다고 했다. 여기서 신령한 뜻이 무엇인가. 예수님은 안식일에 주인이라 하셨다. 안식일은 어느 날짜가 아니라 주님자신이 안식일의 본체인 것이다. 주님은 양의 문이라 하셨고, 길도 되시고, 진리도 되시고, 생명도 되시고, 복음도 되신다. 조금 더 신령한 뜻이 어떤 것인가 생각해 보자. 안식은 편안히 쉬는 것이다. 인생들이 가장 편안하게 쉴 보금자리는 침대가 있는 방일 것이다. 하루일과를 마치고 씻고 자리에 누우면 그보다 평안이 어디 있으랴. 엿새 동안 죄악으로 지친 인생들이 지은 죄를 씻고 주님 안이 호텔이요 안방이요 우리가 거할 처소인 것이다. 주님은 늘 말씀하셨다 내 안을 들어오라고, 그렇다 주님 안에 들어간 자가 참 안식을 지키는 것이고 누리는 것이다.

믿음이란 어떤 것일까? 내가 주님 안으로 주님을 내 마음속으로 모시는 것이다. 많은 교파들이 있다. 안식일 교파에서도 기성 교회에서 믿는 것 다 믿는다고 한다. 그러나 예수를 믿어도 안식일을 지켜야 된다는 식이다. 안식일이라는 날을 예수님보다 귀중히 보는 것이다.

어떤 교파에서는 예수를 믿어도 침례를 받아야 한다고 한다. 침례를 예수님보다 높이 두는 경우가 있는 것 같다. 바울사도는 주님이 나를 보내심은 세례 주라고 보내신 것이 아니고 예수님을 전하는 것이 목적이라고 한다. 주님보다 더 귀한 것이 어디 있으랴, 우리 신앙 가운데 주님보다 더 귀한 것도 없고 앞선 것도 없도록 하자.

사실 예수님보다 안식일을 더 잘 지킨 사람도 없다. 주님은 안식일 전날에 인생의 모든 죄 짐을 지시고 십자가로 해결해 주셨다. 하나님은 천지창조를 마치시고 안식하심과 같이 주님은 구속 사업을 완성하시고 마지막 안식을 무덤에서 지내셨다. 모든 율법과 선지자는 세례요한까지라 하셨다. 주님은 율법을 폐하려 함이 아니고 더 좋게 완성하시려고 오신 분이다.

그래서 안식 후 첫날에 부활하셨다. 오늘날 기성 교인들도 안식일 교인들이 안식일이 큰 날인 것처럼 주일날을 큰 날로 섬긴다. 사실 안식일이나 주일이나 날이 우리를 구원하는 것은 아니다. 주님은 안식일의 주인인 것처럼 주일날의 주인이시다. 부활하신 주님을 구세주로 내 마음속에 모셨다면 안식일과 주일을 지키는 것이다. 다시 육일과 제칠 일을 좀 더 연구해 볼 필요가 있다. 하나님은 인간에게 여섯을 주셨다. 인간은 7이라는 숫자를 넘어가지를 못한다. 계13:18절의 지혜가 여기 있으니 총명 있는 자는 그 짐승에 수를 세워보라 그 수는 사람의 수니 육백육십육이니라. 육이라는 숫자가 하나가 있든 둘이 있든 열이 있든 일곱이라는 숫자를 넘어설 수가 없는 것이다.

그래서 인간에게 여섯을 주셨는데 여기서 짐승이 되느냐 참사람이 되느냐의 관건은 육 일을 넘지 못하고 안식일도 없고 주일도 없이 사는 사람은 짐승의 수로 떨어지고 사람의 수인 육일에서 하나님의 수인 일곱 안에 들어온 자는 참 안식을 얻는다. 첫날의 빛을 창조하신 것도 예수님이시고 마지막 날 안식일도 예수님을 준비해 놓으신 것이다.

예수님은 마11;28절에 수고하고 무거운 짐 진 자들아 다 내게로 오라 내가 너희를 쉬게 하리라 하셨다. 주님은 안식일 그 자체이시다. 그러기에 안식일에 주인이 되신다. 한 주간에 인간에게 주신 시간이 육 일이면 한세상 중에 인간이 사용할 수 있는 시간은 얼마나 될까? 세상이 저절로 생겼다면, 몇 억만년이라 할 수 있겠지만 인류역사가 아담부터 아브라함까지 이천 년, 아브라함부터 예수님까지 이천 년 예수님 오신지가 이천이십 년으로 추산한다. 합하면 모두 육천이십 년쯤 된다. 전설이 아니고 실제 모든 나라 중에 육천 년 넘는 나라는 없는 것 같다. 베드로는 하루가 천년 같고 천년이 하루 같은 것을 잊지 말라고 한다.

많은 사람들의 입에서 나오는 말들이 '세상 말세'라 한다. 그 말세란 말 중엔 예수님 재림을 의식하고 하는 말이다. 예수님 재림하셔서 무엇을 하실까? 지상에서 우리와 천년 왕국을 건설하신다. 평화와 안식이다. 육 일 동안 수고하고 주님 안에서 안식하므로 한 주간이 지나듯이 육천 년 동안 전쟁과 죄악 가운데서 쉼이 없는 인간들에게 예수님이 오셔서 세상을 심판하시고 천년 동안 평화롭게 지낼 것이다. 원래 하나님의 뜻은 인간들의 고통이 본심이 아니시다. 그래서 예수님이 오셔서 본래 하나님의 뜻을 실행하시는 것이다. 천년이 마치게 되면 한세상이 지날 것이다.

5

여호와는 누구, 예수는 누구

성경에는 하나님 여호와와 다른 칭호가 있다. 그중에 여호와의 이름이 가장 많이 나온다. 여호와란 이름은 창2;4, 말4;5절까지 나온다. 하나님 이름보다 더 많이 나오는 것 같다. 심지어 여호와의 증인이란 종파도 생겨났다. 한 이름으로만 치우치게 되면 이단성이 있게 된다.

하나님 이름으로만 부르는 교파도 있다. 바로 하나님 교회다. 거기서는 아버지 하나님 어머니 하나님 한다. 우리는 성경을 읽을 때 구약 창세기부터 읽어 간다. 수없이 여호와란 이름을 읽게 된다. 그러기에 나도 모르는 사이에 뇌에 입력이 된다. 뇌에 입력이 된 것이 자연스럽게 입을 통해서 나오게 되는 것이다. 한번 습관이 되고 나면 여간해선 고쳐 지지가 않는다.

별생각 없이 나온다. 목사도 장로도 예의는 아니다. 기도할 때나 설교할 때나 여호와로 시작하여 여호와로 마치는 경우도 있다. 구약을 본문으로 삼고 설교할 땐 여호와와 하나님만 있고 예수님은 한마디도 없는 경우도 있다, 나도 역시 그러했다. 대표기도 할 때 여호와 하나님으로 시작할 때가 많았다.

그러던 어느 날 신약성경을 읽는 가운데 문득 머릿속으로 스쳐 가는 것이 있었다. 우리가 자주 입버릇처럼 부르던 여호와의 이름이 신약성경 마태복음에서 요한계시록까지에는 한 말씀도 없다. '왜?'라는 의심이 들었다. 베드로도 요한도 바울사도도 그 많은 성경을 기록했음에도. 왜 여호와란 이름을 안 불렀을까? 어쩜 한마디도 없을까? 늘 궁금했다. 나는 성경을 읽을 때 창세기에서 요한계시록까지 돌아가면서 읽는다. 이사야서를 읽는 중에 궁금증을 풀어주는 해답이 있었다. 이62;2절에 이렇게 기록되어 있다. "열방이 네 공의를 열왕이 다 네 영광을 볼 것이요. 너는 여호와의 입으로 정하실 새 이름으로 일컬음이 될 것이며"라는 말씀이 나온다. 이45;4절 끝부분에도 나는 네게 칭호를 주었노라. 특별히 이사야서는 예수님에 대하여 예언한 말씀이 많이 나온다. 임마누엘 예수 이7;14 직접적인 이름도 나온다. 이런 말씀들을 생각하면서 구약에서는 하나님의 칭호가 여호와로 부르다가 신약에 와서는 하나님께서 육신을 입고 오시면서 그 이름을 예수라 하신 것이다.

영이신 하나님은 그대로 오시면서 육신을 입고 오셨기 때문에 부르는 칭호가 바뀔 수밖에 없거나 구약에 여호와가 예수라는 새 이름으로 오셨기에 이제부터 우리도 예수님을 하나님 이름으로 부르는 것이 합당하다고 생각된다. 다시 한번 생각해 보자. 모든 사도들이 한 번도 안 부른 여호와의 이름을 왜 우리는 고집스럽게 불러야 되나. 신약성경에서 사도들이 부른 칭호를 살펴보자. 임마누엘, 예수, 예수그리스도, 그리스도예수, 주, 예수님과 하나님을 함께 부를 때에는 주 하나님으로 칭호를 부를 수가 있다.

안식일을 주장하는 사람은 예수님이 아직 무덤 속에서 부활하지 않았다는 증거고, 여호와의 이름을 고수하는 사람은 육신으로 오신 예수님을 부인하고 있는 것과 같은 것이다.

6

이스라엘 백성의 출애굽 노정과
성도들 출세상 노정

– 애굽과 바로는 이스라엘 백성을 종으로,
세상과 마귀는 성도들을 종으로

성경에서 애굽은 중요한 위치에 있다. 그만큼 영적으로도 중요하기 때문이다. 구약성경 역사 가운데 애굽을 경유하지 않은 인물이 거의 없다. 믿음의 조상인 아브라함도 갔었고. 이삭, 요셉, 야곱과 그의 식구들은 70여 명이나 갔다. 그 후에도 애굽은 이스라엘 역사와 끊을 수 없는 끈끈한 인연을 맺어 온다. 솔로몬왕은 바로의 딸을 아내로 맞기도 한다.

계11;8절에 저희 시체가 큰 성길에 있으리니 그 성은 영적으로 하면 소돔이라고도 하고 애굽이라고도 하니 곧 저희 주께서 십자가에 못 박히신 곳이니라. 그러면 애굽은 어떤 나라인가 흉년 들어 먹을 게 없으면 찾아간 곳이 애굽이다. 소돔성은 음란한 성이다. 애굽과 소돔은 이 세상의 축소판이다. 예수님은 음란하고 패역한 세상에서, 즉 개와 돼지와 같은 우리들을 구원 하시려고 십자가에 못 박히신 것이다.

이제부터 내용을 잘 살펴 읽도록 주의한다. 우리가 지금까지 신앙 생활한 것이 정말 똑바로 가고 있는 것인지 말이다. 신앙생활하는 것 은 출애굽기부터 시작을 잘해야 한다. 우리는 출애굽기 역사를 읽으 면서 단순히 이스라엘 백성의 역사로만 보고 읽는다면 유익이 없다.

이스라엘 민족이 출애굽을 시작할 때 성도들은 출 세상을 시작해 야 된다. 그 당시 사건을 생각해 보자. 이스라엘 백성이 400여 년 동 안 애굽에서 노예로 살면서 고통 중에 부르짖는 소리를 들으신 하나 님께서 모세와 아론을 구원자로 보내신다. 잠깐 이 세상 전체를 놓고 보자. 이스라엘은 400년이지만 인류역사는 4,000년 동안 바로가 아 닌 마귀가 노예로 종으로 고통 속에서 살던 인생들을 하나님께서 구 원자로 예수님을 이 땅으로 보내시는 것을 보아야 한다.

이스라엘 백성에게는 출애굽이 시작이요 성도들에게는 출세상이 시작인 것이다. 모세와 아론이 바로한테 가서 가겠다고 하니 못 가게 하고 고역으로 무겁게 하다.

그래서 하나님은 모세와 아론을 통해 열 가지 재앙으로 바로를 옥 죄어 가신다. 재앙을 세 번이나 맞으면서도 끄떡도 안하던 바로가 네 번째 재앙. 파리 재앙을 맞으면서 모세와 아론을 불러 타협한다. 이 땅에서 여호와를 섬겨라. 너무 멀리 가지 말라. 모세와 아론은 '우리 는 삼일 길쯤 가겠노라.' 하니 바로가 안 보낸다. 이 내용은 예수님이 우리를 구원하시려고 이 땅, 유대 땅에 오셨다. 바로 같은 마귀가 호 락호락 받아 주질 않는다. 제사장을 비롯해서 장로들, 바리새인들을 통해서 예수님을 죽이려 한다.

우리는 출애굽기를 읽으면서 항상 예수님과 성도를 비교하면서 읽기를 바란다. 바로가 한 말 중에 "이 땅에서 너무 멀리 가지 말라."이 말의 진의가 무엇일까? 바로가 말한 이 한마디를 우리는 평생 마귀의 말로 귀담아들어야 한다. 오늘날 마귀도 성도들의 신앙을 세상에 묶어두려 한다. 평신도들의 신앙은 세상에 꼭 붙어 있고, 목사, 장로 신앙은 멀리 가지 못 하게 하는 것이다.

이 땅의 신앙인들이 세상에서 얼마나 떠나가고 있는가. 성경은 "이 세대를 본받지 말라"하셨는데 썩어질 구습에 푹 빠져 세상에 맴도는 신앙은 아닌지 정신을 바짝 차릴 때다.

세상과 마귀와는 아무것도 끝까지 타협해서는 안 되는 것이다. 세상에 두 발을 딛고 있으면 이 세상에 붙은 자고, 한 발은 세상에 한 발은 교회에 서 있는 자는 멀리 가지도 못 하지만 갈 수도 없는 자가 될 것이다. 바로가 여덟 번째 재앙을 맞고 모세와 아론을 부른다. 이번에도 재앙에 못 이겨 어쩔 수 없이 타협을 하는데 다 보내기가 아쉬워 남자들만 가라 한다. 우리는 어떨까. 믿기는 믿는데 세상에서 나 할 것 다 하고 인색하게 시간 날 때만 조금 믿는 것은 아닌가.

캄캄한 재앙을 맞고 또 부른다. 이번엔 양과 소는 머물러 두고 아이들만 데려가라 한다. 이런 말씀을 읽을 때 우리는 무엇을 느끼게 될까? 우리 앞에도 보이지 않는 이런 장애물이 얼마나 많을까? 하는 생각이 든다. 결국 바로는 출12;32절에 장자가 죽음으로 이스라엘을 보낸다. 그래서 400년 동안 종살이하던 애굽 땅에서 모세와 아론을 앞세우고 바로의 권세에서 해방되어 가나안을 향해 가게 된다. 이것이 이스라엘 백성의 출애굽 1단계다. 그러면 예수님과 성도는 출애굽기 역사와 어떤 관계가 있을까? 하나님께서 인류를 구원하시려고 애굽 같은 세상으로 예수님을 내려보내셨다. 예수님은 열 가지 재앙이 아닌 많은 기적과 이적, 표적을 수없이 보여 주셨음에도 불구하고 세상이 예수님을 배척하기에 결국 하나님은 하늘의 장자인 예수님을 십자가에서 죽이셨고 예수님이 죽으심으로 말미암아 이스라엘 백성은 출애굽하고 우리는 출세상하는 것이다. 출애굽 역사나 출세상 역사는 계속 이어져 갈 것이다.

바로가 한 말을 다시 한번 정리해서 생각해 보면, 첫 번째는 이 땅에서 여호와를 섬겨라 너무 멀리 가지 말라. 두 번째는 남자들만 가라 세 번째는 양과 소는 머물러 두고 어린것들 데려가라. 네 번째는 열 가지 재앙을 받고 나서야 양도 소도 모두 다 몰고 가라 하다. 그사이 이스라엘 백성은 급하게 출애굽하고 있는 중에 바로의 마음이 돌변해서 군대를 보내어 또 사로잡으려 한다. 바로의 이런 완악하고 끈질긴 모습은 오늘날 주님을 믿고 따라가는 성도들에게 똑같은 방법으로 세상을 버리지 못 하게 하고 온 가정이 구원받지 못 하게 하려고 하는 마귀의 계교임을 알아야 한다. 요한1서2;15절 이 세상이나 세상에 있는 것들을 사랑치 말라 누구든지 세상을 사랑하면 아버지의 사랑이 그 속에 있지 아니 하니라 하셨다.

이스라엘 백성들이 출애굽해서 가나안에 들어가기까지 험난하고 위험한 여정 각종 시험과 배고픔, 목마름, 죽음을 헤치고 나간 긴 세월에 40년이 우리들이 가야 할 길임을 명심하고, 결코 마귀가 우리 가는 길을 편안히 가도록 내버려 두지 않는다는 사실을 꼭 기억하고. 정신 바짝 차리고 십자가를 꼭꼭 지고 가기 바란다.

7

출애굽 노정과 출세상 노정

- 구원관

　이스라엘 백성은 애굽에서 400년 동안 종으로 살다가 모세와 아론을 인도자로 하고 양의 피를 통해서 홍해바다를 건너옴으로 완전히 바로의 권세에서 구원받았다. 그런데 이상한 점이 있는 것 같다. 바로의 권세에서 구원받았으면 일사천리로 가나안에까지 다 들어가야 되는 것 아닌가? 그런데 왜 중간에서 다 죽고 두 사람만 들어갔을까? 구원이란 범위가 어디까지인가 대충 넘길 문제가 아니다. 구원이란 문제는 글자 그대로 죽음과 삶이다. 가볍게 다루어선 안 된다. 이스라엘 백성의 구원은 애굽과 바로의 권세에서 자유를 얻는 것이다. 홍해바다를 건넘으로 애굽과 이스라엘 사이 경계가 되었다. 홍해바다를 건너온 것을 성경에서는 세례라 한다. 세례는 씻는 것도 되지만 죽음을 의미한다. 20세 이상 60만 명이 세례를 받았는데 두 사람만 죽고 나머지 백성들은 안 죽었기에 광야에선 반대로 두 명은 살고 나머지는 죽은 것이다. 그러면 신약시대 성도들은 구원관이 어떨까? 인류역사 4,000년 동안 세상을 지배하는 마귀의 권세 아래서 죄악의 종으로 살던 우리인데 유월절 어린양 되신 예수님의 피로 구속함을 받아 마귀의 권세와 죄와 악에서 구원받은 것이다. 우리는 홍해바다가 아닌 예수님 이름과 성령으로 세례를 받음으로 세상과 경계를 삼았다. 예수 믿는 사람이면 누구나 세례를 받는다. 그런데 이 세례가 얼마나 중요한지 모른다. 바울사도는 우리는 그리스도와 함께 세례 받은 자라 하다. 그리스도와 함께 죽은 자라는 뜻이다. 세례 받을 적에 잘 죽은 자가 주님을 잘 믿을 수 있다. 이스라엘 백성이 광야 길을 갈 때에 마라의 쓴물을 만난다. 금방 원망이 나온다. 가지고 간 것 다 떨어졌다. 목도 마르다 외도 먹고 싶고 부추도 마늘도 고기가마도 애굽의 추억이 아련하다. 여기서 죽고 저기서 죽고 40년 동안에 60만 명이 두 사람만 남고 다 죽었다. 결국엔 가나안땅엔 두 사람만 들어갔다. 그만큼 구원이란 것은 쉽게 얻는 것이 아니고 싸구려 물건 덤핑 처리하는 것처럼 마구 넘기는 것이 아니다.

광야하고 애굽은 상대가 안 된다. 홍해바다에서 세례 받을 때에는 이미 애굽에 있는 것은 다 두고 와야 한다. 고기, 가마, 부추, 애굽의 신, 풍습, 애굽의 문화, 종교, 사상, 그런데 하나도 버린 것이 없다. 다시 말하자면 회개한 것이 하나도 없는 것이다.

이런 민족을 한 달 만에 가나안 땅에 들어가 살게 된다면 어떤 현상이 나타날까? 아마도 작은 애굽으로 변할 것이다. 가나안 땅을 오염되지 않게 하기 위해서 하나님은 40년 동안 정화 시키고 오염된 묵은 가지들은 다 잘라내고 새 가지를 받아 가나안 땅에 심으려 하심이다.

오늘날 예수 믿는 성도들도 세례 받을 때에 완전히 죽어야 한다. 예수 믿기 전에 세상에 서행하던 습관, 썩어가는 구습, 세상에서 좋아하던 술, 담배, 화투, 세상노래, 음담패설, 세상에서 부자 되고 형통한 것 이런 모든 것을 세례 받을 때 회개하고 다 버리고 잊어버리고 죽이고 내 마음속에서 완전히 지워 버려야 한다. 바울사도는 나는 날마다 죽노라 했다. 또 이 세대를 본받지 말라 했다.

지금은 은혜 시대라고 해서 누구든지 오라고 하시지만 그렇다고 아무나 들이시지는 않으신다. 명심하라 세상 것 버리지 않고 예수 믿으면 광야 같은 세상이 입 벌리고 삼키리라.

대개 성도들을 가리켜 '구원 받았다'란 말을 한다. 복음성가에도 "나 구원 받았네 너 구원 받았네 우리 구원받았네"란 가사가 나온다. 그럼 구원받았으면 천국에 가 있어야 되는 것 아닌가? 그런데 우리는 그냥 세상에 여전히 있다. 제자들을 보라 구원받은 사람들에 처지가 어떠한가. 왜 핍박을 받고 순교를 하는가? 카타콤베를 보라. 그것이 구원받은 자가 가는 길이다. 터키의 카파도기아를 보라. 구원받았다고 하는 성도들이 가야할 길인 것이다.

이스라엘 백성이 애굽에서 구원받아 나온 시간은 삼일이지만 구원을 지키는 시간은 40년이었다. 그중에 애굽에 길들여진 습관대로 간 사람은 다 죽었다. 마찬가지다. 우리의 구원은 세상에서 제일 귀하다. 값싸게 행동하지 말아야 한다.

교회만 나간다고 구원받은 것이 아니고 예배만 드렸다고 구원받는 것이 아니다. 구원받았으면 그 구원을 꼭 지켜야 한다. 그 지키는 시간은 세상 떠날 때까지다. 마귀는 우는 사자와 같이 삼킬 자를 찾아 헤매고 다니고 있기 때문이다. 세상 것은 많이 가질수록 구원을 받을 확률은 줄어 간다는 것 명심하기 바란다. 히2;3절에 우리가 이같이 큰 구원을 등한히 여기면 어찌 피하리요.

우리가 구원받았다고 하는 것은 구원에 대한 약속만 받은 것이다. 주님과 나와의 약속이다. 그 약속을 평생 지키며 산자가 최후에 받는 것이다. 모두 약속을 잘 지켜 주의 나라에 들어가길 바라는 마음이다.

8

출애굽 노정과 출세상 노정

- 호렙산과 므리바 반석의 물은 주님의 십자가의 피

　이스라엘 백성이 순탄치 않은 광야 생활을 하고 있다. 지중해 연안인 블레셋 쪽으로 가면 길이 험하지도 않고 대로다. 빨리 갈 수 있다 (출13;17절 참고). 그런데 강한 나라들이 있어 전쟁은 불가피하다. 전쟁을 보고 애굽으로 돌아갈 마음이 들까봐 미디안 광야 시내 산 광야로 몰고 가셨다. 왜 금방 들어가게 아니하셨을까? 원망하기 전에 물도 주시고 고기도 주시고 하시면서 한 달이면 충분히 들어갈 땅을 40년이라니 도대체 무슨 뜻이 계신 것인가? 깊이 생각하고 지나갈 문제다. 이스라엘 백성이 제일 원망 많이 한 것이 먹는 문제다. 애굽에 있을 때를 생각하며 돌아갈 마음을 품고 애굽에서 나옴을 후회하고 있다. 400여 년 동안 애굽에 물이 들 대로 들어 있다. 애굽의 사상과 문화, 종교, 먹고 마시는 습관들이 몸속에 독소와 같이 배어있다. 그런 인간들을 한두 달 안에 가나안 땅에 들여보내면 어떻게 되겠는가? 가나안 땅에 송아지 우상 염소 우상 태양신이 염병처럼 퍼지지 않겠는가.

옛날에 시골에서 겨울에 소반에다 콩을 쏟아놓고 병든 콩, 잡콩들을 골라내어 좋은 콩만 남게 한 것처럼 지금 하나님은 광야라는 소반에 이스라엘 백성 20세 이상 된 자들을 쏟아놓고 골라내는 작업을 하고 계신 것이다. 심지어 죽을 자가 안 죽으니까 뱅뱅 돌려가면서 다 죽기를 기다리셨다. 심지어 모세까지 죽었다. 원망하고 불평하고 당을 짓고 우상을 섬긴 자들이 죽었다.

여기까지 놓고 예수님과 우리들을 생각해 보자. 자연히 우리들도 예수 믿어도 블레셋 방향인 넓고 평안한 길로 가기를 원하고 빨리 가기를 원한다. 잘 먹고 부자로 출세하고 형통을 원한다. 이스라엘 백성이나 이방인 우리들이나 같은 생각이다. 그러나 주님은 천국에 가나안을 향해 가는 우리들에게 세상이란 광야를 주셨다. 그리고 우리가 세상에서 가지고 있던 세상적이고 정욕적이고 마귀적인 요소들이 다 죽기를 바라신다. 안 죽으면 죽을 때까지 기다리신다. 마7;13절이다. 좁은 문으로 들어가라. 멸망으로 인도하는 문은 크고 넓어 그리로 들어가는 자가 많고 생명으로 인도하는 문은 좁고 길이 협착하여 찾는 이가 적음이니라.

거기다가 또 십자가까지 지고 오라신다. 이스라엘 백성들은 마실 물 때문에 고생을 많이 한다. 오늘도 물 때문에 원망하고 시위까지 벌어졌다. 출17;6절에 하나님은 모세를 불러 백성을 호렙산 반석 앞으로 모이게 하시고 지팡이로 반석을 치라고 명하신다. 모세가 반석을 쳤더니 반석에서 물이 콸콸 쏟아져 나왔다. 백성들과 짐승들이 신나게 정신없이 마셨다. 모두 하나님을 찬양했다. 그리고 가죽부대에 담을 수 있는데까지 채워 갔을 것이다. 그 물을 마시면서 얼마 동안은 잘 갔다. 물이 떨어졌다. 또 목이 타들어 간다. 물은 그 어디를 봐도 안 보인다. 백성들이 애굽을 회상하며 모세와 아론을 공박한다. 민20장에 호렙산 반석 같은 때와 같은 현상이 벌어진 것이다. 하나님은 가데스 반석 앞으로 모이라 하시고 이번에는 달리 명하신다. 호렙산 때는 치라 하셨는데 이번에는 명하라 가르치라 하시다. 여기서 하나님과 모세와의 사인이 안 맞았다. 그러므로 큰 사단이 벌어졌다. 모세는 아마도 이렇게 생각했을 것 같다. 호렙산 때 한 번을 쳤다. 물이 나왔다. 그땐 몇 번 치라고도 안 하셨다. 그래서 이번에는 두 번을 쳤는데 정말 물이 많이 나왔다. 백성들은 경험이 있으니까 긴장하고 지켜보고 있었다. 그런데 과연 물이 나왔다. 역시 정신없이 마셨다. 또 찬양이 나왔다. 그런데 문제는 하나님의 화난 모습이었다.

왜 화가 나셨을까. 명하라 하신 것을 두 번 쳤을 뿐인데 무엇이 잘못 되었을까? 두 번 친 것과 하나님의 거룩한 뜻에 어떤 비밀이 있을까. 어떤 설교자는 모세가 분노했기 때문이라 한다. 하나님은 예수님한테 해가 되지 않는 죄는 너그럽게 넘어가신다. 그러나 예수님한테 해를 끼치는 일이라면 그 누구도 피해갈 수가 없다. 모세는 온유하기로 으뜸이다. 종으로 충성한 자라 했다. 그런 모세에게 왜 가나안땅을 허락하지 않으셨을까? 무엇이 그토록 하나님을 섭섭하게 하는 행동일까. 물도 잘 나왔다. 별다른 것은 '명하라'한 것을 두 번 쳤을 뿐인데 명하는 것과 두 번 치는 것하고 무슨 차이가 있는 걸까? 우리는 항상 성경의 열쇠는 예수님이어야 한다. 신약성경 고전10;4절에 이렇게 해석하고 있다. 형제들아 너희가 알지 못하기를 내가 원치 아니하노니 우리 조상들이 다 구름 아래 있고, 바다 가운데로 지나며 모세에게 속하여 다 구름과 바다에서 세례를 받고 다 같은 신령한 식물을 먹으며 다 신령한 음료를 마셨으니 이는 저희를 따르는 신령한 반석으로부터 마셨으매 그 반석은 곧 그리스도라 다시 말해서 호렙산 반석도 그리스도요 므리바 반석도 그리스도란 뜻이다. 그런데 왜 호렙산 반석은 치라 하시고 므리바 반석은 명하라 하셨을까? 호렙산 반석을 쳤더니, 물이 나와서 백성이 마셨다는 내용은 예수님의 갈보리 산 골고다 언덕에 십자가에 달리신 예수님이 반석이고 지팡이로 친 것은 예수님이 못 박을 때 쏟으신 물과 피가 인생이 마심으로 영생을 얻게 하시는 생수인 것이다.

신약적으로 설명한다면 골고다 반석 앞에 전 인류를 모으고 지금 하나님께서 아들인 예수님을 못 박아 치는 것을 보여 주시는 것이다. 호렙산 반석은 60만이지만 갈보리 반석 앞에는 모든 인류가 다 생수를 마시기 위해 목 타게 기다리는 것이다. 영생 얻게 하시기 위해 흘리신 그리스도의 피, 누구든지 목마른 자는 와서 값 없이 마시라 하셨다. 그런데 두 번째 반석 앞에서는 명하라 하셨다. 여기에는 어떤 진리가 숨겨져 있을까? 그렇다. 예수님의 십자가의 죽으심은 단 한 번에 족한 것이지 자꾸 죽는 것이 아니기 때문이다. 그런데 모세는 두 번을 쳤던 것이다. 히6;6절에 이렇게 해석하고 있다. 타락한 자들은 다시 새롭게 하여 회개케 할 수 없나니 이는 자기가 하나님의 아들을 다시 십자가에 못 박아 현저히 욕을 보임이라. 모세가 바로 이러한 죄를 범한 것이다. 회개의 길을 얻지 못했다. 결국 모세도 죽고 말았다.

그러면 반석에게 명하라 하심은 무슨 뜻일까? 여기도 해답이 있다.

행전3;6절 보면 베드로와 요한이 기도하러 가다가 앉은뱅이를 만난다. 구걸하는 앉은뱅이를 향해 은과 금은 내게 없거니와 내게 있는 것으로 네게 주노니 곧 나사렛 예수그리스도의 이름으로 걸으라. 행 16;18절에도 비슷한 내용이다. 이번에는 바울과 실라가 기도하러 가다가 점쟁이를 만난다. 여러 날을 쫓아다니면서 조롱하다가 괴로워하다가 외친 내용이다. 귀신에게 이르되 '예수그리스도의 이름으로 내가 네게 명하노니 나가라. 나갈지어다.'

구약에서 호렙산 반석 므리바 반석은 우리가 귀에 못이 박히도록 듣고 보아온 성경이다. 우리는 여태껏 예수님 없는 설교만 들어왔다. 반석에게 명하라 하심을 이해가 가는가. 병자를 고칠 때에도 예수님의 이름으로 명하고 귀신을 쫓아낼 때도 나사렛 예수 이름으로 명하노니 귀신아 나가라 사탄아 물러가라 기도 끝에도 예수님이름으로 기도하옵나이다. 예수님도 무엇이든지 내 이름으로 구하라 하신다.

백성들을 반석 앞으로 모으듯 모든 인생들을 반석 되신 예수님을 향하여 바라보게 하시고 통하게 하시고 중심이 되게 하시고 예수로 말미암아 구원받게 하시고, 생명 얻게 하시는 것이다. 성경에는 돌에 관한 단어가 많이 나온다. 흰 돌, 뜨인 돌, 반석, 머릿돌, 지계석, 이런 돌은 모두 예수님을 상징하고 있다.

출애굽 노정과 출세상 노정

- 모세의 손과 예수님의 손

옛말에 호사다마라는 말이 있다. 좋은 일이 있으면 나쁜 일도 있다는 뜻이다. 목마름을 해결하여 기뻐하던 중 한시름 놓았다. 성도들에게도 좋은 일만 있는 것이 아니다. 때로는 무서운 전쟁도 겪는 것이다. 아말렉 군대가 쳐들어왔다. 아말렉족속은 에서의 뿌리다. 이스라엘 백성의 길을 막고 못 가게 하는 것이다. 이때 모세는 여호수아를 보낸다. 모세는 아론과 훌을 데리고 산으로 올라간다. 여기서 우리는 예수님의 모습을 보고 가자. 모든 인생들을 하나님께로 가지 못하도록 원수 마귀의 군대들이 우리와 싸우는 중 예수님이 갈보리 산으로 오른편 강도와 왼편 강도와 같이 올라가는 모습이다. 모세가 백성을 바라보면서 기도했더니 이스라엘이 이기고 피곤하여 내려오매 아말렉이 이기고 있다. 아론과 훌이 돌을 놓고 모세로 앉게 하고 양옆에서 모세의 손을 들어 올렸다. 성경에서는 해가 지도록 안 내려왔다하다. 여호수아의 칼이 아말렉을 거의 전멸시켰다. 예수님도 갈보리산 골고다언덕에서 십자가에 달리신다. 얼마나 피곤하셨을까 재판받으실 때, 십자가를 지고 올라가실 때, 채찍으로 맞으실 때, 넘어지고 쓸어 지실 때, 얼마나 피곤하셨을까? 하나님은 예수님의 손이 피곤해서 내려올까 아예 십자가에 못을 박아 단단히 고정시키셨다. 예수님은 십자가 상에서 저들의 죄를 용서하소서 기도하셨다. 다 이루었다 하셨다. 요16;33절에 내가 세상을 이기었노라.

모세의 기도를 놓고 설교하는 분들 많다. 대부분 끝마무리할 땐 우리도 모세와 같이 두 손을 들고 기도해야 마귀가 떠나간다 하고, 쉬지 말고 기도하자는 식이다.

모든 문제의 해결자는 예수님이다. 모세가 기도한 것은 이스라엘 백성 60만 명뿐이다. 모세가 기도한 것이 우리에겐 미치지 못한다. 모세의 기도는 맛보기. 여호수아의 전쟁은 시범 케이스라 모든 인간이 어둠의 권세 죄의 권세 마귀의 권세와 싸울 때 하나님은 모세가 아닌 예수님을 갈보리산 십자가 위에서 두 손을 들고 기도하게 하셨다. 사람인 모세가 기도했어도 이스라엘이 승리했는데 하물며 하나님의 아들 예수님이 기도하시니 어찌 성도들이 세상을 못 이기겠는가? 예수님의 손은 해가 지도록, 즉 이 세상 끝까지도 기도하실 것이다.

성도들이 예수님 십자가를 쳐다볼 때마다 세상에서 이기는 함성이 들린다. 신앙생활 60여 년 동안 많은 설교를 들어왔다. 구약에서 본문으로 한 설교가 대다수다. 그런데 대부분 구약으로 마친다. 거기에 나오는 사람과 하나님이다. 이스라엘 백성이 왜 예수님을 못 알아봤을까? 그것은 구약의 사람을 너무 크게 보았기 때문이 아닐까? 아브라함을, 모세를, 다윗을 크게 봤기 때문에 그 속에 감추어 계신 예수님을 보지 못 하는 것이다. 이들을 보내신 것은 이들을 통해서 예수님을 보라고 하시는 것이다. 설교는 모세나 다윗이나 어느 사람을 가르치는 것이 아니다. 예수님은 신약에만 계시고 역사하는 분이 아니다. 구약 창세기부터 말라기까지 예수님이 보물과 같이 숨겨 계시다. 설교시간에 웃기고 울리고 원맨쇼를 해도 예수님이 주최가 아니라면 생명이 없는 사람의 말뿐인 것이다. "외치는 자는 많으나 생명수는 말랐도다."란 찬송가 가사 내용과 같은 것이다. 생명은 오직 예수로부터다. 너희가 영생을 얻기 위해 성경을 상고하거니와 이 성경이 나에 대한 기록이라.

성도들을 어디다 세울 것인가. 모세의 손을 바라보게 할 것인가. 예수님의 십자가를 바라보게 할 것인가? 지금 이스라엘 백성은 출애굽 과정이다. 모세의 기도로 승리하는 과정을 보고 있다. 성도들은 출애굽이 아닌 출세상을 떠나고 있다. 성도들은 십자가의 예수님을 바라보아야 바른 신앙의 길을 갈 수가 있다. 승리할 수 있다.

출애굽 노정과 출세상 노정

- 법궤와 십자가

 이스라엘 백성을 출애굽 시키시고 광야 생활하는 데는 백성을 하나로 묶을 수 있는 구심점이 필요했다. 그 구심점이 바로 율법인 것이다. 이 율법은 이스라엘 백성에게는 하나의 울타리와도 같은 것이다. 19장에 모세를 시내산으로 부르신다. 여호수아와 같이 올라가다가 중간지점에 여호수아를 놓고 모세 혼자 올라갔다. 모세는 출20장부터 31장까지 밤낮 40일 동안 물 한 모금 안 먹고 율법을 받는다. 하나님은 장엄한 율법의 내용을 두 돌 판에 친 수로 기록하셨다.

 모세보고 말씀하시기를 백성이 타락했으니 빨리 내려가라 하시면서 두 돌 판을 건네주신다. 40일 후에 모세는 율법과 계명이 기록된 두 돌 판을 들고 산을 내려오다가. 기왕에 떨어졌던 여호수아와 만나서 진을 향해 내려오던 중 요란한 소리를 듣고는 싸우는 소리인지 노래하는 소리인지 분간을 못 하다가 진중에 가까이 와서 보니 금송아지를 만들어 놓고 하나님이라고 뛰어노는 광경을 본 모세는 대노했다. 들고 있던 두 돌 판을 우상을 향해 산 아래로 내던졌다. 산산조각이 났다. 온유하기로 유명한 모세가 크게 분노한 것은 지금껏 없었다. 좀처럼 분이 풀리질 않아 송아지를 가루로 만들어 백성에게 마시게 했다.

그런데 여기서 생각해 볼 것이 있다. 아무리 화가 나도 그렇지 하나님이 귀하게 만드신 작품을 자기 마음대로 던져 깨뜨려 버릴 수가 있을까? 아리송하다. 우리가 모세의 입장에 있었다면 어떻게 했을까? 두 돌 판을 옆으로 깨질 새라 잘 놓고 시내산에 굴러다니는 것이 돌인데 그 돌을 들어 금송아지를 쳤어도 될 문제가 아니던가. 이상한 일은 또 있다. 하나님도 이 일에 한 말씀도 안 하셨다. '야 모세야 아무리 화가 나도 그렇지 내가 만든 것을 깨뜨려 버리다니. 네가 나를 뭘로 보고 그랬느냐?'하고 야단을 치실만도 하지 않았겠나? 분명 여기에도 예수님과 관계가 있는 것이 분명하다. 율법과 계명은 모세로 말미암아 온 것이고 은혜와 진리는 예수그리스도로 말미암아 온 것이라 했다.

모세가 깨뜨린 두 돌판 양쪽에 계명과 율법이 기록된 두 돌판, 이돌 판은 바로 예수님을 상징하는 내용이다. 모세가 시내 산에서 40일 동안 있다가 내려오듯, 예수님은 천성에서 4천 년 만에 이 땅으로 오시는데 두 돌 판과 같이 돌비가 아닌 육비와 심비에 계명을 담아 오시다 (고후3장 참조). 예수님은 하나님께서 친히 말씀이 육신이 되어 [성육신]이 땅에 오신다. 육비와 심비에 가득 채워서 이 세상으로 오시는데. 모세가 우상에 미친 백성을 향해 산 아래로 두 돌 판을 높이 치켜들고 내던져 산산조각을 내듯이 여기서 성경을 깊이 있게 관찰해야 한다. 예수님이 아닌 어떤 사람으로 해석하려 하지 말라. 오직 열쇠는 예수님 밖에는 없다. 우상에 미친 사람들을 보고 모세는 대노했다고 했다. 반면 인간이 죄악으로 가득 찬 세상을 보시고 하나님은 사랑이라 표현했지만 하나님 자신은 대노하시고 계신 상태다. 아들을 높이 들어 죄인들을 향해 골고다 언덕에 십자가에서 산 아래. 세상으로 내던져 산산조각을 내신 것이다.

예수님 몸에서는 이마와 두 손과 두 발에는 옆구리 채찍으로, 주먹으로 그야말로 안 깨진 곳이 없이 산산조각이 나신 분이다. 이 광경을 모세를 통해서 천여 년 전에 미리 보여 주신 것이다. 시편102편10절에 이렇게 기록하고 있다. 이는 주의 분과 노를 인함이라 주께서 나를 드셨다가 던지셨나이다. 내 날이 기울어지는 그림자 같고 내가 풀의 쇠잔함 같다. 다윗의 입을 빌려 오실 예수님의 일을 미리 예언하신 말씀이다. 모세가 두 돌 판을 들고 산 아래로 내던져 산산조각이 난 것을 보면서 그 구절이 예수님이 십자가에서 산산조각난 몸인 줄 누가 알겠는가? 고전2;10절을 나는 무척 좋아한다. 오직 하나님이 성령으로 모든 것 곧 하나님의 깊은 것이라도 통달하시느니라. 모세는 돌 판을 다시 깎아서 시내 산에 올라 40일 후에 받아 가지고 와서 한 궤를 만들어 그 안에 두 돌 판을 넣고 법궤라 하다. 즉 하나님인 것이다. 이후부터는 법궤를 옮길 때엔 반드시 제사장들 어깨에 메어 이동했다.

예수님은 십자가로 깨뜨리신 옥체를 삼 일 만에 다시 새것으로 만드시고 40일 후에 승천하시고 하나님 우편의 계시면서 땅에는 법궤 대신 주님의 십자가가 법궤 대용으로 교회마다 세워져 있다. 하나님은 율법과 계명이 들어있는 법궤를 통해서 선민 이스라엘 백성을 가나안으로 인도하셨듯, 성도들을 주님의 십자가 안에 있는 계명과 사랑의 법으로 천성 가나안까지 인도하시는 것이다. 지금 우리도 천성 가나안을 향해 출세상해서 십자가 법궤를 등에 지고 한 걸음씩 앞만 향해 나아가고 있다. 마10;38절에 또 자기 십자가를 지고 나를 쫓지 않는 자도 내게 합당치 아니 하니라. 법궤도 어깨로 메는 것이고 십자가도 등에다 지든지 어깨로 메든지 하는 것이다. 나보다 더 큰 십자가를 지고 좁은 길로 40년을 간다 생각을 해 보라. 그것이 광야 길이고 출애굽[출세상]길인 것이다.

출애굽 노정과 출세상 노정

- 산모와 예수님(레12:1~4절)

여인이 잉태하여 남자를 낳으면 그는 칠 일 동안 부정하리니 곧 경도할 때와 같이 부정할 것이며 제 팔일에는 그 아이의 양피를 벨 것이요. 그 여인은 오히려 삼십삼 일을 지나야 산혈이 깨끗하리니 정결케 되는 기한이 차기 전에는 성물을 만지지도 말며 성소에 들어가지도 말 것이며. 모든 성경이 예수님을 가리키고 있지만 레위기 12장은 예수님을 산모로 정확하게 설명하고 있다. 우리는 이 성경을 읽으면서 별생각 없이 여자가 해산할 때 일어나는 일을 설명한 것이지 하고 그냥 넘어가기 쉬운 말씀이다. 그런데 이 말씀이 예수님과 직접적인 관계가 있다는 사실을 아는 이가 많지 않다. 이 말씀은 우리나라 아이를 낳을 때 지키는 풍습하고 너무 많이 닮았다. 아이를 해산하게 되면 우리나라 풍습에도 칠 일 동안 부정 탈까봐서 접근을 금한다. 새끼줄에다 남자를 낳으면 고추, 딸을 낳으면 솔가지와 숯을 달아 놓는다.

일차적으로 부정기는 칠 일이 넘게 되면 완화되지만, 한 달 이상 지나야 정상적인 몸으로 돌아온다. 신약성경 요16;21절에 기록된 말씀이다. 여자가 해산하게 되면 그때가 이르렀으므로 근심하나 아이를 낳으면 세상에 사람 난 기쁨으로 인하여 그 고통을 다시 기억하지 아니 하느니라. 이 말씀은 예수님 자신이 산모가 될 것을 비추어 말씀하신 것이다.

예수님은 여자가 되어 산모 역할을 담당하는데 그 해산의 고통이 십자가의 못 박히는 고통이다. 그리고 몸에서 물과 피를 쏟는 것을 아이를 해산하는 과정으로 말씀하신다.

예수님의 육신은 산모다. 그리고 장차 물과 피로써 새 생명을 얻을 성도들이 곧 아들인 것이다. 또 예수님의 육신은 여자 산모 역이고, 십자가의 고통은 해산하는 과정이고, 부활하신 몸은 아들인 것이다. 계12;2절에 이 여자가 아이를 배어 해산하게 되매 아파서 애써 부르짖더라. 5절에는 여자가 아들을 낳으니 이는 장차 철장으로 만국을 다스릴 남자라 육신은 여자고 산모요 부활하신 몸은 아들이라는 뜻이다.

요20;17절 보면 부활하신 새벽에 막달라 마리아가 무덤에 가서 빈 무덤을 보고 제자들한테 고한다. 베드로와 요한이 달려가 보고 빈 무덤만 확인하고 돌아간다. 마리아는 울면서 무덤 속을 들여다보는데, 조금 전까지만 해도 안 보이던 천사를 본다. 또 옆을 보니 예수님을 만나게 된다. 마리아는 너무 기뻐서 만지려 하니 나를 만지지 말라 하시다. 여기에 깊은 뜻이 있다. 예수님은 레위기 12장의 말씀을 이루려 하심이다. 산모는 이레 전에는 누굴 만져도 안 되고 누가 와서 만져도 부정하게 된다. 지금 예수님은 해산하신지 삼 일 밖에 안 됐다.

요20;17절에 '예수께서 이르시되 나를 만지지 말라 내가 아직 아버지께로 올라가지 못 하였노라'지금 성경은 '붙들지 말라'라고 오역을 시켜 놨다. 요20;26절엔 이렇게 기록하고 있다. 여드레를 지나서 제자들이 집안에 있을 때에 도마도 함께 있고 문들은 닫혔는데 예수께서 오사 너희에게 평강이 있으라 하시고 도마에게 이르시되 네 손가락을 이리 내밀어 내 손을 보고 네 손을 내밀어 내 옆구리에 넣어보라. 그리하고 믿음 없는 자가 되지 말고 믿는 자가 돼라 하시다. 여기서 잠깐 마리아가 만지려 할 땐 못 만지게 하시더니 도마한테는 찾아가서서 만져 보라 넣어 보라 하셨으니 예수님이 성차별을 하신건가? 마리아는 왜 못 만지게 하시고 도마보고는 만져 보라 하셨을까? 예수님은 구약성경 레위기12;4절에 이미 기록한 말씀이 자신인 것을 아시고 그대로 이루시기 위하여 십자가의 고통의 진통을 겪으시고 물과 피를 흘려 해산하셨다. 다시 말하면 신약 교회를 낳으신 것이다. 물과 피로 거듭난 성도가 하나님의 아들들이 되는 것이다. 마리아를 만났을 땐 칠 일이 안 됐기 때문이고 도마를 만났을 땐 여드레가 지났기 때문에 만지라 하신 것이다.

레12;4절엔 이렇게 결말을 짓는다. 삼십삼 일을 지나야 산혈이 깨끗하게 되고 성소에도 들어갈 수 있다. 그렇다 예수님은 부활하신 후에 40일을 세상에 계시다가 완전히 산혈이 깨끗하게 되신 다음 하늘 지성소에 올라가셨다. 구약성경 전체가 예수님을 숨겨 놓은 보물창고와 같다. 그리스도는 하나님의 비밀이라 하심같이 예수님을 떠나서는 아무것도 열려지지 않으리라.

아담의 옆구리에서 하와가 나왔고 아브라함의 허리에서 레위가 나

왔듯이 예수님의 옆구리 허리에서 예수님의 신부인 성도들이 나오는
것이다.

출애굽 노정과 출세상 노정

- 절기 속에 숨겨진 예수님

이스라엘 백성에게는 큰 명절이 세 종류가 있다.

1. 유월절[무교절] 2. 오순절[7.7절] [맥추절] 3. 장막절[초막절]이 있다.

이 세절기는 이스라엘 백성이면 누구나가 꼭 지키는 절기이고 이 절기를 세부적으로 나누면 일곱 절기가 된다.

이스라엘 백성의 절기와 예수님의 영적인 절기

1	유월절 [무교절]	레23;5~8절	예수님 십자가의 피 흘려 죽으심
2	초실절	레23;9~14절	예수님이 무덤에서 부활하심
3	오순절 [칠칠절, 맥추절]	레23;15~21절	예수님 부활 후 오순절 성령 강림절
4	나팔절	레23;23~25절	예수님 나팔 불고 공중 재림
5	속죄일	레23;26~32절	예수님 세상 심판

6	초막절 [장막절, 수장절]	레 23;34~36절	예수님 지상 재림. 천년 시대
7	대회	레 23;36절 [민29;35]	예수님 백 보좌 심판 후 천국과 지옥으로

이스라엘 백성들이 이 절기를 열심히 양을 잡아 피를 흘려가며 지켜왔지만 육신적인 예법으로만 섬겨 왔을 뿐 절기의 핵심은 알리가 없었다. 절기를 통해 하나님께서 보여 주시고 싶어 하시는 메시지는 장차 오실 아들의 모습을 내포하시고 이스라엘 백성이 절기를 지키며 즐거워할 때에 예수님 중심에서 즐거워하라 하심인데, 예수님은 쏙 빼놓고 사람들끼리만 먹고 마시는 명절로만 지켜왔다. 신약시대의 성도들은 어떨까? 이 절기는 이스라엘 백성의 절기이니까 우리와는 아무 상관이 없다는 식으로 알려고도 않는 것은 아닌가? 그러나 이 절기들을 들여다보면 예수님이 보인다. 절기의 내용을 나열해 보려 한다.

1) 유월절

유월절은 모두 다 아는 절기다. 이스라엘 백성이 애굽에서 400여 년 동안 노예로 고통을 당할 때 어린양을 잡아 그 피로 대문과 인방 설주에 우슬초로 칠하게 하시고 고기는 구워 먹되 뼈는 꺾지 말라 하시다. 애굽의 장자를 치실 때에 피를 보시고 넘어 갔다 하여 유월절 절기로 지키다.

- 예수님과 우리의 유월절

이 세상 모든 인류가 마귀의 노예로 4,000여 년 동안 고통을 당하며 죄의 종으로 살아왔다. 예수님은 어린양이 되셔서 십자가의 못 박혀 피 흘려 그 피로 우리를 구원 하셨다. 예수님 피를 우리 마음의 칠하면 [믿으면] 장차 심판에서 건짐을 받는다. 두 강도는 다리를 꺾었는데 예수님은 창으로만 찔리셨다.

2) 초실절

곡물의 첫 이삭 한 단을 제사장에게 가져갈 것이요. 제사장은 너희를 위하여 그 단을 여호와 앞에 열 납 되도록 흔들되 안식일 이튿날 흔들라 하셨다. 온 밭에 곡식이 익어 벨 때가 되었다. 베기 전에 위선 한 단을 묶어 제사장에게로 가져가는 것이다. 제사장은 그 단을 받아 가지고 하나님께 곡식이 익었다고 흔들어 보이는 절기다.

- 예수님과 초실절

초실절은 예수님이 무덤에서 부활하신 모습이다. 예수님은 대제사장이시다. 초실절 절기는 안식일 이튿날에 곡식 단을 높이 들고 하나님 앞에 흔들어 보이는 것이다. '하나님 곡식이 익었습니다. 첫 이삭을 드립니다.'하고 말이다. 예수님 부활하신 날이 언제인가 안식일 다음 날이다. 무덤 속에 계시다가 부활하셨다. 인생 중에 첫 부활이다. 첫 이삭인 것이다.

이 땅은 하나님의 밭이고 인간은 하나님의 곡식인데 동서고금을 막론하고 다 죽은 자들 가운데서 예수님이 첫 이삭으로 살아나셨고 부활하심으로 초실절의 주인이 되셨다.

초실절의 핵심은 땅에 있는 보리나 밀이 아니고 인간의 첫 이삭인 •
예수님의 절기인 것이다.

3) 오순절, 칠칠절, 맥추절

초실절을 지낸 후 50일이 되는 날을 오순절로 지킨다. 이때에도
"흔들다"라는 말이 나온다. 이스라엘 백성의 3대 절기 중 한절기이
다. 칠칠절로도 부른다. 또 다른 이름은 맥추절이라고도 부른다. 이
때가 보리추수 마치면서 지키는 절기이기 때문이다.

- 예수님은 오순절의 주인

오순절 절기는 예수님과는 어떻게 관계가 되나, 예수님은 유월절
의 잡히시고 장사된 바 삼 일만에 죽은 자 가운데서 부활하심으로 첫
열매가 되시고, 부활 후[흔듦] 40일을 세상의 계시다가 승천하시고
승천 후 10일 만에 마가 다락방에 오순절 성령강림 하신 절기이다.

구약의 모든 절기는 영적으로 예수님이 중심이 되는 절기이다. 그
런데 구약이나 신약이나 모두 예수님 없는 절기를 지키고 있다. 오늘
날 개신교회에서는 맥추절로만 지킨다. 맥추절 절기에 예수님은 없
고 영적인 맥추절 설교가 없다. 곡식 중에는 여름에 추수하는 곡식이
있고 가을에 거두는 곡식이 있다. 보리와 쌀을 비교한다면 보리보다
는 쌀을 더 선호한다. 무슨 뜻일까? 예수님 육신으로 오심은 보리와
같은 의미고 예수님이 부활하신 몸은 쌀과 같은 의미가 있는 것이다.
예수님이 육신으로 오셔서 십자가의 대속물로 대신 죽으신 것은 매

우 귀하다. 그런데 부활하신 몸은 더더욱 귀한 일이다.

맥추감사 헌금만 많이 하란다. 하나님은 세상을 창조하실 때에 창조목적이 예수님을 위한 창조였다. 그러하기에 중간에 있는 내용들도 모두 예수님이 중심이 되어야 한다.

4) 나팔절

레23:24절에 이스라엘 자손에게 고하여 이르라 칠월 곧 그달 일일로 안식일을 삼을지니 이는 나팔을 불어 기념할 날이요 성회라 아무 노동도 하지 말고 여호와께 화제를 드릴지니라.

이스라엘 백성이 광야 길을 갈 때에 60만 명을 이끌고 가려면 신호체계가 필요하다. 그래서 은 나팔 두 개를 만들라 하신다. 두 나팔을 불 땐 백성이 모세 앞에 모이고 하나만 불 땐 천부장이 울려서 불 땐 동편 진이 다시 울려 불 땐 남편 진이 움직이게 하셨다. 그리고 모든 절기 때마다 나팔을 불도록 하셨다

- 예수님과 성도들은

살전4:16절의 주께서 호령과 천사장의 소리와 하나님의 나팔로 친히 하늘로 쫓아 강림하시 리니 그리스도 안에서 죽은 자들이 먼저 일어나고 그 후에 우리 살아남은 자도 저희와 함께 구름 속으로 끌어올려 공중에서 주를 영접하게 하시리니.

구약 때나 신약시대에나 백성을 모으는 데는 나팔만큼 좋은 것도 없을 것이다. 예수님 재림 때에도 아마도 하나님의 나팔을 천사들이 부를 것이다. 그 나팔 소리 듣고 일차로 움직일 성도들이 낙원에서

잠자고 있던 성도들이다. '죽은 자가 먼저 일어나고…'라고 하셨으니까 죽은 자가 예수님과 공중에까지 같이 오고 살전3:13절의 주 예수께서 그의 모든 성도와 함께 강림 하실 때에 4:14절 하반 절에 예수 안에서 자는 자들도 하나님이 저와 함께 데리고 오시리라. 자기 무덤에 와서 부활의 몸으로 갈아입고 공중으로 올라가면 두 번째 움직이는 성도들은 이 세상에 살아있는 자들이다. 이스라엘 백성들이 이동하고 움직이는 것도 순서가 있듯이 구원받아 올라가는 것도 순서가 있다. 두 번째 나팔을 길게 울려 불면 그땐 땅에서 믿음 잘 지키고 말씀대로 산 성도들이 홀연히 변화해서 두 번째로 공중으로 휴거할 것이다.

죽은 자가 먼저 일어난다고 하셨고 결단코 앞서지 못하리라 하셨기에 반드시 살아있는 성도들은 죽었다가 부활해서 올라간 성도의 뒤를 따라갈 것이다.

구약의 나팔절 절기가 예수님과 우리와의 앞으로의 만남의 신나는 절기인 것이다.

5) 속죄일

레23:29절에 이날에 스스로 괴롭게 하지 아니하는 자는 그 백성 중에서 끊어질 것이라.

절기 중에는 우리가 이해하기 어려운 부분도 있다. 구약에는 회개라는 단어보다 자기를 괴롭게 하라 하는 식으로 표현했다.

- 예수님과 우리에게는

천국 문이 닫혔는데 찾아간 사람들이 있었다. 그 사람들은 보통 사람은 아닌 것 같다. 주여, 주여, 우리에게 문 열어 주소서 우리가 주의 이름으로 귀신도 쫓아내고 병자도 고쳤나이다. 자기 자랑만 하고 있는 것이다. 회개하고 애통하는 마음은 없어 보인다. 예수님은 저들에게 불법을 행한 자들이라고 책망하셨다. 우리는 주님 오시기 전에 나의 죄를 애통하며 버려야 한다. 그렇지 않으면 슬피 울며 이를 가는 곳으로 가게 되는 것이다.

6) 초막절, 장막절, 수장절

초막절의 유래는 이스라엘 백성들이 광야 천막생활 40년 동안 한 것을 가나안 땅의 살면서 등 따뜻하고 배부르면 잊어버리고 방탕할까 봐서 광야에서 고생한 것을 상기시키기 위해 1년에 한 번 가을걷이를 다 해놓고 일주일 동안 광장에 옥상에 집 근처의 천막이나 초막을 짓고 거기서 고생해 가며 자녀들에게 우리 조상들이 40년 동안 이런 데서 살면서 고생했다고 실물 교육을 시키는 것이다.

- 예수님과 우리에게는 어떤 의미일까

초막절은 가을 곡식을 다 수장 해놓고 지내는 절기다. 곡식이다 추수다 하니까 세상에 있는 먹거리로만 생각하기 쉽다. 하나님 편으로 볼 땐 인간 역사의 가을인 것이다. 예수님이 공중으로 재림하시면 공중에 있던 마귀와 사탄들이 어디로 가겠는가? 위로는 못 올라간다. 예수님이 공중으로 내려오시는 만큼 이 땅으로 쫓겨 내려올 것이다.

(엡2;2절 참고) 우리는 공중에서 7년 동안 그리스도와 더불어 혼인 예식을 한다. 그러면 세상은 그동안 어떻게 될까? 유황불비가 쏟아져 불탈 것이다. 인간이 만들어 놓은 각종 무기들을 통해 제3차가 일어날 것이다. 일어날 수밖에 없는 것이 악한 영들이 이 땅으로 다 몰려왔기 때문이다.

하나님께서 가을 추수하시는 것이다. 7년 후에 예수님이 성도와 함께 이 세상으로 발을 딛는 것이다. 그리고 천년 왕국 평화의 시대가 열리는 것이다. 계20:1~3절에 '또 내가 보매 천사가 무저갱 열쇠와 큰 쇠사슬을 그 손에 가지고 하늘에서 내려와서 용을 잡으니 곧 옛 뱀이요 마귀요 사탄이라 잡아 일천 년 동안 결박하여 무저갱에 던져 잠그고 그 위에 인봉하여 천년이 차도록 다시는 만국을 미혹하지 못하게 하였다가 그 후에 반드시 잠깐 놓이리라.'

그리고 예수님이 세상에 오셔서 저주받은 땅을 회복시키시고, 구원받은 성도들과 이 세상에서 천년 동안 초막절을 지내는 것이다. 우리 한번 생각해 보자. 창세기에 "하나님이 창조하시고 보기에 좋았더라."하신 세상인데 마귀가 들어와 죄악으로 더럽혔다고 심판만 하시고 끝내시겠는가? 아니다. 하나님은 첫째 아담이 실패한 것을 둘째아담 되신 예수님을 통하여 부활시켜서 성도들로 하여금 참 안식을 누리며 본래 창조의 목적 안에서 천년 동안을 초막절같이 지내게 하시는 것이다.

계20;4절에 그리스도로 더불어 천년 동안 왕 노릇 하리라. 6절엔 그리스도의 제사장이 되어 천년 동안 그리스도로 더불어 왕 노릇 하리라. 초막절의 의미가 조상들이 광야에서 고생하던 것을 돌아보며 지내는 절기인 것처럼 성도들이 광야 같은 세상에서 죄악으로 고생하던 때를 회상하며 지내는 절기인 것이다.

7) 거룩한 대회

이스라엘 백성에게 마지막 팔일은 대회로 모이게 하셨다. 그리고 인도자가 이렇게 외쳤을 것이다. 여러분 한 해 동안 수고 많았습니다. 이제 각자 가정으로 돌아가서 수장해 놓은 음식 먹으면서 따듯한 겨울을 보내시길 바랍니다. 각자 집을 향해 출발. 이렇게 해서 이스라엘의 일 년 절기가 끝나는 것이다.

- 예수님과 성도들은?

예수님과 성도들의 영적인 모습은 어떨까? 이 세상이 아담 때부터 시작하여 아브라함까지 이천 년 아브라함에서 예수님까지 이천 년 다시 오실 때까지 이천여 년 재림하셔서 천 년이 지나간 다음에는 어떤 현상이 날까? 계20:7절 '천 년이 차매 사탄이 옥에서 나와서 땅에 사방 백성에게 붙어서 싸움을 일으키리니' 무저갱이란 감옥에 갇혀있던 악령들이 유혹을 하고 싸움을 하는데 부활의 옷을 입은 성도들하고는 상관이 없지만 육신으로 들어간 사람에게 유혹하는 것이다. 세상에서의 마지막 전쟁이 될 것이다. 하늘에서 불이 내려와 태우고 이스라엘 백성이 대회를 마치므로 1년 절기가 다 끝나듯이 마지막 백보좌 심판이 있는 것이다.

아담 이후로 모든 영혼들이 책에 기록된 대로 가는 것이다. 구원받을 사람은 생명의 심판을 받고 영원한 천국으로 사망으로 가는 사람도 심판 후 불 못인 지옥으로 가는 것이다. 우리가 흔히 말하는 천국과 지옥으로 정말로 완전히 갈라지는 것이다. 구약에 초막절, 장막절, 수장절의 뜻이 신약 성도들에게 이렇게 깊은 뜻이 있는 것을 깨달았으면 좋겠다.

13

출애굽 노정과 출세상 노정

- 가나안 일곱 족속과 성도와의 관계

신7:1 네 하나님 여호와께서 너를 인도하사 네가 가서 얻을 땅으로 들이시고 네 앞에서 여러 민족, 헷족속, 기르가스족속, 아모리족속, 가나안족속, 브리스족속, 히위족속, 여브스족속 그 민족들을 불쌍히 여기지 말고 진멸하라. 혼인하지도 말라 하시다.

하나님은 가나안땅을 이스라엘 민족에게 주시겠다고 약속하시고 지금 데리고 들어가시는데 신신당부하시는 말씀이 "불쌍히 보지 말고 진멸하라. 만일 다 멸하지 않으면 그들이 네 옆구리에 가시가 되고 올무가 되리라."

이제부터 신앙생활하는데 아주 중요한 내용이 들어 있다. 깊이 생각하고 읽어야 뜻을 깨달아 알 수 있다. 이스라엘 백성이 출애굽하고 가나안 땅에 정착하는 과정이 멀리 강 건너 산 넘어 먼 다른 나라 일로만 생각하지 말고 나도 지금 같이 출세상 하는데 이스라엘은 눈에 보이는 복지 가나안이고 우리는 육신의 세계에서 마음속으로 점령해서 들어가는 것이다.

이스라엘 백성이 들어갈 땅이 놀고 있는 빈 땅이 아니다. 일곱 족속이 일곱 왕국을 건설해 놓은 힘이 있는 나라다. 감히 발붙일 수도 없는 나라다. 그런 나라를 들어가서 쳐부수고 몰아내고 진멸하고 쫓아내야 차지할 수 있는 땅이다. 가나안 땅에 들어간다고 하는 일이 쉬운 일이 아니듯 우리가 천국 간다, 구원받는다는 일이 대강 쉽게 믿어서 세상에서 할 것 다 하고도 들어갈 수가 있는 곳일까? 반면에 우리는 어떨까? 우리가 예수님 믿기 전에 벌써 우리 마음을 악한 영들이 점령해 버리고 이미 죄악의 왕국을 건설해 났다. 가나안 땅에 일곱 족속의 왕이 있듯이 우리 마음속에 벌써 일곱 죄악의 도성들이 구석마다 자리 잡고 여리고 성벽과 같이 성벽을 쌓고 견고한 진을 치고 있는 것이다. 과연 우리 마음에 죄악의 도성이 무엇일까?

가나안 땅의 일곱 족속	우리 마음속의 일곱 죄악
헷족속	식욕
기르가스족속	색욕
아모리족속	권세욕
가나안족속	우상 숭배욕
히위족속	외식
브리스족속	시기
여부스족속	교만

이스라엘 백성은 일곱 족속을 진멸하고 몰아내야만 평안히 살 수가 있고 오늘날 성도들은 마음속의 일곱 가지 죄악 들을 진멸하고 몰아내야만 마음의 진정한 평화를 누릴 수가 있는 것이다 (위 일곱 가

지 죄 가운데는 다른 모든 죄도 포함이 된다). 이스라엘 백성이 저절로 가나안땅의 들어간 것이 아니다. 7년 동안 피 흘리며 싸웠다. 우리가 예수 믿는다고 이런 죄가 그냥 물러가는 것이 아니다. 목사도 장로도 수십 년 믿어도 죄악의 아성은 쉽게 무너뜨릴 수가 없는 것이다.

1) 헷족속, 식욕

이스라엘 백성이 헷족속을 몰아내야 하듯, 첫 번째로 우리는 식욕이라는 왕국을 몰아내야 한다. 인류 시조가 제일 먼저 당한 문제가 먹는 문제다. 선악과를 먹지 말았어야 하는데 먹었다. 아브라함도 이삭도 야곱의 식구들도 먹는 문제로 애굽에 내려가서 결국 노예가 됐다. 에서도 팥죽 한 그릇의 유혹을 이기지 못했기 때문에 불행했다. 발람은 이스라엘 백성으로 하여금 우상의 제물을 먹게 하므로 24,000명이 죽었다. 마귀는 인간에게 제일 먼저 던져 보는 시험이 먹는 문제다. 심지어 예수님한테까지 와서 시험한 것이 돌로 떡덩이가 되어 먹으라는 것이다.

믿지 않는 사람들하고 식사를 같이하다 보면 꼭 술이 등장한다. '한 잔하지'한다. 같은 연령이면 '됐어'하고, 윗사람 같으면 '아닙니다. 됐습니다.'라고 하면 먹는 것은 죄가 없다 라고한다. 그 말에 넘어가는 자도 있다. 또한 먹는 것은 식물이나 음식뿐만이 아닐 수도 있다. 가룟유다는 은 삼십에 예수님도 팔아먹었다. 뇌물도 먹는 것이다. 인간이 태어나면 7년 주기로 변화가 일어난다고 한다.

어린아이 때는 무엇이든 입으로 가져간다. 주먹도 먹고 장난감도 먹으려 한다. 베드로는 무 할례 자와 먹다가 바울한테 책망받았다. 인간은 먹는 문제로 평생 죄를 짓고 사는 것이다. 목구멍이 포도청이라는 말이 있다. 우리는 식욕이라는 죄에서 이기는 자가 되어야 한다.

2) 두 번째 왕국이 기르가스, 우리 마음은 색욕이라는 왕국이다.

이스라엘 백성은 두 번째 왕국인 기르가스민족을 몰아내고 쫓아내고 진멸해야 한다. 가나안 땅에 일곱 족속이 있다. 가나안 전쟁을 7년 동안 치렀다 하니 한민족을 진멸하는데 1년이 걸린 셈이다.

우리 마음속에 두 번째 왕국은 음란한 색욕의 왕국이다. 하나님은 그래서 한 남자와 한 여자로 만나서 살게 하셨다. 그 범위를 넘어가면 안 된다고 하셨다. 그런데 울타리를 벗어난 지 벌써 오래다. 음란한 왕국을 우리 마음에서 몰아내고 진멸하지 않으면 목사도 장로도 다 망한다. 개인도 나라도 몰락한다. 하와는 영적으로 사탄과 사통한 자다. 예수님이 성령으로 잉태하신 분이라면, 가인은 악령으로 잉태한 자다. 그 후로 가인의 혈통은 사탄의 백성으로 분류된다. 성경에는 음풍을 멀리하라고 한다. 소돔성이 음란했고 이스라엘 주위에 있는 나라들이 음란했다. 발람 선지자가 이스라엘 앞에 음란한 올무를 놓았다. 계2:4절에 발람이 발락을 가리켜 이스라엘 앞에 올무를 놓아 우상의 제물을 먹게 하고 또 행음하게 하였느니라.

그 결과 24,000명이 죽었다 (민25장 참조). 오늘날에는 핸드폰, 컴퓨터, 각종 방송 매체에서 쏟아져 나오는 성적인 전파가 온 사람을 병들게 하고 죽게 만들어 가고 있다. 온전한 남자가 없고 온전한 여자가 없고 가정이 없어 보인다. 인간의 마음속에 이런 음란한 왕국이 건설됐다면 그 안으로 들어갈 자는 없다. 내 마음에 천국을 이루려면 이미 세워진 음란의 왕국 색욕의 왕국을 몰아내고 진멸해야만 참 가나안이 성립이 된다. 이 음란한 왕국을 진멸할 사람이 누가 있겠나? 여호수아서를 보면 가나안 전쟁 때 다 진멸했다고 나온다. 그런데 사사기서 보면 하나도 안 죽고 다 살아나는 것처럼 보인다. 죄가 그렇다. 우리가 예수님을 뜨겁게 믿고 열심을 낼 땐 마귀가 죽은 것 같다. 그런데 조금이라도 나태해지면 음란한 마귀가 기지개를 펴고 다시 나를 점령해 버린다. 한번 싸움으로 끝나는 것이 아니다. 죽을 때까지 예수님 오실 때까지 싸워야 한다. 진자는 이긴지의 종이라 하셨다. 싸움에서 한번 지게 되면 그 다음은 볼 것도 없는 것이다. 히브리서는 피 흘리기까지 싸우라 했다. 오홀라와 오홀리바마가 나온다. 이스라엘과 남쪽 유다를 가리킨 말이다. 그런데 오홀라가 큰 앗수르를 사랑했다고 했고 오홀리바마도 갈대아 사람과 연애했다고 하다. 결국엔 두 나라 모두 포로로 잡혀갔다.

오늘날 세상은 그룹섹스, 원조섹스, 교환섹스 그것도 모자라 동성섹스를 합법화하고 있다. 이것을 허용한 나라가 망할 것이고 개인이 망할 것이다. 이 세상이 망하기 위해 작정된 대로 가고 있는 것이다. 이것을 진멸시켜야 한다.

가나안 땅을 아무나 들어가는 것이 아니다. 이런 죄의 아성을 몰아내고 진멸시킨 자의 것이 된다. 예수 믿는다고 음란한 색욕의 마음이 저절로 나가는 것이 아니다. 가끔 뉴스에서 어떤 목사가, 어떤 장로가 성추행했다는 소리를 듣는다. 왜 그런 일이 일어날까. 음란한 색욕의 왕국을 진멸하지 못했기 때문이다. 우리도 똑같은 마음이다. 자기 마음의 죄를 진멸하는 것이 신앙생활이다. 여호수아에게 잔소리처럼 하신 말씀 불쌍히 보지 말라 진멸하라.

내 마음속을 예수님으로 점령해 나가야 한다. 어린아이 성장 과정에서 7세 이상만 되면 이성이 발달한다. 그래서 옛말에 남녀칠세부동석이라 했다. 일곱 살만 되면 남녀가 같이 있으면 안 된다는 뜻이다. 예수님도 음란하고 패역한 세대라 하셨다.

3) 세 번째 왕국은 아모리족속이다. / 우리 마음속에 있는 세 번째 대적은 권세욕이다.

이스라엘 백성이 진멸하고 몰아낼 족속은 아모리족속이다. 이민족을 몰아내지 못하면 이스라엘이 오히려 먹힌다. 여호수아서에서 유명한 구절이 있다. 태양아, 너는 기브온 위에 머물러라 달아, 너도 아얄론골짜기에 그리할 지어다. 이 싸움은 여리고가 함락당하고 아이성이 점령당하고 기브온이 이스라엘과 화친했다 해서 아모리 다섯 왕이 모여서 기브온과 싸우는 과정에서 여호수아가 외친 말이다.

우리 마음속에 영적인 대적은 권세라는 욕심의 왕국이 자리 잡고, 예수님으로 하여금 들어오지 못 하도록 막고 있다. 예수님 권세 앞에 굴복해야 하는데 오히려 인간의 권세로 예수님을 대적하고 있다. 인간에게는 여러 가지 권세가 등장한다. 돈이 있으면 권세가 생긴다. 높은 자리에 있으면 권세라는 욕심의 죄가 발동한다. 사람은 남의 밑에 있으려 하지 않고 위에 올라가 지배하려 한다. 왕의 권세 독재자의 권세 아래서 수백만 명이 죽고 히틀러의 권세 아래서 유대민족이

600만이 처참하게 죽어갔다. 일본 천황의 권세 때문에 우리나라가 36년간 피해를 봤다. 로마 시대 때 네로의 권세 아래서 수많은 기독교인들이 순교와 박해를 받았다. 성도들의 마음속에도 이러한 권세라는 집단이 마음 한쪽을 점령하고 교회를 어지럽히고 있다.

우리의 싸움은 혈과 육이 아니다. 내 속에서 권세를 부리려는 마음을 진멸해야 한다.

인간이 7년 주기로 변하는데 어린아이 때는 무엇이든 입으로 먹으려 하고 일곱 살이 지나면 이성으로 발달하고 청년으로 들어서면 힘이 불끈 솟을 때다. 그래서 주먹질도 하고 주먹으로 권세를 부리려 한다.

4) 이스라엘 백성에 넷째 대적은 가나안족속이다. / 우리 마음속에 대적은 우상숭배다.

이스라엘 백성은 한민족을 몰아내고 진멸해야 몰아낸 땅만큼 얻는 것이다. 가나안족속을 몰아내면 가나안땅 절반 정도 얻은 셈이다. 4년 정도 걸린 셈이다. 성도들은 멀리 있는 땅을 차지하려는 것이 아니고 가장 가까운 내 마음속을 탈환하려 함이라 마귀가 내 속에 들어와서 보이지 않는 죄의 씨를 뿌려 놨다. 성도들이 네 번째로 물리쳐야 할 대적은 우상 숭배 욕이다. 어느 나라나 민족을 막론하고 우상이 없는 나라가 없고 민족이 없다. 개인들 속에도 가득 차 있는 것이 우상 숭배다. 이웃 일본은 우상이 800만이라 한다. 우리나라도 그 정도 될 것이다. 중국에는 조상신에게 밤마다 가짜 돈을 태워 노잣돈을 주는 행위들을 한다.

이스라엘과 유다가 왜 망했나? 이웃 나라 우상 따라가다 망했다. 불교나 유교에서 조상신한테 절하는 구습에서 벗어나야 한다. 시험 볼 때 엿이나 찹쌀떡 먹고 동짓날 팥죽 쑤어먹고 이사 갈 때 날짜 보고 구정만 되면 띠를 따지는 교인들이 너무 많이 있다. 그런 교인들은 자기 속에 대적들을 하나도 몰아내지 못했기 때문이다. 내 마음은 내가 다스릴 때 내 마음이지 남이 다스릴 땐 남의 마음이다. 우상들은 문화라는 얼굴로 인간에 마음속으로 스며든다.

성경 안에도 엄청난 우상들이 인간을 타락시킨 일을 본다. 애굽에 우상들 태양신, 송아지우상, 염소우상, 가나안의 우상들 바알신, 아세라신, 일월성신, 이스라엘 마지막 왕인 호세아 때 사마리아가 포로로 잡혀가고 그 대신 다른 나라 사람들을 그곳에 와서 살게 했는데 그 사람들이 올 적에 자기들이 섬기는 우상들을 가지고서 섬겼다 (왕상17장 참조).

우리는 아주 조그만 우상숭배가 되는 것도 우리 마음속에 있지 못하도록 진멸해야 된다. 조그만 뿌리라도 남아 있다면 금방 우리 속에 우상의 숲을 만들어 나를 덮을 것이다. 현대의 우상은 돈이 우상이다. 이 세상이 우상이다. 나라고 하는 자신이 우상이다. 예수님보다 더 사랑하게 되면 우상이다. 탐심은 우상숭배라 하셨다. 우리 속에 이러한 죄악 들을 진멸하고 몰아내자. 천국은 침노하는 자의 것이라.

5) 이스라엘 백성에게 다섯 번째 대적은 히위족속 / 성도들에게는 외식이라는 대적이다.

10계명 중에 하나만 범해도 무효가 되듯이 일곱 족속 중에서 한 족속만 남겨 놔도 가나안땅을 차지할 수가 없다. 이스라엘 백성이 히위 족속도 몰아내고 진멸해야 한다. 가나안 전쟁을 통해 진멸이라는 말을 많이 한다. '꺼진 불도 다시 보자'란 말이 있다. 풀을 뽑다가 중간이 끊어지면 금방 자란다. 죄가 그렇다 우리 마음속에서 조금이라도 남아 있으면 금방 퍼진다. 선을 몰아내고 악으로 채워진다. 우리도 모르는 사이에 외식이라는 죄가 들어와서 마음을 점령해 버리고 왕국을 건설해 놓고 예수님의 길을 막고 있는 것이다. 예수님 당시 외식이라는 죄가 대표적인 죄로 책망받았다. 외식하는 서기관과 바리새인이여 너희가 잔과 대접은 깨끗이 하나 회칠한 무덤과 같다고 신랄하게 책망받았다.

  이러한 외식이 바리새인들에게만 있겠는가? 오늘날 우리 맘을 장악하고 지배해 왔다. 이런 죄가 있고 가식과 형식이 있는 한 진정한 크리스천이 아니다. 아직도 보이지 않는 죄의 사주를 받고 있는 것이다. 여호수아에게 늘 한 말은 불쌍히 보지 말고 진멸하고 몰아내라 하셨다. 멀리 천국만 보지 말고 내 마음을 잘 살펴보자. 천국은 내 마음속에 있다 하셨다. 이스라엘 백성은 눈의 보이는 대적이지만 성도들은 보이지 않는 마음속의 죄를 물리치고 진멸하는 것이 출세상이다. 출애굽을 하지 않고는 가나안 땅을 못 가듯이 출세상을 하지 않고는 심령 가나안에 들어갈 수가 없는 것이다. 눅12:1절에 바리새인의 누룩 곧 외식을 주의하라. 내 마음의 외식도.

6) 이스라엘의 여섯 번째 대적은 브리스족속, 성도들에겐 시기라는 왕국을 몰아내야 한다.

이스라엘이 대적을 물리치고 점령해 나간다. 벌써 르우벤지파와 갓지파, 므낫세반지파는 기업을 분배받았다. 지금은 브리스족속을 몰아내야 한다. 지금 6년째 전쟁 중이다. 지칠 대로 지쳐있다.

성도들도 안일하게 있을 때가 아니다. 시기라는 아성을 무너뜨려야 한다. 시기라는 죄악이 얼마나 무서운가? 죽이고 살리고 하는 것이 이 시기에 달려있다. 살인죄는 시기라는 왕국의 속해 있다. 이 시기는 모든 인간 속에 다 웅크리고 있다. 바리새인들이 시기로 예수님을 죽음에 넘겨주었다. 아무리 기도해도 쉽게 없어지지 않는다. 시기라는 대적이 무서운 생각과 살인적인 생각을 주입시킨다. 이런 죄악의 왕국이 사람 속에서 진을 치고 있다. 쉽게 무너뜨릴 수가 없다. 우리가 믿음이 있노라 할 땐 골짜기나 바위 같은 곳에 숨었다가 밤 같은 마음이 들고 좀 나태해 지면 고개를 들고 다 쏟아져 나온다. 이런 죄 성의 마음을 주님의 마음으로 점령해 나가고 통일시켜 나가는 역사가 출애굽 역사요 출세상 역사인 것이다.

7) 이스라엘의 마지막 대적은 여브스족속 / 성도들에겐 교만이란 왕국이다.

"교만은 패망의 선봉이요 거만한 마음은 넘어짐의 앞잡이다."라는 잠언의 말씀도 있다. 이런 말이 있다. '기가 세다. 자아가 죽지 않는 것, 그것은 교만하다.'라는 뜻이다. 세상 사람들은 기를 살리려고 하지만 성도들은 기를 죽여야 한다. 천사가 하나님처럼 높아지려다 심판받았다. 선민 이스라엘이 왜 망했나 자기들은 택하신 백성 이방인은 개와 돼지와 같이 취급을 했기에 망했다. 예수 믿는다고 교만이 없어질까? 아니다 숨어 있을 뿐이다. 죽은 것이 아니다. 우리 마음의 교만이라는 왕국이 들어섰다면 쉽게 무너뜨릴 수가 없다. 우리 힘으로는 그 어느 것으로도 무너뜨릴 수가 없다. 우리의 육체는 이런 죄악들과 내통하고 있다. 그러기에 모든 죄는 육신의 마음을 이용해서 들어온다. 육신은 눈감아 준다. 또 이용한다,

민33:55절에는 너희가 만일 그 땅 거민을 다 몰아내지 못하면 남겨둔 자가 너희 눈엣가시와 옆구리에 찌르는 가시가 되리라. 신7:2절은 그들을 진멸하고 불쌍히 여기지 말라.

이 말씀이 반사경과 같이 가나안 일곱 족속을 볼 때에 거기 비추어진 빛이 반사되어 내 마음속에 있는 일곱 가지 죄악에 왕국을 보아야 하고 내 속에 죄와 싸워 음란마귀 교만마귀, 외식, 시기, 미움, 탐심, 이런 죄악들을 불쌍히 보지 말고 몰아내고 진멸하여 마음 밖으로 쫓아내야 한다. 이스라엘의 열 왕 중에 사울왕은 처음엔 겸손했다. 그런데 왕이 되고 권세를 얻고부터 교만해졌다. 많은 왕들이 그랬다. 처음엔 아주 겸손했다가 후반기에 들어서는 교만해지는 왕들도 있고 제사장의 인도를 받을 땐 잘하다가 제사장이 죽은 다음 교만해지는 왕도 있다. 오늘날 교회 안에도 이와 같다. 목사와 장로가 가장 조심해야 할 일이다. 안수받을 때가 가장 겸손하다. 그리고 첫 목회지인 교회가 개척교회 수준에 있을 때가 가장 낮은 자세요 겸손할 때다. 그 단계를 넘어서서 교회가 부흥하다 보면 알게 모르게 높아져 있고 말속에 힘이 들어 있고 교인들이 비행기를 태우면 처음엔 예수님 발

밑에 있던 종으로서의 자세가 점점 변하기 시작하여 예수님하고 같이 앉아서 어깨를 나란히 하다가 점점 더 높은 곳을, 점점 더 좋은 것을 향하여 올라가고 있는데도 본인은 정작 이것이 교만의 상태인 줄 모르고 있는 것이다.

개척교회 때는 셋방살이하고 낡은 중고차가 고작이더니 어느새 탈을 벗고 80평 아파트에다 속도 안 들여다보이는 새까만 외제승용차로 예수님 하고는 이제는 게임도 안 될 정도로 높아져 있는 것이다. 예수님보다 얼마나 높아져 있나 보자. 예수님은 여우도 굴이 있고 새도 거처가 있는데 인자는 머리 둘 곳도 없다 하셨다. 그 분의 종들은 얼마나 높이 있나 예수님은 예루살렘 입성하실 때에 백마를 타고 가실 분이 비틀대는 나귀새끼를 타고 가셨다. 그런데 그분의 종들은 어떤가? 높은데 올라가라고 목사, 장로 직분 준 것 아니고 세상에서 좋은 것 많이 가지라고 받은 직분 아니잖나 모두 모세의 자리에서 예수님 발밑으로 내려오길 바란다.

하나님께서 제일 싫어하시는 것이 높아진 마음이다. 다른 죄보다 교만한 죄는 용서하시지 않는다. 우리는 천국의 들어간 상태가 아니고 들어가려고 가나안 일곱 족속과 치열한 싸움을 하고 있는 이스라엘 민족과 같다. 전쟁 중에도 자기만 살겠다고 부를 축적한 아간처럼 해서는 안 된다. 우리는 지금 보이지 않는 마음속에 죄악과 치열하게 싸우고 있는 중이다. 성도들로 하여금 악과 싸움에서 이겨서 천성 가나안의 잘 정착하도록 진두지휘해야 할 목사 장로다.

이스라엘 백성이 가나안 일곱 족속을 진멸해야 그 땅을 차지할 수 있듯이 성도들은 심령 천국을 이루기 위해서 마음속에 식욕과 색욕과 권세욕, 우상 숭배와 외식하는 죄, 시기 질투하는 마음, 교만하고 거만하고 자만한 이런 죄악의 도성들을 진멸하고 마음 밖으로 몰아내야 한다.

여기까지가 이스라엘 백성의 출애굽 노정기고 여기까지 출세상 노정기다.

14

너는 누구나?

- 나는 사울이다. 나는 율법과 바리새인의 모습이다.
- 나는 골리앗이다. 나는 마귀의 모습이다.
- 나는 다윗이다. 나는 예수님 십자가 위에 달린 모습이다.

삼상17장은 사무엘 상하 가운데 제일 재미가 있는 말씀이다. 17장은 크게 세 종류의 사람들이 나온다. 첫째는 사울과 사울의 군사가 나오고, 두 번째는 골리앗과 블레셋 군대가 나오고, 세 번째는 다윗이 나온다. 그런데 여기에 나오는 세 종류의 사람들이 특색이 있다. 사울과 형들의 모습 중에서 블레셋의 대장 골리앗의 앞에서 꼼짝도 못 하는 모습은 율법으로는 인간을 마귀의 수중에서 구원할 수 없는 것을 보여 준 대목이고, 다윗을 향하여 죽이려고 한 것은 제사장과 바리새인들이 예수님을 죽이려고 하는 모습이다.

두 번째 골리앗은 마귀가 이 땅에 내려와서 4천 년 동안 인간에게 억압하고 괴롭힌 것을 보여 주는 대목이고, 세 번째로는 마귀가 4천 년 동안 억압을 해도 누구 하나 구원자가 없을 때 예수님이 오셔서 십자가로 승리하시는 대목이다.

이제 본 내용으로 들어가 보자. 사울은 왕이 되기 전에는 겸손했다. 제구 뒤에 숨을 정도로 작은 자였다. 그런데 왕이 되고 권세를 잡은 후부터는 높아지고 교만해 지기 시작했다. 거역하고 불순종했다. 무슨 뜻일까? 하나님께서는 예수님 오시기 전에 율법을 먼저 주신다. 이스라엘 백성이 처음엔 율법을 잘 지킨다. 그러나 시간이 갈수록 거역하고 외식과 형식으로 거슬린다. 전쟁이 났다 블레셋 군사가 쳐들어왔다. 쌍방이 대치상태다. 블레셋 군대에는 골리앗이 대장이다. 함성을 지르고 고함을 친다. 이스라엘 진은 겁에 질려 있다. 싸울 엄두도 못 낸다. 40일 동안 조석으로 나타나서 무섭게 한다. 한 사람을 대표로 보내서 나하고 싸워서 지는 자가 상대방의 종이 되게 하자 하되 이스라엘 진에서는 누구 하나 감히 나갈 엄두도 못 내고 있다. 여기까지 보면 이 세상에 마귀가 내려와서 인간을 괴롭혀도 마귀와 싸울 만한 사람은 아무도 없다. 율법도 계명으로도 구원할 수가 없다. 그러기의 인간은 마귀와 죄의 종이 되어 예수님 오실 때까지 자유도 없이 살았다.

이때에 이새가 다윗의 어깨에 떡 보따리를 메이고 전쟁터로 보낸다. 이 모습은 마치 천상에서 아버지 하나님께서 예수님 어깨에 생명의 떡 보따리를 메어 이스라엘 땅 베들레헴으로 보내시는 모습이다. 이새는 18절에 증표를 가져오라 한다. 무슨 증표일까? 그렇다. 십자가의 상처받은 증표이다. 16절에는 골리앗이 조석으로 40일을 나타나서 괴롭게 한다. 그 40일만 보지 말고 크게 멀리 보면 40일이 인류 역사 4,000년으로 보인다. 아담 때부터 예수님 오실 때까지 4,000년 동안 인간을 괴롭힌 것이 보일 것이다. 다윗은 전장에 왔다 골리앗을 죽이는 대가가 자유케 한다는 것이다. 그렇다. 예수님은 우리에게 자유케 하시려고 오신 분이다. 마귀를 멸하시고 자유케 하시려고 오신 분이다.

사람들과 이야기하는 광경을 다윗의 큰형인 엘리압이 봤다. 다윗을 향하여 노를 발하다. 장형 엘리압이 다윗에게 한 말을 들어 보라. 26절이다. '장형 엘리압이 다윗의 사람들에게 하는 말을 들은 지라 그가 다윗에게 노를 발하여 가로되 네가 어찌하여 이리로 내려왔느냐 들에 있는 몇 양은 뉘게 맡겼느냐 나는 네 교만과 네 마음의 완악함을 아노니 네가 전쟁을 구경하러 왔도다.' 여기서도 생각해 보자. 큰형과 막내 사이는 귀염 받는 사이가 아닌가? 그런데 큰형이라는 사람이 많은 사람 앞에서 다윗을 몰아세우고 있는 광경은 한가정의 문제로 볼 수가 없는 문제인 것이다. 이 광경을 이해하려면. 예수님께서 죽은 자를 살리시고 안식일 날 병자를 고치시고 하나님을 아버지라 하니까 바리새인들이 달라붙어 힐난하며 참람하다고 하는 내용으로 보여 지는 대목이다. 그 당시 종교 지도자라는 제사장들과 율법사 서기관들이 예수님을 잡아 오라고 죽이려 한자들이다. 다윗을 죽이려 한 자들이 바로 사울과 형들인 것과 같이 말이다. 사사건건 시비를 걸고 찾아다니고, 쫓아다니면서 죽이기를 엿본 사람이 율법의 지도자들이다. 사울의 모습 엘리압의 모습을 보면서 예수님이 율법주의자들의 손에 고생하시는 모습을 미리 보는 것 같다.

결국 다윗은 골리앗과 대치상태에 이른다. 이 광경은 무엇일까. 예수님은 결국 대제사장들의 시기로 빌라도 앞에 서게 되고 사형언도를 받아 십자가를 지시는 곳까지 이르렀다.

골리앗이 다윗을 보고 네가 나를 개로 알고 막대기를 가지고 왔느냐. 오라. 네 고기를 짐승의 밥으로, 새의 밥으로 주겠다 하다. 십자가의 달리신 예수님을 쳐다보면서 마귀와 제사장들과 유대인들과 백성들이 머리를 흔들며 '하나님이 구원하실걸 내려와 봐'하고 조롱하는 소리다. 다윗은 너는 창과 단창으로 오지만 나는 만군의 여호와 이름으로 가노라 하고 물매의 돌을 재어서 치매 물매의 돌이 날아가 골리앗의 이마에 박혀 쓰러졌다. 이 성경을 읽을 때에 그 현장만 보지 말고 골고다 십자가 현장을 보아야 한다. 바로 다윗의 물매라는 기구가 예수님이 지신 십자가이다. 물매 돌은 예수님 자신이시다.

성경에는 예수님을 반석 흰 돌, 뜨인 돌, 머릿돌 두 돌판 모두 예수님을 상징한다. 예수님은 십자가라는 물매의 자신이 돌이 되어 원수의 머리를 향하여 던지신 것이다.

창3:15절에 미리 말씀해 놓으신 곳이 있다. 여자의 후손은 네 머리를 상하게 할 것이요, 너는 그의 발꿈치를 상하게 할 것이다.

다윗의 물매돌이 골리앗의 이마의 박힌 것은 예수님의 십자가가 마귀의 머리를 상하게 한 것이다. 예수님이 승리하셨기에 우리가 자유를 얻었다. 예수님은 요16:33절에 세상에서 너희가 환란을 당하나 담대하라. 내가 세상을 이기었노라.

성경적으로 보면 다윗은 죽은 자다. 후에 왕으로 오른 것은 주님의 부활의 모습이다. 사울과 형들은 예수님 당시 율법주의자들의 모습이고 골리앗은 사탄의 얼굴이고 베들레헴의 어린 다윗은 예수님 공생의 모습이다. 성경 전체가 예수님의 십자가의 구속으로 가득찼다. 예수님을 찾아 나누어 주는 것이 설교다.

15

다윗의 실수

　그렇게 다윗을 죽이려던 사울도 죽고, 파란만장한 다윗의 청년시절이 지나 나이 30세가 됐다. 유다족속이 서둘러 다윗을 왕위로 올린다. 다윗이 왕으로 취임하고 주위의 대적들을 파하고 다윗성도 건축하고 이제 어느 정도 느긋해지고 여유가 생겼다. 왕궁에 거하면서 제사장 아비나 답의 집에 얹혀있는 하나님의 법궤[언약 궤]를 궁궐 옆으로 모셔올 생각이 들었다. 계획을 세우고 날을 잡았다. 삼만이나 젊은 사람을 뽑았다. 처음엔 궤를 메어 올리려 했다가 새 수레에 싣고 오는데 그 수레는 소들이 끌고 있었다. 아비 나답의 두 아들 웃사와 아효가 소들을 몰아가고 있었다. 여러 가지 악기와 수금과 비파와 소고와 양금과 제금으로 주악을 했다.

　그런데 나곤의 타작마당에 이르자 소들이 뛰기 시작하다 궤가 떨어 질까봐 웃사가 궤를 붙들 었다. 궤를 붙듦으로 인하여 하나님께서 치시므로 웃사가 죽었다. 다윗이 놀라서 당황했다. 오 벧에 돔제사장 집으로 옮겨갔다. 다윗은 큰 낭패를 당했다.

왜 이런 일이 일어났을까? 무엇이 잘못된 것인가? 다윗은 최선을 다한 것 같은데 왜 소들이 뛰고 사람이 죽고 큰 사건이 일어났을까? 어디서 무엇이 어떻게 잘못된 것인지? 생각해 보자. 처음엔 궤를 메어 올리려 했다가 수레에 싣고 왔다. 그것도 짐승이 끄는 수레에 궤를 올려놓고 가는 중인데 사탄이 일어났다. 잘 가질 리가 없다. 원래 하나님의 궤는 레위지파 제사장들이 들고 가는 것도 아니고 어깨로 메고 가게끔 법을 주셨다. 그런데 레위지파도 아니고 제사장도 아닌 짐승이 끌고 간다. 이건 말도 안 되는 것이다. 결국 소들이 뛰고 웃사가 죽을 수밖에 없었다.

다윗이 준비한 것을 생각해 보자 사람을 삼만이나 모집했다. 각종 악기들을 다 동원했다. 겉보기에는 화려해 보였다. 그런데 핵심적인 것이 빠졌다. 그것은 먼저 양을 잡아 제사를 지내야 하는데 제사가 없었다. 궤를 메고 가야 하는데 메질 않았다. 아무리 사람이 많아도 건물이 웅장하고 화려해도 법궤를 메고 가지 않는다면 하나님이 버리신다는 사실이다. 오늘날 교회들은 앞으로 잘 가고 있는가? 아무리 교회가 웅장하고 교인수가 수천수만 명이고 파이프 오르간에 찬양대가 수백 명이라 할지라도 궤를 메고 가지 않고 현대의 수레인 고급 승용차로 싣고 가는 교회라면 그 교회는 이미 영적으론 주님이 떠난 교회 죽은 교회다. 이스라엘 민족에게는 법궤를 하나님의 상징물로 주셔서 제사장에 어깨를 통해서 운반되고 운행되었다.

신약시대에 법궤는 주님이 지고 가신 십자가가 법궤가 된다 (마 10:28절). 또 자기 십자가를 지고 나를 쫓지 않는 자는 합당치 않다 하셨다. 십자가는 끌고 가는 것도 아니고 수레에 싣고 가는 것도 아니고 목에 걸고 가는 것도 아니다. 십자가는 꼭 어깨로, 등으로 지고 가야만 한다. 십자가는 사람이 적어도 괜찮다. 화려하지 않아도 되고 웅장하지 않아도 된다. 다만 십자가를 지고 가는 사람만 많으면 된다. 십자가는 꼭 우리 어깨에 메어져 있어야만 건강한 교회요 신앙인이다. 헌금을 많이 해도 봉사를 많이 해도 목사요 장로라 할지라도 십자가를 메고 있지 않았다면. 그 교회는 흔들리게 되고 흔들리게 되면, 사람이 해결한다고 사람들이 나서서 사람들이 교회를 붙들게 되고 그런 교회는 누가 죽든지 죽을 것이다. 우리가 지고 가는 십자가는 우리 마음대로 벗을 수가 없다. 주님께서 재림하셔서 그때 주님이 우리 등에 십자가를 내려 주셔야만 비로소 벗게 되는 것이다.

다윗왕은 쓴맛을 봤다. 오 벧 에돔의 집에 석 달 동안 법궤가 얹혀 있었다. 다윗은 다시 시작했다. 이번에는 완전히 초라한 행사였다. 사람도 조금이다. 악기도 나팔 하나다. 그 대신 여섯 걸음마다 제사를 지냈다. 그리고 베옷을 입었다. 전날의 잘못을 회개하는 마음으로 시작했다. 물론 궤는 제사장들의 어깨로 메고 있었다. 이런 내용의 사건이 역대상 15장에 기록되었는데 특별히 다윗이 깨달은 부분이 있다. 대상15:13절에 '전에는 너희가 메지 아니하였으므로 우리 하나님 여호와께서 우리를 충돌하셨나니'이 부분을 오늘날 교회들이 깨달아서 왜 교회들이 타락해 가고 있는지 세속화되어 가는지 말이다. 엘리제사장 때는 법궤를 빼앗기고도 못 찾았다. 우리 등에 십자가를 원수한테 빼앗기고도 못 찾고 빈 몸만 왔다 갔다 하는 교인은 아닌지?

16

너는 누구냐?

1) 나는 사울, 나는 바리새인의 모습이다.

2) 다윗, 나는 육신으로 오신 예수다.

3) 솔로몬, 나는 천년 왕국 평화의 왕이다.

4) 르호보암, 나는 천국과 지옥의 갈림길이다.

이스라엘의 많은 왕들 중에서 특별히 사울왕과 다윗왕과 솔로몬왕과 르호보암왕을 주목하여 보자. 이 왕들의 겉으로 나타난 객관적인 면만 보고 판단하지 말고 이 왕들의 주된 특이한 행동들이 있다. 아마도 설명을 듣고 나면 '아하'하고 이해가 될 것이다.

1) 나는 사울, 나는 바리새인의 모습이다.

성경을 창세기부터 읽어 간다. 아주 재미가 있고 신나게 룻기서까지 읽고 사무엘상으로 넘어가서 17장까지 신도 나고 통쾌하게 읽는다. 그런데 그다음이 문제다. 다윗이 골리앗을 죽인 후 다윗의 인기가 높아졌다. 돌아오는데 여인들이 소고 치며 춤을 추며 사울에겐 천천을 다윗에겐 만만을 돌린다. 사울의 기분이 싹 바뀌었다. 그때부

터 사울은 다윗을 죽이려고 눈에 불을 켜고 이 잡듯이 찾아다니는 내
용을 읽으면서 다윗이 잡힐까봐 얼마나 마음이 조마조마했는지 모른
다.

사울은 그토록 다윗을 왜 죽이려 했을까? 그것도 한두 번이 아닌
평생을 두고 이를 갈면서 어느 때는 미인계도 써보고, 어느 때는 전
쟁을 통해서라도 죽여야 직성이 풀릴 것처럼 찾아다닌다. 그리고 다
윗은 그때마다 죽음의 순간순간을 잘 넘긴다. 여기서 우리는 "너는
누구냐"에서 사울이라는 사람을 다른 각도에서 봐야 한다. 지금 우리
가 보고 있는 광경은 이스라엘왕의 자리가 도전을 받는다 생각한 사
울이 다윗의 생명을 해하려고 하는 것이 표면적인 이유다.

항상 말하듯이 성경의 열쇠는 구약이나 신약이나 예수님이다. 이
쯤해서 요12:19절로 가 보자. '바리새인들이 서로 말하되 볼 지어다.
너희 하는 일이 쓸데없다. 보라 온 세상이 저를 쫓는 도다 하니라.'여
기서 구약의 사울을 신약의 바리새인으로 보면서 생각하고 다윗을
예수님 공생의 때 제사장들과 바리새인들을 통해 고생 당하시는 모
습으로 보게 되면 이해가 갈 것이다. 다윗이 골리앗을 죽이고 인기가
하늘 높이 치솟았다. 사울은 시기가 발동했다. 죽이지 않고는 견딜
수가 없을 정도다. 예수님은 병자들마다 다 고쳐 주시지 귀신 쫓아내
지 심지어 죽은 나사로까지 살려내시니 예수님의 인기가 바리새인들
하고는 상대가 안 될 정도로 높아졌다. 백성의 민심이 다윗으로 가듯
예수님께로 가니까 지금 사울과 같은 바리새인들이 시기가 나서 죽
을 지경이다. 그래서 온 세상이 저를 쫓는도다. 지금 바리새인들이
예수님을 죽이고 싶은 마음하고 사울이 다윗을 죽이려는 마음하고

강도가 같은 레벨로 나타난 것이다.

요11:53절에도 '저희가 예수를 죽이려고 모의하니라.'7:32절에도 '바리새인들이 그를 잡으려고 하속들을 보내다.'30절엔 '저희가 예수를 잡고자 하나 손을 대는 자가 없도다.'

예수님께서 떡 다섯 개와 물고기 두 마리로 5,000명을 먹이고도 열두 바구니가 남는 이적을 행하심을 본 바리새인들의 눈에서는 열불이 났을 것이다. 어떻게 하든 예수를 죽이는 것이 목표였을 것이다.

원래 다윗은 사울의 사위다. 예수님은 유대인의 혈육이다. 사울이 다윗을 죽이려는 의도는 왕이 되지 못 하게 하는 것이다. 유대인들이 예수님을 죽이려 하는 것도 유대인의 왕이 되지 못 하게 하는 의도도 있지만 영적으로는 만왕의 왕이 되지 못 하게 하고 구세주가 되지 못 하게 하는 마귀의 속셈이 깔려 있는 것이다.

다윗의 평생 대적자가 사울이었다면 예수님의 평생 대적자는 제사장들과 바리새인들인 것이다. 사울이 가장 아끼고 사랑해야 할 다윗을 미워하고 죽이려 하는 모습이 예수님을 가장 사랑하고 가까이 섬기지 못하고 죽이려 한 바리새인들의 모습인 것이다.

2) 다윗, 나는 육신으로 오신 예수다.

사울이 죽은 다음 다윗이 왕이 되었다. 그러면 다윗의 말과 행동 속에서 누구의 모습을 볼 수 있을까? 물론 예수님의 모습이다. 다른 왕들 같았으면 사울의 가족을 아마도 삼대를 멸족 했을 것이다. 그러나 다윗은 오히려 사울의 가정을 돌봐 주었다. 무슨 뜻일까? 사울은 구약과 율법을 대표로 보여 주는 인물이고 다윗은 신약과 은혜를 대표로 한 예수님을 보여주는 모습이다.

예수님은 율법을 폐하려함이 아니고 완전케 하시려고 오셨다. 예수님은 율법의 사람들을 통해 고난을 받으셨지만 복수하신 것이 아니고 저들의 죄를 용서하옵소서 하셨다. 사울은 평생토록 다윗을 죽이려 했지만 다윗은 평생토록 끝까지 용서했다. 여기에도 유대인 바리새인들은 평생토록 예수님을 죽이려 했으나, 예수님은 끝까지 용서해 주시고 맨 마지막에 십자가상에서도 저들의 죄를 용서해 달라고 비셨다.

다윗이 왕으로 등극하고 주위의 나라들과 많은 전쟁을 치렀다. 백전백승의 명장이다. 한 번도 져 본 적이 없다. 특별히 블레셋 나라하고 전쟁을 많이 했어도 한 번도 패해 본 적은 없다.

요16:33절 하반절에 내가 세상을 이기었노라. 예수님도 골리앗과 같은 마귀와 세상을 십자가로 이기신 것이다. 다윗도 삼하8:6절에 다윗이 어디를 가든지 여호와께서 이기게 하셨더라.

다윗은 예수님의 육신으로 오신 모습과 꼭 닮은 꼴이다.

다윗의 평생에 꼭 죽여야 할 사람이 몇 있다. 압살롬이다. 압살롬은 자기 아들이지만 반역자다. 아버지를 죽이고 자기가 왕이 되려고 모의한 자다. 다윗은 피난길에 오르면서도 압살롬을 죽이지 말고 너그럽게 대해 달라고 한다. 또 베냐민 지파 시므이다. 압살롬을 피해 피난길 떠날 때 시므이가 산비탈길로 따라오면서 돌과 흙을 뿌리며 독한 말로 저주를 퍼부은 자다. 여기서도 예수님의 모습을 보고 가자. 압살롬이 아히도벨과 반역자들이 모여서 모략을 베푼 것은 제사장들과 바리새인들이 예수님을 어떻게 죽일까 또 언제 죽일까 하고 빌라도에게 죽여 달라고 모략을 베풀고 있는 모습이고, 다윗이 궁궐을 떠나서 머리를 가리고 맨발로 울며 걸어가는 모습과 베냐민지파 시므이가 돌과 흙을 뿌리면서 독한 말로 저주하면서 따라오는 모습은 예수님이 사형언도를 받고 십자가를 지시고 채찍에 맞아 쓰러지시고 넘어지시며 맨발에다 머리까지 떨구신 모습이고 시므이가 저주한 모습은 십자가를 지시고 가시는 중에도 무리들이 계속 따라오면서 저주하며 주먹으로 치고 침 뱉음을 받는 주님 모습을 보는 듯하다.

시므이가 독한 말로 저주할 때 아비 새가 내가 가서 죽이리이까? 할 때에도 죽이지 말라 저주하게 내버려 두라 한다. 다윗을 떠나 죽어야 할 자들이 압살롬과 아도니아다. 이 두 사람은 왕의 아들들이다. 그리고 군대 장관 요압과 제사장 아비아달은 아도니아가 다윗왕을 반역할 때 같이 반역한 자들이다. 다윗은 이들이 마땅히 죽을 자들인데도 죽이지 않았다.

여기에는 무슨 뜻이 숨겨 있을까? 요12:47절에 내가 온 것은 세상을 심판하려 함이 아니요 세상을 구원하려 함이로다. 예수님이 오신 목적은 한 사람이라도 멸망하지 않고 다 구원받기를 원하시는 것이다. 이 대목을 천년 전에 다윗 왕이 미리 보여 주고 있는 것이다. 목회자들이 다윗을 주제로 이야기할 때에 조심해야 할 부분이 많다.

다윗이 유명하다 보니 다윗을 놓고 설교하게 된다. 우리도 다윗같이 하나님을 잘 믿어야 한다면서 다윗을 예수님 자리에 둔다. 아무리 유명해도 사람은 믿음의 대상이나 설교 대상이 되어서는 안 된다. 사울은 기회만 있으면 다윗을 죽이려 하고 다윗은 그때마다 지혜롭게 잘 피하고 벗어났다. 제사장들과 바리새인들은 기회만 있으면 예수님을 죽이려 하고 예수님은 그 때마다 지혜롭게 대처하시면서 벗어나는 모습이다.

결국 다윗은 왕이 되어서도 그 권세를 가지고서 사울의 가정이나 반역한 자들을 원수로 생각하고 복수할 수도 있었지만 다윗은 모든 복수와 심판은 아들 솔로몬에게 맡기고 파란만장한 생을 마감한다. 이 모습은 천년 후에 예수님이 오셔서 자기를 죽이려고 하는 제사장과 바리새인들과 팔아먹은 제자, 배역하고 부인하고 저주한 제자들 주먹으로 손바닥으로 친자들 침 뱉은 자들을 위해서 십자가에서 죽으시면서 용서해 주시고 모든 심판은 재림하실 그분께 맡기고 다 이루었다. 하시면서 아버지여 내 영혼을 받으소서 하고 운명하신 예수님의 공생을 보여 준 다윗이다.

3) 솔로몬, 나는 천년 왕국 평화의 왕이다.

왕상2장에는 다윗이 늙어서 기운이 다하여 죽을 때가 되어 아들 솔로몬에게 유언을 하는 중에 자기가 심판 못 한 자들을 귀띔해 준다. 요압은 이러하고 시므이는 이러하고 누구는 저러하니 너는 지혜가 있는 자인즉 저들을 무죄자로 여기지 말라. 말을 마치고 조용히 눈을 감는다.

솔로몬왕이 제일 먼저 아도니아부터 심판[재판]한다. 아도니아는 다윗의 아들인데 반역자다. 두 번째로 아비아달은 제사장이며 자기 아버지와 고생을 같이 했다 하여 제사장 직을 파면하고 고향으로 쫓아 보낸다. 요압이 소식을 듣고 도피성으로 가서 피했지만 거기서 죽임을 당했다. 시므이를 불러 예루살렘에서 살게 했다. 결국 그도 심판받고 말았다.

솔로몬 왕은 일천 번제를 드렸다. 재판하는 지혜를 달라고 하여 부와 영광도 받은 왕이다. 두 여인을 재판한 사건은 너무도 유명한 사건이었다.

여기서 솔로몬 왕의 색깔이 무엇인가? 지난 왕들이 특색이 있었듯이 솔로몬 왕에게도 그만이 지닌 특별한 모습이 있다. 그 모습들이 장차 오실 예수님의 모습을 미리 보여 주고 있는 것이다. 솔로몬 왕이 제일 먼저 한 일이 심판하는 일이다. 그러면 예수님께서 공중으로 재림하셔서 제일 먼저 하실 일이 무엇일까? 예수님도 이 세상을 심판하시는 일을 먼저 하신다.

알곡들은 공중으로, 가라지와 쭉정이는 전쟁이란 불로 심판 하시는 것이다. 솔로몬은 죄인들을 심판한 다음엔 주위의 모든 나라들과 전쟁 없이 평화롭게 지낸다. 나라 안팎이 평화롭다. 금은보화가 지천이고 땅도 동물도 인간도 모두 해함이 없이 솔로몬 시대가 다 가도록 평안하다. 여기서 또 예수님 모습을 보고 가자. 예수님은 공중까지만 오셨다. 그 당시 마귀와 악령들은 어디로 모여 있을까? 예수님이 계신 공중 밑으로 해서 이 땅으로 쫓겨 왔다. 예수님이 공중에서 7년 혼인식 마치시고 이 땅으로 재림하실 때에는 악령들은 또 어디로 가나 갈 곳이 없다. 그래서 계20:2~3절에 일천 년 동안 무저갱이란 지옥에 가두어 놓고 오셔서 천년 왕국을 우리와 함께 통치하신다. 이 땅에 오셔서 분요하던 세상을 천년 동안 평화롭게 전쟁도 없이 사람이나 동물이나 모든 것이 평화 그 자체다. 천년 동안 천국에서 살 것을 미

리 연습하는 시간이다. 성경 속에서 천년 시대에 상황을 예언한 곳이
여러 군데 있다.

사11:6~7절, 사65:25절에 이리와 어린양이 사자와 소가 어린아이
와 독사가 같이 있어도 해함이 없는 평화로운 세상. 또 미가서4:3절
에는 그 칼을 쳐서 보습을 만들고 창을 쳐서 낫을 만들 것이며 이 나
라와 저 나라가 싸우지 아니하리라.

솔로몬 왕이 보여 준 평화의 시대는 장차 예수님이 지상 재림하셔
서 평화의 천년 왕국을 이루어 가실 것을 예언적으로 미리 보여준 것
이다. 천년 시대 오해 없길 바란다.

4) 르호보암, 나는 천국과 지옥의 갈림길이다.

사울 왕이 예수님을 기회만 있으면 죽이려 하고 잡으려 하는 바리
새인의 모습이라면 다윗왕은 십자가에 고난을 받으시는 예수님의 모
습이고, 솔로몬 왕은 재림주로 오셔서 심판하시고 평화의 천년 왕국
을 건설하실 예수님의 모습인 것이다. 그러면 르호보암왕은 어떤 모
습일까?

할아버지인 다윗왕의 정치도 알고 있을 것이고 아버지인 솔로몬왕
의 정치도 옆에서 보아온 터라 잘 알고 있었고, 자기 나름대로도 내
가 왕이 되면 어떻게 할 것이다 구상한 것이 있었을 텐데 막상 왕위
에 오른 다음엔 일사천리로 일을 처리하지 못하고 젊은 층에 휘둘려
줏대가 없고 정신을 빼앗긴 정치를 하고 있다.

결국 열두지파 중에서 유다와 베냐민 두 지파만이 남고 북쪽으로
열 지파는 떨어져 나가 갈라지게 되었다. 여기서 우리는 예수님을 보

고 가자. 공중 재림, 지상 재림하셔서 천년 시대가 끝날 때 무저갱의 갇혔던 악령들이 나오고 이 땅에 최후 심판이 있고 이 세상은 아담 이래로 모든 영혼이 예수님 앞에서 최후심판을 받고 생명록과 사망록의 기록된 대로 영원한 천국으로 영원한 지옥으로 갈라져 나뉘어서 가는데 열 지파는 우상으로 타락하듯 지옥으로 가는 사람은 많고 구원으로 들어가는 사람은 두 사람처럼 적은 것이다.

이스라엘 백성 60만 명이 애굽을 떠났지만 가나안땅에 들어간 사람은 겨우 두 사람인 것과 같은 것이다. 지파가 갈라진 것이 하나님께로부터 나왔다 하다. 넓은 길은 많은 사람들이 가는데 그 길은 멸망의 길이라 하고 좁은 길은 가는 사람이 적다고 하시며, 그 길은 생명의 길이다 하시다. 르호보암왕 때 양쪽으로 나 뉘임같이 천년 시대 끝나면서 천국과 지옥으로 나뉠 것을 미리 보여준 왕이 르호보암왕인 것이다.

17

가인과 아벨의 제사가 주는 교훈

　가인의 이야기 가운데 오해의 소지가 많이 나온다. 창4:14절에 보면 '사람들이 나를 만나면'이라는 문장이 나온다. 이 구절을 놓고 목회자들 가운데서도 '아담이 있기 전에 또 다른 사람이 있었을 것이다'라고 말하는 목회자도 있다. 언뜻 읽을 땐 그런 생각이 들 수 있다. 창세기는 모세가 기록했다. 아담 이후로 천 년이 넘어서 기록한 거다. 그 당시 바로 바로 기록된 것이 아니다. 또 아담은 약 900여 년 동안 아이를 낳았다. 성경의 기록된 이름만 가인과 아벨 셋만 기록되었다. 그때는 산아 제한도 없었고 터울 조절도 필요치 않았다. 생기는 대로 낳는 것이다. 아벨이 죽은 다음 한참 동안 안 낳다가 한참 후에 셋을 나은 것처럼 보인다.

　가인을 낳고 아벨을 낳고 중간에 딸들을 몇 낳았을 것이다. 가인도 결혼하고 아벨도 결혼한 것을 볼 때 하나님께서 인간을 번식시키실 때에 남자들만 계속 낳게 하시지는 않으셨을 것이다. 아담이 900년 동안 3년에 한 명 꼴로 태어난다면 기하급수로 인간이 번식할거다.

거기다가 아들 딸 아들 딸 섞어서 태어나면 금방 짝을 만날 수 있는 문제다. 그리고 가인과 아벨이 하나님께 제사 지낼 때에는 나이가 지긋이 들어 한 500살쯤 됐을 것이다.

이젠 성숙해져서 신과의 교통이 있었으면 하는 시기니까 많이 살아오는 동안 자기 나름대로 가인은 식물로 제사를 드리고 아벨은 아벨대로 기르던 양으로 잡아서 피를 흘리며 제사를 지냈는데 여기서 길이 영원히 나누어진다. 에서와 야곱도 태에서 갈라졌다. 처음 드리는 제사인 만큼 두 사람이 정성을 다해 드렸을 것이다. 그런데 하나님의 응답은 아벨의 제사를 받으셨다. 가인의 마음은 기쁠 리가 없다. 결국 동생을 죽이고 살인자가 된다. 예수님은 여기에 대하여 말씀하시길 처음부터 살인자요 거짓말쟁이의 아비라 하셨다.

그러면 곡식과 양과는 어떤 관계의 맥이 흐르고 있을까? 이전에 이미 아담과 하와는 가죽옷을 입고 있었다. 그것을 보고 자란 아벨이 양치는 자가 되었는지 모른다. 장차 예수그리스도의 모형을 이루어 아벨은 양의 피를 드리고 자신도 죽었다. 이 모습은 장차 세상 끝에 오실 예수님께서 어린양이 되시고 피 흘리시고 죽으실 것을 미리 보여 준 대목이다. 훗날에 모세를 통해서 정식으로 법을 만드신 율법을 기록하셨다. 레위기서의 피에 대하여 자세한 내용들이 나온다. 피는 생명이다. 모든 물건이 피로써 정결케 된다. 피 흘림이 없으면 사함도 없다. 라고 규정을 지어 놓으셨다.

성경에는 모든 것이 피로써 죄 사함받고, 피로써 거듭나고, 모든 것이 피로써다. 양의 피는 양의 생명이듯이 그리스도의 피는 그리스도의 생명인 것이다. 우리가 예수님의 피로 죄 사함받는 것뿐만 아니라 그리스도의 피가 내 안에 들어와서 그리스도의 생명으로 예수님이 사시는 것이다. 예수님의 피가 흐르고 있는 자는 하나님이 보실 때 혈통으로 보시고 자녀로 삼으시는 것이다. 하나님은 아무나 구원하시지 않는다. 자기자식 자기새끼들 예수의 피를 받은 혈통만을 구원하신다.

가인의 제사를 안 받으신 것은 곡식은 피가 없기 때문이다. 원래 제사에는 피가 중심이다. 오늘날에도 강단에서 수없이 가인의 제사가 드려지고 있다. 곡식의 설교를 하고 있는 것이다.

식물로써 예배드리는 것은 아닌지 말이다. 구약이나 신약시대에나 제사에는 피가 중심이다. 구약에는 짐승의 피로 신약시대에는 어린양 되신 예수님 피가 제사중심 예배중심이 되는 것이다. 구약 시대 때에 제사드린 모습을 생각해 봐라. 양이나 소를 잡을 때 피를 양푼에 담는다. 그리고 그 피를 제사드리는 사람의 손과 발 머리 귀뿌리에 바르고 제사장의 몸에 바르고 제단 뿔에 바르고 나머지는 제단 밑에 쏟아붓는다.

무슨 뜻일까? 오늘날 교회는 짐승의 피가 아닌 예수님의 피를 양푼에 많이 담아 많은 피를 준비하는 것이 설교자다. 다른 세상 말들은 잔뜩 준비하고 정작 피가 없다면 그 제사는 가인의 제사인 것이다. 설교자는 예배 시간마다 예수님의 피를 잔뜩 가지고 가서 성도들 한 사람 한 사람씩 발라 주는 것이다. 자신도 발라야 한다. 교회도 발라야 한다. 가인은 피 없는 제사를 드림으로 살인자가 됐다. 그리스도의 피가 없는 예배를 드림으로 교인들을 죽이는 목회자가 되어서는 안 될 것이다.

18

음부와 낙원

　우리가 예수님을 믿는다. 말씀을 믿는다. 말씀대로 살아가려고 성경을 열심히 연구하고 바르게 해석하려고 노력을 한다. 그렇게 해서 만들어진 내용을 근거로 해서 믿음의 틀을 삼는다. 그리고 그것이 믿음의 잣대가 되고 척도가 되는 것이다. 그런데 교파마다 사람들에 주장하는 내용에도 차이가 있다. 어떤 교파는 이 말씀은 믿는데 저 말씀은 부정한다. 어떤 교파에서는 천년 시대를 받아들이고 어떤 교파에서는 부정하고 어떤 교파에서는 예정설을 믿고 어떤 교파에서는 부정하고 어떤 교파에서는 침례를 행하고 어떤 교파에서는 세례를 준다.

　한 권의 성경을 놓고서 해석하는 차이 때문에 초대교회 시대 때부터 이단들이 생기게 된다. 초대 교회시대에는 예수님을 놓고 사람이냐 하나님이냐 차이로 이단이 생겨났다. 이단들은 지금도 생겨나고 있는 것이다. 천주교회에서는 연옥설을 주장하는데 기독교회에서는 부정한다. 그런데 성경에 분명히 명시되어 있는 낙원설과 음부설은

속 시원하게 명쾌하게 이야기해 주는 사람이 없는 것 같다.

도대체 낙원은 어디며 음부는 어디인가? 아리송하다. 대개 보면 낙원은 천국이고 음부는 지옥을 뜻한다고 한다. 천국이라 불리는 용어도 몇 개 있다. 심령천국이라 하고 지상천국 낙원천국, 영원천국이 있다. 지옥도 여러 형태로 불리 운다. 심령지옥, 음부지옥, 무저갱지옥, 영원지옥 믿지 않는 자는 마음부터가 지옥이다. 그가 죽으면 음부로 간다. 예수님 지상 재림하실 땐 무저갱지옥으로, 백 보좌 심판받고 영원한 지옥으로 가는 것이다. 믿는 자들은 마음의 이미 천국을 소유한 자는 죽으면 낙원에 간다. 그리고 예수님 재림하실 때 같이 온다. 이 세상에서 지상천국을 천년 동안 지내다가 우리도 백 보좌 심판받고 영원한 천국으로 최종적으로 들어가는 것이다.

낙원과 음부가 어디일까 대개 이원론만 주장한다. 믿으면 천국, 안 믿으면 지옥이다. 다른 것을 주장하면 벌써 이단시 한다. 야곱도 두 아들을 잃고 나서 흰 머리로 음부로 간다고 했다. 예수님도 '부자는 음부에 갔다 하다.'부자가 간 음부가 과연 어디를 가리킨 곳일까?

예수님은 오른편 강도에게 낙원에 있겠다고 하신다. 천국에 있겠다고 안 하시고 왜 낙원이라 하셨을까? 바울사도는 고후12:4절에 낙원을 체험했다. 그러면서 거기를 3층천이라고 했다. 천국이라 하지 않고 낙원이라 했을까?

태초에 아담과 하와를 유혹해서 타락시킨 마귀가 나타났다. 그 마귀는 어디 있던 인물인가? 여기서부터 살펴보자. 원래 마귀는 천사였다. 겔28장에 있는 그룹이었다. 천사였는데 하나님의 영광을 넘보다가 심판받은 천사가 마귀로 변한 것이다. 사14장에도 너 아침의 아들 계명성이여 흠 정역에는 "너 루시퍼야"라고 하는 말을 새 번역에서 아침의 아들이니, 계명성이니 하고 예수님한테 붙여질 칭호를 마귀에게 붙이는 오역으로 만들어 놨다. 이런 오역이 먼저 개역판에서만 300여 곳이 오역이 되였다 한다. 개역 개정판에서는 더 많은 곳이 오역되어 읽히고 있다. 하여튼 천사가 타락해서 마귀가 됐다. 벧후2:4 절에는 하나님이 범죄 한 천사들을 용서치 않으시고 지옥에 던져 어두운 구덩이에 두어 심판 때까지 지키게 하셨다 하다. 어떤 설교자는 이 말씀을 근거로 하여 마귀는 다 지옥에 갔기 때문에 세상에는 마귀는 하나도 없고 지금 유혹 하는 것은 다른 유혹자라 한다. 교인들은 더욱 혼란스럽다.

천사가 쫓겨났다. 어디로 갔을까? 갈 곳이 없다. 그땐 세상도 하늘도 해도 달도 없다. 천국 한 모퉁일 것이다. 마귀는 쫓겨난 곳에서 더더욱 하나님을 대적하나 기회가 없었다. 이를 갈고 복수할 것만 찾고 있는데 좋은 기회가 온 것이다. 하나님께서 인간 세상을 만드시고 모든 만물들을 만드시고 나중에 사람을 만드시는데 아담을 지으시고 만물을 다스리는 권한을 아담에게 주시고 천사의 세계에는 없는 여자를 주셨는데 그렇게 아름다울 수가 없어 보였다.

마귀가 기회를 놓칠리 만무했다. 세상으로 내려오고 하나님이 잠 간 주춤하는 사이 잽싸게 하와에게 접근을 해서 타락시켰다. 우리가 좋게 말해서 타락시킨 것이지, 영적으로 보면 악령으로 잉태시키고 간 것이다. 마리아에게 성령으로 잉태하신 분이라면 하와에겐 악령으로 잉태됐다. 그래서 그 결과 살인자 거짓말한 자를 낳은 것이다.

그렇게 타락한 천사가 쫓겨난 곳을 마귀의 본거지[본부]로 삼고 공중을 비롯한 이 세상을 점령하고 인간 위에 이 세상 임금으로 군림하는 것이다. 골리앗도 사울왕 보고 우리 두목끼리 싸워서 내가 지면 너희의 종이 되고 내가 이기면 너희가 우리의 종이 되기로 하자고 한다. 진 자는 이긴 자의 종이 되는 것이다. 왕으로 군림한 마귀가 예수님 오실 때까지 근 4천여 년 동안 인간세상을 죄와 사망으로 다스려 왔다. 예수님이 40일 동안 금식기도를 하신 후 주리실 때 마귀가 나타나서 하는 말이 아담과 하와에게 써먹던 술법으로 먹는 것 가지고 시험하고, 천하만국이 보이는 산으로 가서 이 모든 것이 내게 준 것인데 주기는 누가 줘 지가 빼앗은 것이지. 이렇게 온 세상 사람들을 무릎 꿇게 하고 마지막으로 예수님 보고도 절하라고 한다. 마귀와의 싸움에서 승리하신 예수님은 요14장에서 처소를 예비하러 가신다고 한다. 예수님이 예비하신 처소가 어디일까?

많은 설교하는 분들이 영원한 천국을 말하고 있다. 우리가 알고 넘어갈 것이 있다. 천국은 모자라서 더 늘리고 허물어 버리는 그런 곳이 아니고 천국은 들어갔다 나왔다 하는 곳도 아닌 것이다.

예수님은 예비하신 곳에 우리도 함께 있게 하겠다 하시고, 또 오른편 강도에게 나와 함께 낙원에 있겠다 하셨다. 예수님이 처소를 예비하러 가신 곳이 바로 마귀들이 쫓겨왔던 곳 거하던 본거지, 본부에 빛 되신 예수님이 올라가시니 어두움은 결국 공중으로 세상으로 내리 쫓기고 마귀가 더럽힌 곳을 깨끗하게 리모델링하신 것이다. 그리고 그곳을 이름 지어 주신 것이 낙원이다. 천국이다. 그런데 왜 천국이라 안 하시고 구태여 꼭 찍어 낙원이란 표현을 하셨을까? 몸과 영이 모두 영화로운 부활의 몸을 입은 자들이 가는 곳이 영원한 천국이다.

그러면 영혼만은 어디로 가나. 아직 완전한 몸이 아니다. 천국으로 가기는 그렇고 그렇다고 음부에 두자니 그렇고 한 상태라. 임시 천국인 낙원에 있게 하신 것이다. 천주교회에서 주장하는 연옥설이 아니다. 연옥설은 거기 있다가 죄를 속하면 나오는 그런 것이 아니고 예수 믿고 죽으면 육신은 무덤에 두고 영혼만 천국에 갈 수가 없다는 말이다. 육신과 영혼이 부활하기 전까지 가서 쉬는 곳이 낙원인 것이다.

예수님도 죽으셔서 삼 일 동안은 어디에 계셨을까? 천국에 계신 것이 아니고 낙원에 계신 것이다. 나는 길이요 진리요 생명이라 말씀하셨다. 예수님 오시기 전에는 천국낙원으로 가는 길이 없었다. 그래서 대부분 구약 때 하나님의 백성들이 음부라고 하는 임시지옥의 갇혀 있었다. 야곱도 사무엘도 음부에 있었다. 특별히 에녹과 엘리야 모세 외에는 이 음부라는 곳에 있어야만 했다. 음부라는 곳에 모든 영혼들이 같이 공통으로 있었다. 사무엘 선지자도 같이 있었다. 왜 같이 있었을까. 구원의 약속은 받았다. 그런데 길이 아직 없었다. 천국 가는 길이 아직 만들어지지를 않았기 때문에 못 들어가고 기다리고 있는 중이다.

예수님이 처소를 준비하시고 무덤[음부] 속에서부터 낙원까지 고속도로를 닦아 놓으셨다. 나는 길이요 란 말이 여기에 걸맞는 말이다. 예수님 후부터는 믿는 자는 음부로 가지 않고 낙원으로 직행한다. 예수님도 부활하시고도 40일을 채우시고 완전케 되신 다음에야 지성소인 천국으로 가신 것이다. 창3:15절에 "여인의 후손은[예수님] 뱀의 머리를 상하게 할 것이요."라고 하셨다. 우리가 생각하는 머리가 아니고 우두머리 본부 본거지를 빼앗겼다는 뜻이다. 그래서 마귀는 낙원을 빼앗기고 한 계단 밑으로 공중으로 내리 쫓긴 것이다 (엡 2:2절 참조). 그렇게 해서 우리들이 예수 믿다가 죽으면 육신은 무덤에 있고 영혼은 예비하신 낙원에서 잠자고 있는 상태다. 구약 성도들이 낙원에 들어간 모습을 마27;52절에 이렇게 표현하고 있다. '무덤들이 열리며 자던 성도의 몸이 많이 일어나고'란 말이 나온다. 예수님 전에 구약 때 성도들이 음부에 갇혀 있다가 낙원으로 가는 길이 열리자 너도나도 낙원으로 들어간 것이다. 잠자고 있던 영혼들을 예수님이 깨우시고 함께 공중으로 온다. 예수님만이 오시는 것이 아니고 하나님도 천사들도 다 온다. 낙원에 있던 영혼들이 지상으로 내려와 죽은 육신과 부활해서 공중으로 올라가면 그 뒤를 따라서 살아있는 성도들이 변화해서 올라가서 주를 영접하고 7년 동안 혼인 예식을 거행한다.

그러면 땅에서는 아마도 인간이 만들어 놓은 핵으로 불태움을 당할 것이다. 믿지 않은 인간들은 다 멸망하고 공중에 있던 주의 신부들과 성도들은 예수님과 지상으로 내려와서 천년 동안을 평화롭게 지내다가 그 후에 진짜 천국을 간다. 성도들의 장례 설교를 듣다 보면 아무개 성도가 지금은 기화요초가 피는 곳에서 거문고 타면서 천사들과 지낼 것이라 한다. 서두의 말했듯이 천국은 몸과 영이 완전 부활해야만 가는 곳이다. 영혼이 천국에 가 있다가 부활하기 위해서 세상으로 다시 내려와서 부활한 다음 또 천국으로 들어가는 것이 아닌 것이다. 지옥도 그렇다 들어갔다 나왔다 하는 곳이 아닌 것이다. 세상의 법도 사람을 죽였다고 바로 사형이나 무기징역으로 처하는 것이 아니라 임시로 도망 못 가게 구속해놓고 재판을 받고 형이 내려진 다음에 감옥에 들어가듯 인생이·하나님 앞에서 죄인이라고 재판도 없이 바로 지옥으로 보내진 않는 것이다.

귀신과 악령 마귀들의 활동 범위가 공중에서 땅으로 땅속까지가 범위다. 바로 땅속이 성경에서 말하는 음부의 세계다. 사무엘이 이 음부에 있었다. 예수님이 십자가에서 돌아가시고 낙원으로 천국 길을 내시매 음부에 있던 사무엘도 지금 현재 아직까지 낙원에 있는 것이다.

지금은 우리는 음부라는 데를 거치지 않고 바로 낙원으로 가서 쉬고(영면) 있는 상태다.

19

요단강과 제사장과 법궤

이스라엘 백성들이 광야 40년 동안 고생과 지루함 끝에 여호수아와 갈렙 두 사람만 남고 모세도 죽고 완전히 세대교체가 되었다. 모세의 후계자 여호수아가 인도자다. 백성을 요단 앞으로 모았다. 홍해바다는 모세가 지팡이로 갈라지게 했다. 이번에는 요단강이 앞을 막아서 있다. 어떤 방법으로 건너가게 하실까? 모두 궁금해 하고 있을 때 하나님께서 법궤를 멘 제사장을 앞으로 부르시더니 요단강으로 들어가라 하신다. 제사장들에 발이 물에 닿자 내려오던 물이 벽처럼 쌓이면서 끊어지고 내려가던 물은 순식간의 빠져나가 마른 땅이 되매 그 광경을 백성들이 보고 함성이 터져 나왔다. 제사장들이 법궤를 메고 요단 가운데 서 있고 백성들이 건너기 시작하여 다 건너가고 짐승들도 다 건넌 후에 열두 지파 대표가 나와서 제사장이 서 있는 곳에서 돌 열두 개를 들고 나와 이쪽 언덕에 쌓아놓고 길갈이다 하다.

요단강이 마른 때가 몇 번 있었다. 엘리야와 엘리사가 요단에 이르매 엘리사가 자기 두루마기를 가지고 요단강 물을 치매 물이 갈라져서 건너가고 엘리야가 승천하고 몸에서 떨어지는 두루마기를 들고 오다가 막힌 요단강에서 엘리야의 하나님은 어디 계시나이까 하고 치매 물이 이리저리 갈라졌다는 내용이다.

　요단강물이 말랐다. 요단강물 홍해바다에서 우리는 무엇을 깨닫고 가야 하나? 바다나 강은 세례를 뜻한다. 세례는 씻는 것도 있지만 죽음을 의미한다. 홍해바다를 건너므로 그동안 애굽에서 묻은 때(죄악 습관문화 우상)을 씻는 것, 떼어버리는 것이고 '죽는다'라는 뜻은 애굽에서 물든 사상, 언어, 행동을 홍해바다에서 다 씻고 떨어버리고 죽여서 홍해바다 이쪽에서는 완전히 새 마음, 새로운 출발을 하는 것이다. 그리고도 광야에서 또 반역하고 거역하고 우상을 쫓아간 행실들을 가나안 땅으로 가지고 들어가면 안 되겠기에 마지막 요단강에서 씻고 떨어버리고 완전히 죽이고 새로운 마음으로 가나안에 들어가 오염되지 않게 하시려는 하나님의 의도인 것이다. 신약시대 성도들도 세례 받을 때에는 받기 전하고 받은 후가 180도 달라져 있어야 한다. 예수 믿기 전에 하던 세상문화 풍습, 언어, 술, 담배, 세상노래, 구습의 찌들은 마음 모두를 십자가의 피로 씻고 떨어버리고 죽여 버리고 세례 받은 후(요단강을 건넌 후)에는 세상적인 냄새도 모양도 흔적을 남기지 말고 다 씻어버리고 떨어버리고 죽여 버려야 한다. 그렇지 않은 사람이 들어오면 교회는 금방 오염이 되고 세속적인 교회로 타락한다.

　예수님은 우리의 죄 짐을 지시고 요단강물 속에 장사 지내고 나오셨다. 제사장들의 발이 요단에 이르매 물이 말라 마른 땅으로 건너갔다. 신약시대에 살아가는 우리에게는 무엇을 가르쳐 주는 말씀인가?

항상 구약과 율법의 나타난 현상보다 예수님은 더 좋게 나타나신다. 예수님은 대제사장이시다. 예수님 어깨에는 법궤가 아닌 십자가를 메고 계신다. 예수님은 성도들을 위해 죽음이라는 요단강 가운데 서 계시다. 사망의 음침한 골짜기인 요단강 한가운데 서 계시다. 예수님은 사망을 이기신 분이다. 사망의 물결이 그쳤다. 4,000년 동안 흐르던 사망의 강물이 끊어졌다. 지금도 서 계신다.

누구든지 나를 믿는 자는 죽어도 살겠고, 살아서 믿는 자는 영원히 죽음을 보지 못하리라. 모세가 죽을 때 나타난 현상들이다. 마귀도 오고 천사장도 왔다. 모세의 시체를 놓고 옥신각신한다. 서로 자기가 가지고 가겠다는 것이다. 이 싸움에서도 천사장이 이겼다. 훗날에 모세는 변화산상에 예수님과 엘리야와 함께 나타났다. 우리는 여기서 무엇을 보고 가야 하나? 그렇다 한 사람이 요단을 건너려 할 때 심상치가 않은 것이다. 복잡하다. 우리가 다른 나라 경계를 넘어가려 하면 조사하는 과정이 많다. 여권을 비롯해서 짐도 검사, 몸도 검사, 소지품도 검사한다. 그중에 제일 중요한 것이 여권이다.

인생이 이 땅에서 살다가 저세상으로 경계를(요단강) 넘어가는데 어찌 검사가 없으랴. 군인을 잡기 위한 헌병 민간인을 잡으려는 경찰, 검찰이 있듯이 삶과 죽음의 경계에는 시커먼 죽음의 사자들이 죄인들을 잡아가기 위해 진을 치고 있을 것이다. 무슨 수로 거기를 벗어날 수가 있을까? 아무도 벗어날 수가 없는 것이다. 그래서 믿지 않고 죽음을 맞는 사람은 죽을 때 안 죽으려고 발버둥을 치는 것이다. 눈으로 볼 수는 없지만 우리의 육신의 눈이 감기고 영혼이 육신 속에서 빠져나가는 순간 엄청난 광경들이 나타나리라.

사탄마귀가 한 사람씩 붙들고 조사를 할 것이다. 믿지 않고 죽은 영혼들은 마귀들이 관리할 것이다. 그러나 성도들의 죽음은 귀중히 보신다. 성도들이 죽음 가운데에 예수님이 십자가를 지고 서 계시기 때문에 아무도 우리를 건드리지도 못하고 낚아채 지지도 못하는 것이다. 우리가 가는 길은 요단강부터 낙원까지 예수님이 길이 되신다. 우리는 예수님으로 제사장 삼고 떠나기만 하면 무사통과다. 마른땅 신을 신고 가듯 평안히 간다. 믿는 자들에겐 죽음이라 하지 않고 잔다고 한다. 하루일과를 힘들게 일하고 저녁에 두 다리 쭉 뻗고 잠들면 얼마나 편한가. 바로 믿는 자들에겐 죽음이 그렇게 편하다는 말이다.

이스라엘 백성이 제사장에 법궤로 말미암아 평안히 요단강을 건너갔다 하는 내용이 죽음의 요단강 가운데 십자가의 법궤를 메고 서 계신 예수님으로 말미암아 우리가 죽음의 요단강을 평안히 갈 수 있는 것이 얼마나 큰 복인가 아무 검사도 당하지 않고 다만 천국의 여권인 십자가의 피를 믿는 증표만 가지고 있으면 무조건 무사통과다. 모두 요단강을 평안히 건너 천국낙원 가길 바라는 마음이다.

20

경계석(지계석)을 옮기지 말라

성경에서 지계석, 경계석이라는 말이 10여 곳에서 나온다. 신19:14 절 중간에 선인이 정한 네 이웃의 경계표를 이동하지 말지니라. 신 27:17절은 그 이웃의 지계표를 옮기는 자는 저주를 받으리라. 욥24:2 절은 어떤 사람은 지계표를 옮기며, 잠언22:28절은 네 선조의 세운 지계석을 옮기지 말지니라.

우리는 이 말씀에 대하여 어떻게 생각하고 있으며 어떻게 응용하고 있나. 경계라 하는 것은 너와 나의 구분이다. 나라와 나라와의 구분이다. 각 나라마다의 경계가 있고 나라 안에서도 각 도 단위 시 단위 리 단위 이웃과 이웃과의 땅이나 집이나 그 어디를 막론하고 경계가 있다 이 경계가 불분명하면 그로 말미암아 분쟁이 생긴다.

대개 경계의 표시는 돌을 세우든지 담을 쌓든지 빨간 말뚝을 박기도 하고 철조망 울타리를 세우기도 한다. 이 울타리 경계는 모든 종교에도 반드시 있다. 이방종교 우상종교에도 있지만 구약시대 이스라엘 민족에게 특별히 율법이라는 울타리를 쳐놓고 넘어가지도 못

하게 하고 넘어오지도 못 하게 했다. 그리고 보이지 않는 지계표를 세워 놓은 것이다. 그 경계는 마음에 있다. 이스라엘 민족은 그 울타리 경계를 넘어가 이웃 이방 나라와 교제하다가 결국 하나님께서 그 울타리 경계를 걷어치우고 먹혀 가게 하셨다.

지금 신약시대에 살고 있는 우리의 주의는 어떤가? 롬12:2절엔 이 세대를 본받지 말라 하셨다. 음란하고 패역한 세대다. 술과 담배로 찌들은 세대다. 너희는 유혹의 욕심을 따라 썩어 가는 구습을 쫓는 옛사람을 벗어버리라는 말씀도 있고 세상을 사랑하지 말고 세상에 있는 것을 사랑하지 말라 하셨다. 신약에도 세상과 믿음 사이에 보이지 않는 경계석이 많이 있음을 볼 수가 있다. 그런데 지금 교인들은 세상과의 경계가 있는 줄도 모르고 있던 경계도 다 허물어 버리고 있다. 우리나라 기독교가 들어와서 60년대 후반까지 술과 담배, 화투, 마작 같은 것을 지계표로 삼았다. 기독교인이 이것을 넘어가면 안 되는 경계가 되었었다. 그땐 심지어 금주가까지 찬송가의 있어서 어릴 때 많이 불렀던 기억이 생생하다. 그때 불렀던 가사가 이렇다. '금수강산 내 동포여 술을 입에 대지 마라. 건강지력 손상하니 천치 될까 늘 두렵다.'[후렴] '마시지 마라. 그 술 보지도 마라. 그 술 우리나라 복 받기는 금주함에 있느니라.'

그런데 70년대 합동찬송가 개편찬송가 새 찬송가로 갈라지면서 한국기독교가 사분오열로 나뉘었다. 그 후로 통일 찬송가를 만들면서 금주가가 빠진 것이다.

찬송을 갈라놓는 것도 교회 지도자이고, 지계석을 뽑아버리는 것도 지도자들이 하는 짓이다. 거기에는 당연히 사탄도 개입했으리라.

그동안 교회가 얼마나 울타리를 든든히 세워 왔었나 옛날 성도들은 들밭에서 일하다가 믿지 않는 사람들이 술을 입에다 강제로 부어도 거절할 줄 알고 옷에다 부어도 믿음의 지계석을 옮기지를 않았기에 마귀가 교회 안으로 침투하고 싶어도 못 들어왔는데 이제 그 경계가 무너지고 울타리가 없어졌으니 큰 둑이 무너짐 같이 홍수처럼 교회 안과 교인들 속으로 쏟아져 들어와 점령해 버렸다.

교회 행사 때 막걸리가 판을 치고 맥주깡통이 너부러져 있고, 소주병이 굴러다니고 한다. 이때부터 한국기독교가 세상에 손가락질 받는 교회로 전락하고 있다. 유다왕 여호사밧은 훌륭한 왕이다. 그런데 흠이 하나 있다. 그것은 세상 왕과 친교가 있는 것이다. 가지 말아야 할 곳을 갔고 사귀지 말아야 할 사람과 만남을 통해 얻은 것이 무엇이었던가? 집안이 망하는 결과였다. 믿는 자가 먹지 말아야 할 것을 먹게 되면 당시는 넘어가는 것 같아도 시간이 지나면 망하는 결과가 올 것이다.

악을 가까이 하게 되면 악도 정이 들게 되고 정이 들면 사랑이 싹트고 그 후엔 악과 동침하게 되고 그 후에 결과는 죄를 잉태하고 악을 해산하게 되며 교회와 개인의 신앙이 무너지는 것은 시간문제다. 술을 좋아하는 사람이 화투를 멀리할 것인가? 주색잡기라는 말이 있다. 술에 취하게 되면 호박 같은 마누라도 양귀비로 보인다는데 가정이 온전하겠는가 그런 사람이 음녀의 집은 출입을 안 하겠는가? 아담과 하와처럼 먹는 것 때문에 실패한 인생들이 엄청 많다. 성경에는 수없이 많이 술에 대하여 기록하고 있는데 술을 좋아하는 종교 지도자들이 마귀 편에 서서 지계표를 뽑아버린 것이다.

변명을 한다. 어떤 사람은 담배도 술도 음식이란다. 또 어떤 이는 취하지만 않으면 된다고 자기 마음대로 해석해 가면서 지계석을 조금씩 옮겨놓고 있다. 선악과도 식물이다. 과일이다. 먹을 수도 안 먹을 수도 있는 식물이다. 똑같은 식물이요 선악과도 먹지 말라 하셨고 술도 마시지 말라 하셨는데 어찌하여 선악과는 먹으면 안 되고 술은 먹어도 될까 이것이 누가 만들어 놓았나? 바위나 돌이나 자갈이나 모래나 물에 던지면 모두 가라앉는다. 모래라고 뜨는 법 없다. 죄도 그렇다 큰 죄나 작은 죄나 다 심판받는다.

믿는 자들이 세상노래를 마구 불러댄다. 합당한 일인가? 어찌 거듭난 백성이 썩어져 가는 구습을 버리지를 못하는가? 믿기 전에는 좋았다. 그러나 세상 것을 예수님과 바꾼 것이 아닌가? 왜 세상 진흙 속에서 나오지를 못하고 있나? 한입으로 찬송과 세상 것이 나와서도 안 되고 단물과 쓴물이 나와서도 안 될 것이다.

어떤 사람이 이렇게 변명하는 소릴 들었다. 세상노래도 하나님이 주셨다 한다. 요12장, 14장, 16장에 예수님이 하신 말씀 가운데 이 세상 임금이라는 말씀을 세 번씩이나 하셨다. 어떤 목회자는 가이사나 빌라도라 한다. 영적으로 꽉 막혀있다 예수님이 이 세상에 오신 목적이 백성을 가이사나 빌라도의 손에서 구원하러 오신 것인가. 아니다. 예수님의 상대는 빌라도가 아닌 마귀를 가리켜 하신 말씀이다. 마귀 사탄이 이 세상 임금으로 있는 것이다.

이 세상 문화는 이 세상 임금으로부터 온 것이다. 마귀가 이 세상 임금이기 때문에 세상 백성들을 위해 열심히 쏟아 내는 것이다. 세상적인 노래와 문화로 꽁꽁 묶어놓으려 하는 것이다. 바울 사도는 이 세대를 본받지 말라 했는데 지금의 교인들은 세상 따라 가려고 여과 없이 마구 받아들이고 있다. 천국 가는 종교가 아니라 불교와 유교와 같이 가톨릭교회와 같이 세상의 한 종교로 타락하고 있다.

한번은 목사장로 수련회를 강원도 속초로 갔다 온 적이 있다. 포천에서 출발하면서 감리교회 모 목사님이 인사를 하면서 마이크를 잡았다. 그러면서 첫마디가 오늘 새벽기도를 하는데 하나님께서 '야 아무개 목사야 이젠 찬송가의 질렸다. 유행가로 불러라 했다.'한다. 그러면서 소양강 처녀를 부르기 시작하다. 버스 안에는 금방 반응이 나타난다. '와와'하고 휘파람을 부르며 환호하는 사람이 있는가 하면 한쪽에선 사탄아 물러가라는 야유가 터져 나온다. 삽시간에 버스 안이 두 패로 나뉘었다. 목사님은 아랑곳 하지 않고 계속 부르다가 마이크를 왼쪽 좌석에 앉은 사람에게 들이대니 소양강 처녀가 계속 이어져 부르다가 오른쪽 자리에 앉은 목사님한테로 마이크를 대니 사탄아 물러가라고 고함을 친다. 버스 안에는 하루 종일 왼쪽자리는 사탄의 자리 오른쪽자리는 찬송가패로 갈리는 모습을 보면서 이것이 오늘날 교인들의 믿음이 아니라 소위 지도자라는 목사장로의 믿음인 것이다. 목사의 입에서 감히 어떻게 그런 말이 나올 수 있을까? 하나님이 싫증이 난다니, 지겹다니 교회가 타락해도 너무 타락했다.

세상에서 별짓을 다해도 교회만 나오면 되는 것으로 착각하고 있다. 세상과 믿음과의 사이에는 구분이 있다. 천국도 내 것, 세상 것도 내 것, 아닌 것이다. 가이사의 것은 세상 사람들에게 돌리고 우리는 주의 것으로만 가져야 한다.

여전도 남전도 회에서 수련회 이름으로 떠난다. 가기 전에 기도하

고 떠난다. 일반버스 기사가 수련회 떠나니 찬송가 테이프를 틀어준
다. '거 뭐 신나는 거 없느냐'하니 기다렸다는 식이다. 쿵짝 쿵짝 하니
벌써 야유가 터져 나온다. 돌아가며 세상 노래가 점령해 버린다. 마
귀가 예수님을 향해 비웃고 있는 듯 하다. '예수야 봤지 잘 좀 가르쳐
라.'하는 것 같다. 세상적으로 먹고 마시고 또 교회 와서는 은혜롭게
하나님께 영광을 돌렸다고 한다. 기가 막힐 노릇이다.

　이런 말씀이 있다. 너희가 바다와 육지로 교인 하나 얻기 위해 다니
다가 얻으면 배나 지옥자식으로 만든다. 세상적으로 만든 교인 천만
명이 천만 명 있은들 무슨 소용이 있겠는가? 차라리 기드온의 300명
이 나을 것이다. 기독교라는 종교인은 될지 몰라도 그리스도의 사람
은 아닌 것이다. 하나님은 다 구원받기를 원하신다. 그렇다고 아무나
천국에 들여보내시지는 않으신다. 꼭 예수님 잣대로 잴 것이다. 예수
님피로서 닮은 자만이 받으신다. 구름 떼와 같이 몰려와도 기뻐하시
지 않으신다. 단 한 사람이 구원받는다 할지라도 온전한 사람뿐이다.
세상에서 하고 싶은 것 다 하는 사람은 아니다. 교회만 잘나가는 사람
도 아니다. 한 사람이 두 주인을 섬길 수 없다 하셨다. 다시 믿음의 주
위의 경계석을 세워 놓자. 그리고 그 경계를 넘어가지 말자.

　- 술에 대한 성경 구절이다. 신약에서만 뽑아봤다.

　(I) 마24:49-51절에 술친구로 더불어 먹고 마시게 되면 생각지
　않은 날 알지 못하는 시간에 그 종의 주인이 이르러 엄히 때리
　고, 외식하는 자의 받는 율에 처하리니 거기서 슬피 울며 이를

값이 있으리라.

(2) 눅21:34절에는 너희는 스스로 조심하라. 그렇지 않으면 방탕함과 술 취함과 생활의 염려로 마음이 둔하여지고 뜻밖에 그날이 덫과 같이 너희에게 임하리라.

(3) 롬13:13절에는 낮에와 같이 단정히 행하고 방탕과 술 취하지 말며 음란과 호색 하지 말며 쟁투와 시기하지 말며.

(4) 고전5:11절 중 하반 절에 후욕 하거나 술 취하거나. 토색하거든 사귀지도 말고 그런 자와는 함께 먹지도 말라 함이라.

(5) 고전6:10절에는 도적이나 탐람 하는 자나 술 취하는 자나 후욕하는 자나 토색하는 자들은 하나님의 나라를 유업으로 받지 못하리라.

(6) 갈5:21절에는 투기와 술 취함과 방탕함과 또 그런 것들은 하나님의 나라를 유업으로 받지 못하리라.

(7) 딤전3:3절은 술을 즐기지 아니하며 구타하지 아니하며 관용하며

(8) 딛1:7절 하반 절에 술을 즐기지 아니하며 구타하지 아니하며 더러운 이를 탐하지 아니 하며

(9) 벧전4:3절에는 너희가 음란과 정욕과 술 취함과 방탕과 연락과 무법한 우상숭배를 하여 이방인의 뜻을 좇아 행한 것이 지나간 때가 족하도다.

성경에서 세운 지계석을 내 마음대로 교회 마음대로 총회 마음대로 교파 마음대로 옮기지 말기를 바란다.

21

거룩한 성벽이 주는 교훈

중국의 만리장성은 왜 쌓았을까? 국민의 생명과 재산을 외부로부터 보호하기 위해서다. 우리나라에도 곳곳에 성벽을 쌓은 것을 볼 수 있다. 그 성을 쌓은 목적은 적군들이 쳐들어옴을 방지하기 위함이다. 적군을 격퇴하기 용이하게 만든 것이 성벽이다.

이스라엘의 예루살렘성을 둘러쌓았다. 사방에 견고한 문이 있다. 가운데 성전이 있다. 어지간한 공격은 견딜 수가 있다. 그런데 바벨론의 느부갓네살 때 유다왕국으로 쳐들어왔다. 여호야김왕은 악한 왕들이었다. 바벨론으로 잡혀갔다. 아자비인 시드기야가 왕이 됐다. 그도 역시 악한 왕이었다. 예레미야 선지자가 그렇게 간청함에도 불구하고 거역하고 대적하다가 결국 시드기야왕 9년에 성이 뚫리고 함락당하고 눈을 빼고 사슬에 묶여 바벨론으로 포로로 끌려갔다. 그 후에 성전과 백성들의 집에 불이나 잿더미가 되고 성벽은 모두 허물어졌다.

결국 나라가 폐쇄되고 70년 안식을 누린다. 70년이 찬 후에 에스라와 다니엘 스룹 바벨과 같이 1차로 귀환한 사람들이 어렵게 성전을 재건한다. 그것도 중단했다가 건축되는 사연이 많다. 어렵게 성전은 건축했지만 성벽은 손도 못 댄 상태다. 여기저기 돌들이 뒹굴고 있었다. 나중에 온 총독 느헤미야가 백성을 일으켜 성벽을 건축한다. 성전 공사 때도 원수들에 의해서 중단한 적이 있었는데 성벽을 쌓는데 난데없이 산발랏과 도비야 같은 이스라엘의 대적들이 못 쌓도록 방해를 한다. 그래도 느헤미야는 일하는 사람들에게 한쪽으로는 파수하게 하고 또 한편 일하는 사람에게는 한 손엔 연장 한 손엔 칼을 들게 했다. 공사는 50여 일 만에 끝났다. 문과 자물쇠를 준비하고 문마다 파수꾼을 세웠다. 악한 것과 부정한 것들이 마음대로 들어오지 못하도록 파수꾼을 세워 성전과 성을 보전하는 것이다.

그러면 성벽은 우리에게 어떤 교훈을 주고 있을까? 지금까지 예루살렘의 보이는 성전과 성벽은 우리들의 마음속의 성전과 성벽이 연결되어 있다. 그러기에 보이는 성전과 성벽이 무너지면, 마음의 성벽도 무너질 수도 있다고 하는 이유인 것이다.

진짜 성전은 보이는 건물이 아니라 우리 속에 있는 마음이다. 사실 예루살렘 성전이 몇 번 파괴되고 몇 번 건축되었다. 솔로몬대왕이 완전히 건축한 성전이 느부갓네살왕이 파괴했고 그것을 지금 스룹바벨이 건축하고 로마대장 디토가 파괴하고 헤롯이 건축하고 그 후로 파괴되고는 이스라엘 땅에는 성전이 없다.

만일의 성과 성전은 있는데 성벽이 없다면 어떻게 될까? 전쟁이 났을 때 또 악한 것들이 침입했을 때 무방비 상태다. 집은 있는데 울타리가 없다면 사나운 짐승들의 공격을 받을 것이다. 우리마음의 성전은 있는데 성벽이 없다면 그 성전은 있으나 마나한 성전이 될 것이다.

오늘날 교인들 속에 세상에 부정한 것들을 막을 성벽이 있는가? 세속화되는 것이 왜 세속화가 될까? 막을 만한 성벽이 없기 때문이다.

유혹과 미혹이 많은 세상에 온갖 부정하고 더럽고 추잡한 것들이 육신의 눈을 통해 귀를 통해 오감을 통해 밀려 들어오는 오염된 각종 문화들, 노아 홍수 때와 같은 시대 소돔과 고모라 같은 시대 먹고 마시고 시집가고 장가가고 다른 색을 쫓아가는 세상의 문화 돈과 쾌락의 세상 권세와 명예의 더러워진 세상 풍습, 술로 찌들은 문화, 퇴폐문화 불법의 시대 이런 홍수와 같이 밀려오는 유혹들을 든든한 성벽이 없다면 막을 재간이 없는 것이다.

히11장에 믿음으로 산 영웅들은 마음의 성전을 보호하기 위하여 성벽을 높이 견고하게 잘 쌓고 파수꾼을 문마다 잘 세워 지킨 위인들이다. 자물쇠를 준비해서 세상에 대한 쪽은 잠가두고 파수꾼을 세워서 일일이 조사하여 아무것이나 내 마음속에 들어오지 못하도록 해야 하고 더더욱 사탄들이 악한 것들을 가지고 들어오는 것을 철저하게 검사하여 한 발자국도 들어오지 못 하게 하여야 한다. 성벽은 조금만 구멍이 나도 적이 침투한다. 술로 우리 마음의 성벽의 구멍이 났다면 색으로 성벽은 무너진다. 조그만 구멍의 둑이 무너지듯이 우리 마음이 조금만 허술해도 안 된다. 성벽도 튼튼해야지만 문이 허술하면 안 된다. 경비가 허술해도 자물쇠가 없어도 안 된다.

신앙의 영토를 잘 지켜야 한다. 에서가 왜 망했나 팥죽 한 그릇이다. 항상 먹는 문제도 잘 살펴보면서 괜찮은 건지 대개 인간의 성벽이 이로써 무너진다. 아담과 하와도 먹는 성벽을 지키지 못해 원수마귀들이 세상을 점령해 버렸다. 동성혼인 법이 만연해 있다. 그것 막지 못한 나라나 개인들은 성벽이 다 무너진 것이다.

교인들은 아무데나 가도 안 되고 아무거나 먹어도 안 되고 아무놀이나 해서도 안 되고. 아무것이나 마셔도 안 되고 아무문화나 휩쓸려서도 안 된다. 성전이 거룩하니 너희도 거룩 하라 하셨다. 성령으로 파수꾼을 세우자 주님은 뇌물로도 아첨으로도 통하지 않는다. 시편에 "내 마음에 파수꾼을 세워 주소서"란 말씀이 있다.

자기 마음을 잘 다스리는 자는 성을 빼앗는 것보다 낫다 한다. 우리 발은 쪽발이 되어야 하고 우리 입은 새김질 하는 입이 되어야 한다. 겔42:20절 하반절에 그 다음은 거룩한 것과 속된 것을 구별하는 것이더라.

오늘날 교회 강단에서 무수한 설교를 홍수처럼 쏟아 낸다. 그런데 성전만 짓고 있지 성벽을 쌓는 일은 하나도 안 하고 있다. 오히려 있던 담도 헐어내고 있다. 개방해야 된다나 보이는 담은 헐어도 될지 모르지만, 마음의 믿음의 성벽은 꼭 필요한 것이다. 믿음을 안 지키려면 모르지만 믿음을 지키려면 꼭 성벽을 지키기를 바란다.

담(벽)은 거룩한 것과 속된 것을 구별하는 증거이다. 이렇게 담을 치고 파수꾼을 세워도 악이 들어오거든 그담이 없거나 무너진 마음 성전이야 오죽하랴.

22

룻기서의 교훈

룻기서에서 네 사람이 모압으로 내려간다. 십 년 즈음에 가장인 엘리멜렉이 죽고 두 아들도 죽는다. 시모와 두 자부만 남는다. 그리고 베들레헴 고향으로 떠나려 한다.

여기서 예수님과 우리를 놓고 생각해 보고 지나가자. 베들레헴에서 모압으로 내려갔다 하는 것은 예수님이 세상으로 내려오신 모습이고 십 년 즈음에 죽은 것은 예수님이 우리를 위해 죽으신 모습이다.

나오미와 두 자부만 남은 것은 예수님은 가셨어도 이 땅에는 성령님이 남으셔서 지금 우리와 함께 고향인 천국을 향해 가고 있는 모습이다. 그런데 맏동서인 오르바는 처음엔 자기도 시어머니 쫓아서 간다고 나섰다가 돌아가고 둘째인 룻만 시모와 함께 떠나는 모습이 어떤 모습일까? 이 모습은 오르바는 이스라엘 백성을 대변하는 인물이다. 이스라엘 백성은 처음엔 쫓아가는 모습이었으나 나중엔 예수님을 버리고 돌아간 자들이다.

그런데 룻은 기어이 시모를 쫓아가는 모습을 보자. 룻이 한 말이다. '룻이 가로되 나로 어머니를 떠나며 어머니를 따르지 말고 돌아가라 강권하지 마옵소서. 어머니께서 가시는 곳에 나도 가고 어머니께서 유숙하시는 곳에서 나도 유숙하겠나이다. 어머니의 백성이 나의 백성이 되고 어머니의 하나님이 나의 하나님이 되시리니 어머니께서 죽으시는 곳에서 나도 죽어 거기 장사될 것이라 만일 내가 죽는 일 외에.'잠깐, 신약서경 중에서 이와 비슷한 말을 한 사람이 있다. 그는 다름 아닌 사도바울이다. 바울이 한 말도 듣고 가자. 롬14:8절에 '우리가 살아도 주를 위하여 살고 죽어도 주를 위하여 죽나니 그러므로 사나 죽으나 우리가 주의 것이로다.'얼마나 유명한 말인가. 빌1:20절엔 '살든지 죽든지 내 몸에서 그리스도만 존귀하기만 하면 된다.'라고 하는 이 고백이 바울의 고백이자 우리의 고백이며, 곧 룻의 고백인 것이다.

두 자부 중 오르바는 맏동서다. 이스라엘 백성은 장자다. 곧 오르바는 이스라엘을 상징하고 있다. 시모를 쫓아오지 않고 돌아간 것은 이스라엘 민족이 성령을 쫓아오지 않고 돌아가는 모습이다. 그런데 룻은 이방인 우리들이다.

복음서에서 두 아들을 포도원에 보낸다. '큰아들은 '예. 가겠다.'하고 안 갔다. 그런데 둘째는 '싫소이다.'하고 갔다.'는 내용과 같은 내용이다. 이런 비유를 많이 하셨다.

지금 이방인 우리가 예수님을 믿고 성령님을 쫓아가고 있는 모습이다. 나는 룻기서를 읽을 때마다. 은혜를 느낀다. 꼭 나를 위해서 기록한 말씀 같다. 룻이 나오미와 손을 꼭 잡고 베들레헴을 향하여 가는 모습은 흡사 성도들이 성령님 손을 놓칠세라 꼭 잡고 본향 천국을 향해 오순도순 가고 있는 모습이다.

룻이 한 말을 기억해 보자. 나를 떠나라 하지 마세요. 어머니 백성이 내 백성이고 어머니의 하나님이 나의 하나님이고 어머니께서 장사지내는 곳에 나도 묻히겠다고 하다. 그것은 진실한 성도가 하는 말이다. 성령님이 어디로 인도하시든지 불이라도 물이라도 좋소 죽어도 살아도 그리스도라는 고백을 하는 성도의 모습인 것이다.

그렇게 해서 룻은 나오미를 쫓아 베들레헴까지 왔다. 생활이 어렵다. 어린 여자의 몸으로 밭에 나가서 땡볕에 보리이삭을 줍는다. 우리도 지금 룻과 같은 생활이다. 잘 먹고 잘살아 가는 것 같아도 위에서 볼 땐 한갓 보리 이삭 주워 먹는 것에 불과하다.

나오미가 묻는다. 어디에 가서 주었느냐고 하니 룻이 오늘 가서 이삭을 주운 곳은 보아스라는 사람의 밭이라고 보고하니 나오미가 하나님께서 바른길로 인도하셨다며 추수가 끝날 때까지 다른 밭으로 가지 말라하다.

나오미는 자부가 땡볕에서 고생하는 것을 모를 리가 없다. 시어머니인 나오미 생각 속엔 늘 어떡하면 룻을 평안케 할까 하는 그 생각뿐이다. 룻의 장래를 위해 쉬지 않고 계획하고 일하고 있다. 오늘날 성령님의 생각이 바로 나오미가 생각 하고 있는 그 생각이시다. 성도들로 하여금 언제까지 이 세상에서 보리 이삭만 주워 먹고 살아가게 하겠나? 평안한 삶을 만들어 줘야 되겠구나 늘 그 생각을 하시고 우리를 그 방향으로 인도하시고 계시다.

하루는 나오미가 룻을 불러 오늘은 밭으로 가지 말고 목욕하고 예쁘게 단장하고 기다렸다가 보아스의 타작 마당질 다 하고 밤에 누울 때 이불 속으로 들어가라. 그러면 보아스가 장차 너희 길을 알려주리라.

성령님은 성도로 하여금 십자가피로 깨끗이 씻고 예수님 품속으로 우리를 들여보내시는 것이다. 보아스는 잠결에 여인을 보고 놀라서 너는 누구냐 물으니 당신의 여종 룻이오니 당신의 옷자락으로 나를 덮어 주소서. 당신이 우리의 기업을 무를 자니이다. 하다. 우리를 예수님 품에 안겨 예수님의 피 묻은 옷자락으로 덮어 주시는 모습이고 예수님은 우리의 기업을 배상해 주시는 분이심을 보여주시는 대목이다.

보아스가 위로하고 새벽에 보리를 여섯 번을 되어 머리에 얹어 보내며 내가 다 해결해 줄 테니 집에 가서 기다리고 있으라 하고 아침에 성문에 앉아 사람들을 모아놓고 증인을 세우고 그동안 룻의 속한 손해 본 것 모두 갚아 주고 룻을 사서 아내로 삼았더니 룻이 아이를 낳았는데 그가 바로 다윗의 할아버지인 오벳이다.

여기서 우리가 생각할 것은 우리는 이방인으로서 성령님을 따라 살면서 비록 지금은 보리이삭이나 주워 먹는 초라한 입장이지만 성령님은 우리의 안식처를 준비해두시고 우리로 말미암아 룻과 같이 영원히 안식할 수 있는 분을 만나게 하시니 그분이 바로 이 땅에서 손해 보고 실패하고 고생한 기업들을 갚아 주실 재림하실 예수님이신 것이다.

보아스는 룻을 자기 아내로 샀다. 예수님은 공중으로 재림하셔서 우리를 신부로 사시고 영접해 주신다. 우리가 세상에서 잃어버리고 빼앗긴 것들 모두 갚아 주시고 물어주시고 가장 좋은 것으로 안겨주시고 채워주시고 눈물 없고 고통 없고 죽음 없는 영원한 천국 안식처를 허락하시고 예수님과 영원히 같이 사는 것이다. 할렐루야.

23

하나님의 인장 반지

인간이 사회를 이루고 살면서 경계가 생기고 사고 파는 문화로 발달해 가면서 증거물을 남기기 위해 계약서와 같이 쌍방이 도장을 찍고 아주 귀중하게 보관을 한다. 무슨 사고가 발생하면 인장이 찍힌 계약서가 큰 역할을 담당한다. 이 도장 문화는 오래전부터 성경에 나타나 있다. 바로는 요셉에게 인장반지를 빼준 일도 있고. 유다도 자부인 다말과 동침하고 증거물로 지팡이와 도장을 주었다. 예수님 무덤에도 인을 쳤다. 다니엘도 어인이 찍힌 것을 보고 예루살렘을 향해 하루 세 번씩 기도했다. 어인은 왕에 도장이고 직인은 직장에서 관인은 관공서에서 사용한다. 사람들은 도장을 귀중히 생각한다. 도장 대는 벼락 맞은 대추나무가 최고라 한다. 어떤 이는 용이 칭칭 감은 도장 대를 사용한다.

하나님은 성령님을 통해 성도들의 이마에 인을 치신다. 그런데 어느 누구도 무슨 인을 맞는지 아무도 모르고 알려고도 안 한다. 짐승의 인은 666이라 한다. 바코드라 한다. 짐승의 인은 안 맞으려고 하면서 정작 우리이마에 찍힌 인은 누구 이름의 도장인지도 모르고 있는 것이다. 고전6:20절에 값으로 산 것이라 하다. 7:23절에도 너희는 값으로 사신 것이니라 했다. 계7장에는 하나님의 인이라 하다. 대개 물건을 사고팔 때에 도장을 찍는다. 예수님은 자기의 피 값을 주고 우리를 사셨다. 그리고 인장을 찍었다. 너는 내 것이라고 우리 이마의 잘 보이도록 꽉 찍어 인을 치셨다.

하나님의 인 맞은 자는 사탄에 인을 맞을 필요도 없지만 맞지도 않는다. 과연 영적인 이마에 찍힌 이름은 누구의 이름일까? 또 어떤 도장 델까? 벼락 맞은 대추나무일까? 궁금하지 않는가? 60여 년 신앙 생활하면서 보면 알려고 하지도 않고 내가 누구의 소유인지도 모르고 있다. 나는 내 것이 아니다. 주의 것이다. 사나 죽으나 주의 것이다.

우리 요한복음으로 가 보자. 19:19절에 빌라도가 패를 써서 십자가 위에 붙이니 나사렛 예수 유대인의 왕이라 기록되었더라. 눅23:38절도 막15:26절에도 마27:37절에도 같은 내용이 나온다. 대제사장이 유대인의 왕이라 쓰지 말고 자칭 유대인이라 쓰라하니 빌라도의 말이 걸작이다. 나의 쓸 것을 썼다 하다. 유대어와 로마어와 헬라어로 기록이 되었다.

잘 생각해 보자. 하나님은 성도들의 이마의 인을 치시기 위하여 도장 대를 준비하셨다. 그 도장 대는 벼락 맞은 십자가였다. 예수님은 세상에서 말하는 벼락을 맞으셨다. 바로 그 벼락 맞은 십자가로 도장 대를 삼으신 것이고 이름을 새겨 넣는 자도 시시한 평민이 아니라 로마의 총독인 빌라도가 친수로 이름을 새겨 넣었다.

그 당시 빌라도보다 더 높은 자는 없었다. 하나님은 이름만큼은 아무나 새기지 못 하게 하신다. 유대인의 반대에도 불구하고 나의 쓸 것을 썼다 하다. 빌라도를 통하여 도장 대도 이름도 새겼다 하나님은 인주가 필요했다. 세상 물감은 변질되기가 쉽다. 영원히 지워지지 않는 인주가 필요했다. 그런 인주는 세상엔 없다. 그런데 대부분 세상에서 널리 쓰이는 인주의 색깔이 붉은색이다. 참 이상도 하다. 하나님도 그 붉은색인 아들의 십자가에서 흘리신 보배로운 피로 인주를 삼으신 것이다.

붉은 인주(피)를 흠뻑 묻혀 거듭난 성도들 이마의 잘 보이도록 너는 내 아들이라고 내 것이라고 찍은 것이다. 십자가의 인 맞은 자들은 건들이지도 못 하게 하신다. 이해가 되는가? 성령님은 예수님의 이름으로 새겨진 도장으로 인치셨다. 우리는 사탄의 것이 아니라 주의 것이다. 주의 것을 사탄에게 빼앗기실 주님이 아니시다.

24

띠 문화

해가 바뀌고 새해만 되면 제일 먼저 방송을 통해 쏟아져 나오는 것이 띠 문화이다.

올해도 기다렸다는 식으로 각 방송 매체들을 이용하여 여가 없이 쏟아낸다. 금년은 황금 돼지띠니 무슨 기해년이니 병인년이니 하고 돼지해라 쥐해라 짐승을 들먹여 가며 우상과 사탄의 앞잡이 노릇을 하며 홍보 전도를 하여 사람들로 하여금 넘어가고 빠져가게 한다.

계13:16~18절 '저가 모든 자 곧 작은 자나 큰 자나 부자나 빈 궁한 자나 자유한 자나 종들로 그 오른손이나 이마에 표를 받게 하고 누구든지 이 표를 가진 자 외에는 매매를 못 하게 하니 이 표는 곧 짐승의 이름이나 그 이름의 수라 지혜가 여기 있으니 총명 있는 자는 그 짐승의 수를 세어보라 그 수는 사람의 수니 육백육십육이니라.'

이런 표를 받게 하기 위해 마귀들은 이 세상 방송들을 이용하여 사람들로 하여금 빠져들게 하는 것이다. 그리고 인간들도 그것을 기다리고 있는 것처럼 보인다. 그해 짐승을 놓고 좋은 것처럼 선전하고 해석을 해준다. 이렇게 우상 문화가 독버섯처럼 퍼져 나가는 데도 도대체 기독교 방송이라는 데는 무엇을 하고 있는가? 연말 연초만 되면 교인들이 이런데 유혹받지 않도록 맞 전파를 해야 하지 않겠는가? 짐승의 표가 666인 바코드가 아니라 실제로 사람마다 각인되어있는 띠 문화를 통해 자동적으로 받고 있다. 범띠 해에 나온 사람은 좋든 나쁘든 범으로 각인되고 인침을 받는 것이다. 그리고 한번 받은 사람은 그것을 평생 간직한다. 이 얼마나 무서운 영적인 짐승의 표인가. 교회 목회자들은 해가 바뀌면 성도들의 이런 것부터 잘 챙기고 교인들로 하여금 세상 유혹에 넘어가지 않게 할 책임이 있다.

우리나라는 유교 불교문화가 지배한다. 살아가는 풍습 속에 배어 있다. 교인들 속에 흐르는 피 속에도 구습의 피가 남아 있다. 불교, 유교 아래 있는 사람은 이 띠 문화의 속해있고 짐승의 표를 받고 있는 것이다.

한번 돼지는 영원한 돼지이고 죽을 때까지 돼지 꼬리표가 따라간다. 문제는 세상 사람이 세상 문화 추종하는 것은 그렇다 하더라도 믿는다고 하는 사람들 중에 좀 배웠다고 하는 사람들이 여기서 나오질 못하고 있다. 목사장로도 예외는 아니다. 어떤 장로가 신년 인사 메시지를 보내왔다. '기해년이 밝았습니다. 올해도 부자 되세요.'라고 문자가 왔다.

기해년하고 우리하고 무슨 상관이 있기에 왜 장로의 입에서 그런 말이 나오나? 옛날 이스라엘 백성들이 홍해 바다를 통해 세례를 받은 것은 무슨 뜻이 있나 그것은 애굽에서 묻어 온 모든 사상이며 풍습이며, 문화이며, 우상이며, 말과 행동까지도 홍해바다에 다 버리고 죽이고 건너와서는 애굽이 생각조차 안 나고 새롭게 시작하라고 세례를 받았음에도 불구하고 자꾸만 애굽 생각만 하고 돌아갈 생각만 하기에 광야에서 다 죽은 것이다.

우리도 예수 믿고 성령으로 세례받은 자다. 그러면 예수 믿기 전에 세상에서 받은 것은 다 지워 버려야 하는데 하나도 버린 것이 없어 보인다.

장로들도 목회자들도 강단에서 기도할 때 여과 없이 기도하는 분들도 있다. 거룩하신 하나님 기해년을 주심을 감사드립니다. 하고 서두에 띠에 해를 먼저 넣고 기도하는 목사장로가 많이 있다는 사실에 마음이 아프다. 엡4:22~23절 '너희는 유혹의 욕심을 따라 썩어져 가는 구습을 쫓는 옛사람을 벗어 버리고 오직 심령으로 새롭게 되어.' 엡2:2절엔 '그 때에 너희가 그 가운데 행하여 이 세상 풍습을 쫓고 공중의 권세 잡은 자를 따랐으니 곧 지금 불순종의 아들들 가운데 역사하는 영이라.'

예수 믿기 전하고 후하고는 완전히 달라져야 한다. 세상 습관을 버리지 못한 것은 악한 영의 지배를 받는 것이라 했다. 아직 옛것을 못 버렸기 때문이다. 술병에다 물을 담아 먹으려면 어떻게 할까? 물로 몇 번이고 흔들어 쏟아버리고 맑은 물을 담아 마셔야지 술 찌꺼기가 있는데 그대로 담아 먹을 수는 없는 일이다. 우리 마음은 주님의 그릇이다. 지난 더러운 죄 성들을 주님의 피로 깨끗이 씻고 주님이 신선한 것을 드시도록 세속적인 것들을 벗어버리자.

교회 안에서도 권사들이 소띠니 개띠니 해서 타이른 적도 있다. 나이가 많을수록 더 못 버렸다. 처음 만나면 통성명을 한다. 지금 연세가 어떻게 되느냐고 물으면 65요 아니면 70이요 하면 될 것도 병인 년 생입니다 무슨 생입니다. 그러면 무슨 띠군요. 나보다 두 살이 아래군요 한다. 마음의 가득한 것이 입으로 나온다고 했다. 세상 것이 가득하면 세상 것만 나오게 되어 있다. 어찌 성직자들의 입에서 이런 것들이 마구 쏟아져 나오니 그렇게 하고도 죄스러운지를 모르고 있다. 얼마나 빗나가고 있는 것을 모르고 있는 것이다. 한발은 교회를 한발은 세상을 밟고 서 있다.

한번은 노회를 마치고 집에 있는데 청첩장이 날라 왔다. 보니 현 노회장이다. 열어보니 61 환갑이 되어 초청하니 오셔서 축하해 달라는 것이었다. 오늘날 회개할 자들이 너무 많다. 도대체 환갑 문화가 어디서 온 문화인데 이것도 목사라는 분이 더욱이 노회장이라는 분이 지금은 세상 사람들도 안 해 먹는 세상 사람들도 한물간 환갑을 노회장이라는 목사가 이 문화에 빠져서 육신을 위해 사용하고 있으니 한국교회가 뭘 회개해야 하는 것조차 모르니 지금 교회가 얼마나 타락했는지 얼마나 세속에 빠졌는지 모르고 있는 것이다.

나무를 보아 그 열매를 알 수 있듯이 세속적인 옷을 벗겨야 할 지도 자들이 오히려 세속적인 옷을 덧입혀 주는 꼴이다. 교회만 들락날락 하면 교인인가? 그런 교인 수천만 명 있으면 무엇 하려는가? 예수님이 이 세상에 오실 때 마구간에서 나시고 구유에 뉘었다. 누구 먹으라고 짐승들 먹으라고. 세상엔 사람은 없고 모두 짐승들이 된 인간들을 생명에 꼴인 예수님을 먹으므로 다시 인간이 되라고 구유에 오신 것이다. 인간은 그토록 짐승 되기를 좋아하는가.

하나님의 형상을 금수와 버러지 형상으로 바꾼 인간을 다시 그리스도의 사람으로 만들어가는 것이 목회자들의 사명이여, 늘 그 사명을 망각하고 그리스도의 사람들을 오히려 짐승화로 만들려고 이끌고 간다면 유다서의 말씀을 들으라. 11~12절에 화 있을 진 저 이 사람들이여 가인의 길에 행하였으며 삯을 위하여 발람의 어그러진 길로 몰려갔으며 고라의 패역을 좇아 멸망을 받았도다. 저회는 기탄없이 너회와 함께 먹으니 너희 애찬의 암초요 자기 몸만 기르는 목자요 바람의 불려가는 물 없는 구름이요.

사람과 짐승이 다른 것은 영혼이 있기에 사람이다. 영혼이 죽으면 짐승이다. 야고보는 영혼 없는 몸이 죽은 것같이 행함이 없는 믿음은 죽은 것이라 했다. 목회자들은 연초만 되면 이런 문화에 물들지 않도록 입에 침이 마르도록 가르쳐야 한다. 큰 둑이 무너지는 것은 홍수로도 무너지지만 작은 쥐구멍으로도 무너진다. 우상에 문화 짐승의 작은 습관도 신앙을 무너뜨릴 수가 있는 것이다. 온 세상 사람들은 짐승에 표를 받았으니까 그렇다 해도. 그리스도의 사람들은 주님의 표를 받아야지 왜 짐승의 인을 받으려고 하는가. 미혹의 영의 세계에서 세미한 주의 음성을 듣기가 어려운 세상이 돼서 인가.

25

성경에 없는 언어들

믿는 자라면 성경 안에 기록된 언어와 습관을 따라 행하는 것이 합
당하다고 생각한다. 우선 앉아 예배드리는 자세와 몸가짐과 옷차림
이 단정해야 하는데 너무 막가는 모습이다. 은혜라 하니까 너무 나사
가 풀린 것 같다. 의자에 앉을 때도 다리를 꼬고 앉는 자들을 많이 본
다. 단추는 하나도 잠그지 않고 열어 놓고 남자든 여자든 모자를 쓰
고 앉아 있다. 예배를 드리려고 온 것인지 구경하러 온 것인지 강의
들으려고 온 것인지 분간을 할 수가 없다. 언어는 어떠한가? 목사님
이나 장로 권사 집사 그 누구도 존칭어가 빠져있다. 반말도 아니고
존칭어도 아닌 언어를 사용한다. 성경 안에서 많은 사람들이 기도한
내용 들이 나온다. 그들이 기도할 때에 하나같이 최고의 존칭어를 사
용한 것을 본다. 다윗 왕이나 솔로몬 왕이나 바울 사도나 심지어 예
수님까지도 하나님께 존칭어를 사용한 것을 볼 수 있다. 다른 나라
언어로는 안 되지만 우리나라 언어로는 얼마든지 표현할 수가 있다.
그 많은 웃음의 종류를 다 표현해낸다. '어 다르고 아 다르다'라는 말

이 있다. 그만큼 언어로 구분을 나타낸다는 뜻이다.

바리새인은 서서 하늘을 쳐다보면서 기도하고 세리는 죄인으로서 감히 머리도 못 든다. 기도한 내용들은 다 아는 내용이다. 우리가 세리고 죄인 중의 죄인이 아닌가? 낮고 천한 감히 머리도 못들 죄인인데 언제 금방 신분이 높아 졌나. 주님이 우리를 용서해 주시고 구원해 주셨다고 금세 우리가 말을 놓아서 되겠는가?

장차 이다음에 천국 가서는 어리광을 피든지 말을 놓든지 하여도 지금 우리는 완전 구원이 아니라 약속만 받은 상태다. 그런데 어줍잖게 말을 놓아서 반말도 아니고 존칭어도 아닌 것으로 기도한다.

나이가 어린 자에게는 반말을 할 수 있다. "얘들아", "야", "너" 수평관계에는 여보게, 자네 그리고 웃어른에게는 어느 정도 존칭어를 사용한다. 옛날 사극에 나오는 임금이나 왕들에게는 붙여지는 언어가 따로 있다. 절대권자 앞에서는 평민이 쓰는 말투는 안 된다. 첫째 머리도 못 든다. 얼굴을 쳐다보지도 못한다. 황공하옵나이다. 존체 일향 만강하옵소서. 들라 하옵신다. 세상 임금한테도 최고의 예를 갖추고 말을 하는데 하물며 만왕의 왕이신 하나님 우리를 구하신 예수님께 인간이 갖출 수 있는 최고의 예를 갖추고 가장 높은 존칭어로 기도하는 것이 합당하다고 본다.

60년대 70년대까지만 해도 목회자나 나이 많은 장로님이 기도할 때는 존칭어를 많이 사용 했다. 그런데 젊은 층으로 오면서 존칭어가 점점 사라져가고 지금은 완전히 사람한테 하는 식이다. 교인들은 목회자의 말투를 닮아간다.

우리 성경으로 돌아가 보자. 그리고 어디서 잘못 되었는지 다시 찾

자. 하나님이 사랑이시라니까 우리가 하나님과 동등시하려는 것은 아닌가? 두려움으로 너희 구원을 이루라 하셨다. 다 이룬 것처럼 착각하고 있는 것은 아닌가? 말로도 겸손하고 행동도 믿음도 아주 낮은 자세로 겸손한 것이 보기가 좋다.

왕상8:23절에 솔로몬의 기도언어다. '이스라엘의 하나님 여호와여. 상천하지에 주와 같은 신이 없나이다. 베푸시나이다. 같으니이다. 하셨사오니. 지키시옵소서. 하옵소서. 전이오리이까, 들으시옵소서, 보옵시며, 주옵소서,'한 소절 끝날 때마다. 거기에 맞는 최고의 존칭어를 사용했다. 솔로몬만이 아니고 다윗도 바울도 모두 높은 언어로 기도했다.

요17장은 예수님이 기도하실 때 하신 존칭어다. 예수께서 이 말씀을 하시고 눈을 들어 하늘을 우러러 가라사대 아버지여 때가 이르렀사오니 하옵소서. 아들에게 주셨음으로써이다. 아는 것이니이다. 하였사오니. 하옵소서. 나타내었나이다. 지키었나이다. 알았나이다. 믿었사옵나이다. 비옵나니. 예수님도 기도의 한 소절이 끝날 때마다 존칭어를 사용하셨다는 사실이다. 예수님이 정말 그렇게 기도 하셨는지 모르지만 우리나라 성경으로 번역할 때 성경학자들이 존칭어를 사용하는 것이 좋을 듯해서 사용했던지 모르지만 그래도 반말 비슷한 억양보다는 인간이 최대한 예를 갖추어서 높은 언어로 하나님께 기도하는 것이 맞을 것이다.

그러면 오늘날 목회자들이나. 장로들이나 일반 성도들이 기도하는 내용은 존칭어가 하나도 없고 있더라도 말의 두 손 부리를 하고 기도한다. 하나님 일주일 동안도 지켜 주심을 감사드립니다. 예배드리게 하시니 감사드립니다. 그러나 하나님 뜻대로 못 살았습니다. 끝부분에 가서는 간절히 바라오며가 아니고 간절히 바라면서 꼭 선배가 후배 타이르는 말투로 하는 목회자도 있다. 예수님의 이름으로 마칠 때에도 기도드리옵나이다. 기도하옵나이다. 가 아닌 기도드렸습니다. 기도했습니다. 기도드립니다. 로 마친다. 어떤 이는 중간에는 계속했습니다. 그랬습니다 로 나가다가. 끝에 가서 예수님 이름으로 기도하옵나이다. 라고 두 손 부리를 하고 있다. 어느 때는 높였다가 떨구고 떨구었다가 높인다. 성경에 없다면 몰라도. 성경에 있는 존칭어를 사용해서 안 될 것이 무엇인가?

우리가 예수님보다 더 가까울까? 아니면 하나님하고 동등이라도 되려고 하는 언어인가? 꼭 나와 같은 계열에 사람 대하듯 하고 있는 것이다. 전에 성경 부록에 나오는 주기도문 끝부분에는 '영원히 있사옵나이다.'라고 했던 것을 새로이 번역된 부록에는 영원히 아버지의 것이옵니다도 '아닌 것입니다'라고 '옵'자를 빼니 이것이 성령의 인도일까 사탄의 인도일까.

사도신경에도 역시 그런 부분이 있다. 끝부분에 '영원히 사는 것을 믿사옵나이다.'한 것을 새 번역에는 '부활과 영생을 믿습니다.'라고 마감한다. 도대체 오늘날 교회들이 어디로 가고 있는 것인가? 하나님은 낮아지고 사람들은 높아지고 있다. 젊은 층으로 내려갈수록 존칭어는 더 멀어진다.

또 한 가지는 강단에서 기도할 때 우리교회를 축복하옵소서. 아무개 가정을 축복하옵소서 우리를 축복하셔서 하나님의 축복으로 우리교회가 부흥하고 있습니다. 이러고도 한국교회 바로 간다고 하겠는

가. 성경 66권을 아무리 봐도 하나님이 축복하셨다는 단어는 한 번도 못 본 것 같다. 축복이란 말은 글자 그대로 복을 빌어 주는 것이다. 사람이 사람을 위해 축복해 주는 것이다. 하나님은 우리에게 빈 복을 내려주시는 분이다. 하나님이 중간에 있는 입장이 아니잖나. 왜 하나님을 끌어내려 사람 가운데 두려 하는가. 회개해야 한다. 하나님의 권위를 실추시킨 죄가 적다 하겠는가. 축복의 예를 들어보자. 살렘왕 멜기세덱이 아브라함을 만나서 축복했다. 이삭이 야곱에게 축복했다 나중에 에서가 자기도 축복해 달라고 간청했다. 축복이라는 단어는 사람에게 적용하는 것이지 왜 하나님에게 맡기려 하는가? 만일 그렇게 되면 하나님이 축복을 빌어 주셨다면 하나님보다 더 높은 하나님이 계셔서 들으시고 복을 주시는 것인가. 목회자들이 제일 많이 범하는 실수가 아닌가 생각이 든다.

말에 실수가 없으면 온전한 자라 했다. 이것을 바로잡아 가야 할 목회자들이다. 정신을 바짝 차리고 교인들로 하여금 어그러진 길로 가지 않도록 해야 한다. 교인들은 목회자의 언어를 닮아간다. 흐르는 물에도 이끼가 낀다는 속담이 있듯이 말을 많이 하다 보면 나도 모르게 실수할 때가 있다. 교인들이 잘못하면 목회자가 잡아 주지만 목회자가 잘못 가면 누가 코치를 할 건가? 오늘날 교회가 이러면 안 된다고 개혁을 부르짖지만 무엇이 잘못된 것을 모르니 어떻게 개혁이 일어날건가?

인자가 세상에서 믿음을 보겠느냐. 언어도 성경 안에 있는 존칭어를 사용해야 한다고 본다. 하나님은 높으려 하는 천사들을 심판하셨다. 천사나 인간이나 비슷하다. 성경으로 돌아가자. 갓난아이처럼 다시 천국의 언어를 배우자. 목회자가 살면 교인도 살지만 목회자가 소경이면 둘 다 구덩이에 빠진다. 하나님은 높으신 분이다. 거룩하신 분이다. 우리는 감히 쳐다볼 수도 없는 분이다. 최고의 존경을 표하자.

마귀가 교회를 공격 한다면 어디를 먼저 공격 할까? 첫째가 신학교가 아닐까?

우리나라는 각종 신학교가 널려 있다. 인가받은 신학교도 많고 인가받지 못한 신학교도 많다. 각종 신학교에서 가르침 따라 목회자들은 일선 목회지에서 가르치고 있다. 어떤 교파는 세례를 어떤 교파에서는 침례를 주장하고. 어떤 교파는 성결을 우선적으로 어떤 교파는. 구원을 우선 적으로 어떤 교파는 천년 왕국을 시인하고 또 어떤 교파는 부인한다.

신학교마다 영적인 면에서 차이가 조금씩 난다. 어떤 교파는 천년 시대를 가르치는데 어떤 교파는 전적으로 부인한다. 이 어찌 된 일일까? 어느 교파 신학교를 나와야 좋은 건가? 모두 자기네 신학교가 정통 신학교라 하고 사람들을 부른다.

그런데 신학교 교수쯤 되면 박사 아닌 사람이 별로 없는 것 같다. 어느 목사가 아닌 무슨 박사라야 통하고 위신이 올라가고 체면이 세워지고 권위가 서고 하는 것 같다. 사회자가 소개할 때에 꼭 빠지지 않고 미국에서 무슨 박사 학위 받았다고 소개한다. 하나님은 목사로 세우셨지 박사를 더 좋아하시지 않는다. 교회 계통은 목사 장로면 됐지 그 이상이 뭐 그리 중요한가? 그런데 실제 신학교 교수쯤 되려면 적어도 미국에 가서 박사학위 정도는 받아와야 한다는 생각이 깔려 있는 것 같다. 지적으로 명예욕이 있는 것은 아닐까.

각종 신학교에서 가르치고 있는 교수들은 책임이 엄청 크다. 내가 성령의 인도를 받고 주님이 기뻐하시는 교수인지, 아니면 조금 벗어난 교수인지, 교수들의 한 사람이 장례목사후보생, 더 나아가서는 일반 교인들을 죽이는 일도 되기 때문이다. 우리나라 교인들은 스스로 생각하기보다 맹종에 가깝기 때문이다. 팥으로 메주를 쑨 데도 그대로 믿는 교인들이 많기 때문이다. 신학교 교수들은 일반 목회자보다 더 많이 기도하고 믿음 생활을 바로 해야 한다. 한 번은 이런 일이 있었다. 지금도 그 교수만 생각하면 장차 주님이 오셔서 이게 아니라고 하시면 그 교수는 어떻게 되며 따라간 교인들은 어떻게 될까? 하는 생각을 해 본다.

학교를 빌려 연합 제직수련회를 80년대에 한 적이 있다. 몇 개 시찰이 모인 큰 모임이었다. 특강 시간이었다. 윤○○교수가 강단에 서자마자 서두에 요즘 어느 미친 목사들이 천년 시대 운운한다면서 찬물을 쫙 끼얹는다. 실내가 조용해졌다. 천년 시대는 없는 것이란다. 나는 어릴 때부터 들어온 말씀이다. 부흥회 때도 듣고 다른 수련회 때도 가끔은 들은 얘기다. 그런데 윤 교수가 말 한마디 한부터는 지금까지 목회자들 입으로 천년 시대 라는 말을 못 들었다. 한 신학교의 한 교수가 한 말이 법이 되어 버리는 것이다.

만일의 하나 그 교수가 가르치는 것이 맞는 것이라면 다행이지만 틀리고 다른 교파 신학교에서 주장하는 천년 왕국이 성립이 된다면 그 책임은 누가 질 것인가?

마귀가 교회를 무너뜨리기 위해 공격한다면 신학교의 교수들을 공격할 것이다. 한 사람 잘 못 되면 도매금으로 모두 넘어갈 수가 있기 때문이다.

옛날 발람선지자 한 사람을 통해서 24,000명이 죽었다. 성경에 분명히 있는데 교수가 없다고 하면 성경을 믿는 건가 없다고 주장하는 사람의 말을 더 믿는 것은 아닌가? 이 신학교에서 잘하는 것이 있으면 다른 신학교에서 좀 이상한 것이 있어 보인다. 마귀는 신학교를 공격할 때에 딱 부러지게 안 하고 조금씩 망가뜨린다. 사람이 보기엔 모르게 말이다.

마귀가 교회를 공격한다면 두 번째는 교단들일 것이다

마귀가 교회를 무너뜨리려고 하면 두 번째로는 어디를 공격대상으로 삼을까? 교회의 모든 문제 법적인 문제, 종교적인 문제, 신앙 문제 예배 문제는 그 교단 상급기관인 총회에서 결정된다. 총회 밑에는 노회가 있고 노회 밑에는 시찰회가 있고 시찰회 밑으로는 당회와 제직회가 있어서 총회에서 결의된 상황을 따른다.

그런데 총회가 좋은 일만 결정하는 것이 아니다. 일제 치하 때에도 일부 교단들은 신사참배를 거부했는데 어떤 교파 총회에서는 신사참배를 문화이지 우상숭배가 아니라고 일본의 앞잡이 노릇을 하고 오히려 반대하는 사람을 고소했다고 하니 마귀가 교파의 총회를 이용하는 것이 아닌가? 그뿐만이 아니다. 통합 측이니 합동 측이니 갈라놓은 것도 교단 총회에서 한 일이다. 갈라놓고도 잘못을 뉘우치는 사람은 없다.

결국에 찬송가도 갈라졌다. 합동 측에서는 새 찬송가를, 통합 측에서는 개편 찬송가를, 나머지 교파는 그대로 합동 찬송가를 사용했다. 이것이 성령님이 주관하신 일일까 사탄이 개입한 일일까? 그 당시 예배 때가 어땠었는지 주보에는 합동 찬송을 사용하고, 교회는 개편 찬송 몇 장 새 찬송 몇 장 이렇게 복잡하게 예배를 드려야만 했다. 마귀가 교단 총회라는 기관을 업고 온 교회를 흔들어 놓았다.

어렵게 통일 찬송이 만들어져 좋아졌다 싶더니 그사이 또 갈라놓았다. 성경도 손 댈 적마다 오역으로 치닫고 있다. 흠 정역성경을 기준으로 봤을 때, 개혁성경이 300곳이나 오역됐다 한다. 그중에 두 곳만 예를 들어 보겠다. 사14:12절에 흠 정역에는 "너 루시퍼야"라고 기록된 성경을 개혁성경엔 "너 아침의 아들 계명성이요"여기서 아침이나 계명성은 예수님께 가야 할 칭호가 마귀에게로 돌아간 것이다. 마1:6절엔 흠 정역에는 "다윗은 우리 야의 아내 되었던 자에게서"라고 번역한 것을 개혁에는 노골적으로 "우리 야의 아내에게서"라고 번역을 해놓고 정확 무오한 성경이라고 믿고 있다. 이렇게 잘못 오역으로 번역한 것이 300곳이나 된다니 어이가 없다. 그러고도 유위부족해서 마귀는 총회 사람들을 통해서 또다시 성경을 오역시켜 놨다.

다윗의 간음으로 얻은 자식은 하나님이 치심으로 죽었다. 다윗은 우리 야의 아내를 정식으로 데려와서 정식으로 부인이 된 다음 정식으로 동침해서 얻은 아들이 솔로몬이다. 솔로몬은 우리아의 아내가 아닌 다윗의 정식 아내에게서 낳았는데. 왜 우리 야의 아내라고 번역을 했나? 그러면 예수님은 간음의 자식의 후손이 아닌가?

지금 개역개정판을 보면 한층 더 떴다. 성경의 비밀스러운 것이 다 묻혀버렸다. 옛날 이삭이 우물을 팠다 블레셋 사람들이 우리 땅이라고 빼앗는다 그런데 자기들이 사용하는 것이 아니고 메꾸어버렸다.
란 말씀이 생각이 난다. 성경에 비밀스러운 것이 많이 있는데 사람의
입맛으로 메꾸어져 가고 있다.

예를 두 군데만 들어보겠다. 겔34:26절에 "복된 장맛비를 내리신
다"라고 기록됐다. 그런데 개정판에는 소낙비라 한다. 복된 장맛비
하고 지나가는 소낙비하고는 그 안에 숨겨진 진리가 하늘과 땅 차이
인 것이다. 이 장맛비는 예루살렘을 비롯해서 유대와 사마리아 땅끝
까지 더러움을 씻기려면 복된 장맛비가 필요한 것이다. 지나가는 소
낙비 가지고는 어림없는 일이다. 이런 심오한 진리를 소낙비로 희석
시켜 놨으니 마귀가 손을 보고 있는 게 아닌가?

교단 총회에서 술에 찬송을 빼버렸다. 기다렸다는 듯이 술들이 술
술 들어온다. 장로 입으로도 목사 입으로도 집사나 권사 말할 것도
없다.

우리 원두막이 하나 있다. 여름엔 개울에 물도 있고 시원하다 놀러
왔다. 권사요 집사다. 삼겹살과 소주 두 병과 맥주 한 병과 막걸리 한
병을 가지고 와서 나보고 따라주면서 먹으라 한다. 장로가 무슨 술이
냐고 거절하니까 그 권사 왈 우리교회 장로님들은 잘 먹는단다. 이
것이 오늘날 한국교회 현주소다. 그러면 목사는 술 마시냐고 물었더
니 역시 마신다 한다. 그러니 일반교인들은 어떠하랴. 세상 사람들하
고 똑같이 먹고 마시면 좁은 문으로 가는 것이 아니다. 믿지 않는 사
람과 회식이나. 식사자리에서도 꼭 빠지지 않는 것이 술 문화다. 으
레 술잔이 돌아간다. 거기서 나는 장로요. 나는 집사요. 그 한마디를
못 하고 넙죽 받아먹는다. 그렇게 쉽게 예수 믿으면 못 믿을 사람이

없겠다. 장기를 잡았으면 세상 것은 뒤돌아보지 말아야 하는 것 아닌가.

믿음은 순교적이어야 한다. 그것이 십자가를 지고 가는 것이다. 앞에 대통령이 마셔라 해도 아니오. 할 줄 알아야 한다. 다니엘과 세 친구처럼 말이다.

총회에서 신사참배가 우상이 아니라고 하듯 술 먹는 게 죄가 아니기 때문에 열어 놓은 것이 아닌가?

지금 오히려 세상에서는 술과 담배와의 전쟁을 선포하고 있는데 기독교 방송에서 설교시간이 그렇게 많은데 술과 담배 나쁘다는 설교는 못 들어 본 것 같다. 이것이 정말 성령께서 하신 일일까? 마귀가 역사한 일일까. 세상 음주 문화가 들어오고 싶어도 울타리가 있어서 못 들어오고 기회만 보고 있었는데 그 울타리들을 걷어치웠으니 '얼씨구나'하고 홍수처럼 쏟아져 들어와 점령을 했으니 지금 교회를 개혁 할 수 있겠는가?

이젠 모든 것이 손 쓸 수 없게 됐다. 제자들이 예수님께 말했다. 선생님 밭에 곡식 씨앗을 심지 않았나요. 그런데 보니 가라지가 났던데요 원수가 밤에 와서 가라지를 뿌렸구나. 그러면 우리가 가서 뽑을까요. 가만두어라 가라지를 뽑다가 곡식까지 뽑을까 두렵다.

술 마시는 사람은 마실 것이고 안 마시는 사람은 안 마실 것이다. 둘 다 타작마당까지 가는 것이다. 아마도 총회에서 술, 담배 문화를 막지 못해서 훗날에 이것이 올무가 되어 마귀한테로 돌아간 영혼들 많으리라.

28

마귀가 교회를 넘어지게 하려면 세 번째는 목회자를 공격할 것이다

　사울왕이 하나님과 제일 가까울 때가 언제인가? 안수받을 때다. 그러면 목사장로가 주님과 제일 가까울 때도 안수받을 때다. 거기서 벗어나거나 처지게 되면 본모습 사람의 모습이 나오게 된다. 목사장로 안수받을 때 죽는 자가 있고 안 죽는 자가 있다. 즉 말하자면 안수받을 때 세상 것을 버린 자와 다 못 버린 자가 있는 것이다.

　자기를 80% 죽이고 버린 자는 목회의 성공 할 수 있다. 그러나 자기를 못 죽이고 세상 것 버리지 못한 목사장로는 성공하기 어렵다. 밀알 하나가 죽으면 많은 열매를 맺지만 죽지 않으면 한 알 그대로 있느니라. 예수님께만 국한된 말씀이 아니다. 믿는 모든 사람에게 해당하는 말씀이다. 특별히 목회자의 길을 가고자 하는 자는 더더욱 자기를 철저하게 죽이고 버리고 주님을 따라가야 한다. 죽이지 않고 따라가면 잘되는 것 같아도 끝에 가서는 교회도 죽이고 외톨이 되어 나오게 된다.

결과는 당연한 것이다. 자기를 죽이고 교인들을 높이면 성공한다. 한번 생각해 보자. 주인의 아들들이 높은가? 일꾼으로 종으로 삯을 받고 고용된 사람이 높은가? 정말 교인들을 하나님의 아들과 딸이라 생각하고 섬기면 올라간다. 세상에 어느 유치원에서 교사가 학생을 구타했다고 구속된 사례가 있다. 교회는 어떤가? 말로 구타하는 일은 없는가? 마24:48~51절에 만일 그 악한 종이 마음에 생각하기를 주인이 더디 오리라 하여 동무들을 때리며 술친구들로 더불어 먹고 마시게 되면 생각지 않은 날 알지 못하는 시간에 그 종의 주인이 이르러 엄히 때리고 외식하는 자의 받는 율에 처하리니 거기서 슬피 울며 이를 갊이 있으리라.

찬송가 323장이다. 이 찬송은 아무 생각 없이 불러서는 안 될 찬송이다. 목사안수를 받고 목회지가 나오기를 기다린다. 기다리던 중 나타났다. 그런데 강원도 촌구석이다. 교통도 나쁘고 교인도 몇 명 안 된다. 자녀 교육문제도 생각해 보니 갈 수가 없다. 찬송 부를 때에는 어디든지 가오리다 했다. 대다수가 이런 생각이다. 목사 후보생이 넘친다. 갈 곳이 없다 놀아도 시시한데는 안 가려 한다. 부목사가 될지라도 시내교회 가기를 원한다. 80년대 만해도 시골 외지에는 교역자가 없어서 집사가 예배를 인도하곤 했다. 그래서 죽지 않으면 못 가는 길이 십자가의 길인 것이다. 우리교회 개척 당시부터 은퇴할 때까지 근 60여 년 동안 섬겨왔다. 목회자들도 많이 모셔봤다. 개척 당시에는 교회를 짓기 위해 목회자가 사비를 들여가면서 교회를 세웠다. 노비 한 번 들여보지 못했다. 거처할 사택이 없어 토요일 저녁때 오시면 우리 사랑방에서 주무시고 주일 낮 예배드리고 본교회로 가신다. 저녁예배와 삼일 기도회는 우리끼리 드린다. 몇 년이 흘렀다. 교인이 15명 정도 늘었다. 정식으로 노회에 가입하고 전도사님을 모신다. 초대 때부터 재정을 맡아왔다. 연말만 되면 걱정이다. 시골교회 재정이 빈약하다. 노인들 여자들 아이들이 대다수다. 다 들여도 모자란다. 개중에는 돈을 좀 밝히는 목회자도 있다. 연말만 되면 들으라고 내년엔 물가가 몇 %로 오른다고 귀띔을 해준다.

어떤 목회자는 세상 직장은 보너스를 600% 받는다 한다. 돈을 생각한다면 세상으로 나가야 되는 것이 아닌가. 어떤 분이 오시든 3년에서 5년 사이가 반짝한다. 새로운 분이 오시면 열심을 낸다. 교인들이 많이 늘었다. 몇 년 갔다. 새해에는 목회자 청빙 건이 있다. 위임 쪽으로 말씀을 한다. 그 당시 교인이 40여 명이다. 40여 명 교인 되기를 30년이 지났다. 당회 때 교인 90명 되면 장로 한 사람 더 세우고 위임식 해드리겠다고 약속했다. 그랬더니 2년 사이에 90명을 채운 것이다. 90명 됐습니다. 당회 때 말씀 하길래 좋습니다. 하고 약속한 대로 장로 한 사람 더 세우고 위임식 해드렸다.

문제는 여기서부터다 90명 채운 것이 거의 다 아는 사람 처가식구들 인 것이다. 위임식이 끝나고 나올 리가 없다. 은퇴할 연세가 몇 년 안 남았기 때문에 그냥 좋게 은퇴할 때까지 잘 있다 가셨다. 가실 때 교인은 30~40여 명이었다.

이웃교회 사례다. 그 교회도 위임식을 해드렸다. 교인 50명 됐다. 그런데 목사님 연세가 젊다. 몇 년은 별 문제 없이 지났다. 교회가 침체하기 시작한다. 보이던 교인이 안 보이고 점점 줄어들어 30명 선으로 줄었다. 10여 년이 지나고 은퇴까지는 아직도 많이 남았다.

여기서 그 목사님이 사울이냐 바울이냐 보여 지는 것이다. 교인들은 장로들에게 다른 분을 모셔보자고 졸라댄다. 지혜가 있고 정말 하나님의 교회로 생각한다면 이쯤해서 당회 때 내 그릇이 이것뿐 안 되는 것 같으니 다른 목회자를 모셔 봅시다. 라고 나온다면 그는 정말 칭찬받을 만한 분이다. 그러면 자신에게도 굴욕이 아니고 추락한 교회를 살리는데 목사장로가 어디 따로 있나? 그런데 위임이라는 것만 생각하고 70세까지 가려고 하는 목회자가 대다수인 것 같다. 결국 당회 때 조기 은퇴해 주시면 안 되겠느냐고 안건이 나왔다. 그 당시 교인 수가 30명도 안 되는 것으로 알고 있다. 하나님의 교회를 얼마나 손해를 끼쳤나.

결국 등 떠밀려 나가면서도 돈 3천만 원 해줘야 나간다 하여 3천만 원 해드려 나가셨다. 이런 소식을 들을 땐 입맛이 씁쓸하다. 시무할 땐 하나님 교회고 내가 나갈 땐 인간들의 사조직 같다. 가룟 유다도 제자였다. 끝에 가서 예수님하고 돈하고 바꾼 것이다. 이단은 신천지만이 아니다. 한 목회자의 변질된 모습도 이단이다.

이단의 형태는 끝에 가서 꼭 돈이 등장한다. 오늘날 마귀들이 일선에 목회자를 변형시키는 사례다. 다 그렇다는 것이 아니고 일부분인데 그 일부분이 기독교를 흐려놓고 있다. 또 다른 교회의 사례다. 그 교회 역시 잘나갔다. 교인이 500명이 되어 탄탄대로다. 목사님은 노회에서도 힘이 있어 보였다. 그런데 문제가 생겼다. 심각한 문제가 생겼는지 500명 교인이 50명으로 줄었다 한다. 한 사람의 생명이 온 천하보다 귀하다 하셨다. 그런데 그 귀한 생명이 450명이나 없어졌다. 하나님의 사업을 무너지게 한 것이다. 그런데 나갈 때 5억을 해

쉬야 나간다 해서 50명 교인이 5억을 해 줬다니.

오늘날 교회가 타락해도 너무너무 타락했구나. 생각이 든다. 왜 이런 현상들이 생길까. 그 목회자는 자기가 안 죽었기에 결국 교회도 죽이고 자기도 외톨이로 남게 되는 것이다.

한번은 집안에 동생뻘 되는 누이동생을 길가에서 만났다. 모 큰 교회 찬양전도사라 한다. 그 교회 목사님이 공금 문제로 방송에 보도된 분이다. 그래서 내가 그 교회 목사님 방송에 나오던데 그 목사님 사택이 70평인가 80평이라며 하니 전도사 왈 오빠 그 목사님이 그 교회 부흥시켰는데 그 정도는 해드려야지. 그래 그러면 예수님은 온 인류를 마귀와 죄의 사슬에서 구원하시려고 십자가를 지시고 물과 피를 남김없이 다 쏟아 주신 분인데. 여우도 굴이 있고 공중에 나는 새도 거처가 있으되 인자는 머리 둘 곳도 없다 하셨는데 그분의 종이라는 목회자가 70평 아파트가 적다고 칭얼대지를 않나. 예수님은 예루살렘 입성하실 때도 신분에 맞게 하시려면 백마를 타고 가셔야 맞는데 비실대는 나귀새끼를 타고 가셨는데 그분의 종이라는 분이 외제 승용차에다 예수님은 마르다의 집에서 대접받으실 때도 두 가지 혹 한 가지만이라도 족하다 하셨는데 종들은 호의호식을 누리며 살고 있는 것이 아닌가.

전도서에 이런 말씀이 있다. 종들은 말을 타고 방백들은 종처럼 땅에 걸어 다니는 도다. 하셨다. 마귀가 교회를 무너뜨리려고 할 때 누구를 넘어지게 하겠는가? 목회자 한 사람만 넘어뜨리면 교회 전체가 무너지고 만다. 목회자들은 다시 한번 초심으로 돌아가서 정말 예수님처럼 겸손하게 낮아지고 가난하게 살길 기대해본다.

심령이 가난한 자는 복이 있나니 천국이 저희 것이요. 대한민국 안에 교파가 얼마나 많이 있나 누가 쪼개고 갈라놓았나 모두 지도자들이 한 것이 아닌가? 이것이 성령의 인도일까 사탄이 역사한 일일까? 베드로도 유다도 12사람 중에 그것도 3년 안에 마귀의 도구가 됐었다. 하물며 종교개혁 500년이 지난 지금에야 얼마나 많은 사람이 마귀의 도구로 이용당하고 있는지 모른다. 베드로도 유다도 그 당시 마귀의 일을 하는지 몰랐던 것과 같이 지금 속고 마귀의 도구로 이용당하고 있는 것을 모르고 있다. 마귀가 교회를 무너지게 하는데 일선 목회자를 변질시키는 방법이 제일 많이 있지 않을까? 생각이 드는 문제다.

마귀가 교회를 넘어지게 하려면 네 번째 로 교회를 개방시킬 것이다

네 번째다. 마귀는 오늘날까지 계속해서 세상 것 가지고 유혹해 왔다. 예수님한테 한 시험을 교회들에게 퍼붓고 있는 것이다. 내가 어느 날 일을 갔다. 집주인이 아침부터 하루 종일 오디오로 유행가를 들어주었다. 원하지 않는데도 계속 들을 수밖에 없었다. 집으로 오는데 낮에 듣던 노래가 뇌에 입력이 되었는지 무심코 입을 통해 나오고 있었다. 그것이 유혹이다. 거짓도 세 번만 우기면 진짜로 보인다는데 마귀는 세상 것 가지고 계속 유혹하게 되면 세상 것들이 교회에 마구 들어와 별로 대수롭지 않고 이상하지도 않고 오히려 친근히 대하게 된다.

초대교회 때에는 분명히 세상과 교회가 구별이 있었다. 그때는 교회가 정말 천국으로 올라가는 모습이었고. 세상을 개화시키고 변화시켜 끌고 가는 모습이었는데 지금은 정 반대가 되어 교회가 세상에 질질 끌려가고 있는 모습이다.

연합행사에 잘 안 모이니까 많이 모이게 하려고 일반가수를 초청하고 광고를 하니 많이 왔다. 주최 측에서는 성공적이라 했을 것이다. 60~70년대 같으면 생각지도 못 할 일들이 일어나고 있다. 교회가 세상을 알리는 장소가 되어간다. 오는 날 교회가 사회적으로 개방해야 한다면서 문호를 개방하고 있다. 교회마다. 찻집이 들어서고 풍물을 만들어 세상 것과 비슷하게 가고 있다. 민요반도 있다. 교회가 술도 모자라 이런 것들을 허용하고 있는 것이다. 마귀가 마지막으로 향한 술법이다. 그것을 안 하면 꽉 막힌 교회라 한다. 그렇게 해서 얻은 교인은 또 그 유전자를 낳는다. 유다왕 여호사밧은 믿음 있는 왕이었다. 그런데 이스라엘왕 아합을 만나 교제하면서 얻은 게 무엇인가? 자신도 책망받고 집안이 망하는 꼴이 됐다. 악도 자꾸 만나면 정이 들고 정이 들면 동침까지 간다.

오늘날 교회들이 세상과 손잡고 있다. 세상과 교회가 혼인하고 동침의 세계로 들어가고 있다. 느헤미야가 성벽을 건축할 때 도비야가 그렇게 원수같이 대적했다. 느헤미야가 바벨론에 간 사이 도비야가 제사장의 사위가 되어 십일조를 쌓아두는 곳간을 방으로 만들어 도비야로 살게 했다. 제사장들은 먹을 게 없어 제사장직을 버리고 들판으로 나갔다. 얼마 후 느헤미야 가 와서 보니 그 지경이었다. 눈에서 불이 났다 도비야의 세간을 모두 밖으로 내동댕이치고 다시 십일조를 들여놓고 제사장들을 세워 달라는 내용이다.

오늘날 교회에 있어야 할 것들은 없고 없어야 할 것 들은 가득차 가고 있다. 유혹을 통해서 세상 것들이 교인 마음을 장악하고 교회로 버젓이 들어와 주인 행세를 하고 있는 것이다. 이것이 무엇과 같은

고 하니 사막에서 낙타이야기와 같은 것이다. 낙타가 주인의 천막에 주둥이를 집어넣고 주인님 머리만 조금 하다가 앞발이 들어오고 육중한 몸이 주인을 밀어내고 천막을 차지한 것처럼 교회 안에 예수님은 다 밀려나고 낙타와 같이 몸집이 큰 세상 것들이 주인 행세를 하고 있는 것은 아닌지 잘 살펴보기를 바란다. 그리스도인은 없고 종교인만 있는 것은 아닌지.

바로가 한 말을 생각해 보자. 이 땅에서 여호와를 섬기고 너무 멀리 가지 말라. 바로의 말은 곧 사탄의 말인 것이다. 이 세상도 사랑하고 즐기며 섞어가며 믿어 그렇게 혼자만 잘난 체 하 지 말고 둥글둥글 사는 거야. 이것이 교회를 무너뜨리려는 마지막 마귀의 술법이다.

교회가 온통 먹자판 장사판으로 간다면 초림하신 예수님은 노끈으로 채찍을 만들어 책망하셨지만, 다시 오실 주님은 철장으로 심판하실 것이다.

　- 마귀가 교회를 무너지게 하려면 신학교를 공격할 것이다.
　- 마귀가 교회를 무너지게 하려면 교단 총회를 변형시킬 것이다.
　- 마귀가 교회를 무너지게 하려면 일선 목회자를 변질시킬 것이다.
　- 마귀가 교회를 무너지게 하려면 교회를 개방하게 할 것이다.

인자가 세상에서 믿음을 보겠느냐.

30

청함을 받은 자는 복이 있다

북한에서 갖은 고생 다 하다가 먹고 살기 위해 석탄을 실은 기차 위에서 석탄을 훔치다가 떨어져 다리가 절단됐다. 치료도 제대로 받지 못하고 죽지 못해 살다가 탈북을 해서 한국으로 와서 이만갑이라는 프로에 방영되면서 전 세계로 이 소식이 퍼져 나갔다. 미국대통령 트럼프가 초청을 해서 인터뷰를 하고 기자회견을 해서 더 유명해졌다. 북한에 있을 때는 꽃제비 생활로 자유세계 미국과 미국의 대통령을 만난다는 것은 꿈도 못 꾸었을 것이다.

누구를 부른다는 것, 초청하는 것은 관심이 있는 사람 자기하고 많이 가까운 사람 거래가 있는 사람을 청하고 부르는 것이다. 미운 사람이나 평소의 거리가 먼 사람 사이가 안 좋은 사람은 청하질 않는다. 성경에도 청함을 받은 사람은 복이 있다 하셨다. 더욱이 하나님이 우리를 부르신다. 예수님이 우리를 초청하시고 부르시는 것은 얼마나 귀하고 복된 일인지 모른다.

그런데 꼭 초청받고 좋은 자리에 있어야 할 자들이 안 보인다. 와서 축하하고 기뻐해야 할 자리에 부름을 받지 못한 것이다. 그들은 하나님 앞에서 인정을 받지를 못하고 미움을 받고 저주를 받은 자들이다. 그들이 과연 누구일까. 구약에 제사장들과 백성의 장로 바리새인들이다. 소위 하나님을 향하여 열심 내는 자들이다. 하나님을 누구보다 더 바로 섬긴다는 자들이다. 그런데 하나님은 말라기 선지자를 통하여 무섭게 책망하셨다. 심지어 '성전 문을 닫을 자가 있었으면 좋겠다'하실 정도였다 (말1:10절 참조). 그리고 결국 성전 문을 잠그시고 400년 동안이나 이스라엘 백성과 대화도 끊으셨다. 그 분노가 얼마나 컸던지 베들레헴으로 예수라는 육신을 입고 이 세상에 하나님이 오실 때에도 이방의 동방박사는 부르시고 신분이 낮은 양치기 목자들은 초청하시고 부르실망정 그 당시 구약의 지도자들 내노라 하고 높은 자리에 있는 권세 자들 제사장들 장로들 서기관 율법사 바리새인들은 한 사람도 예수님 탄생의 즐거움에 청함을 받지를 못했다.

그러면 예수님 탄생에[초림] 구약시대 지도자들이 한 사람도 청함을 못 받았다면. 예수님 재림하실 공중에는 누가 부름을 받고 초대를 받고 청함을 받겠는가?

예수님 부활 후 마가다락방에서 시작된 교회는 성령의 장맛비에 물살을 타고 아시아로 유럽으로 건너갔다. 아시아 일곱 교회를 세우게 하시고 그리스로 로마까지 점령해 버렸다.

터키에 가서 깜짝 놀란 것이 있었다. 아시아 일곱 교회가 있어서 사방에 교회 십자가가 보일 줄 알았다. 그런데 이슬람 회교 사원뿐이고 간혹 천주교 사원만 간간이 남았다. 더더욱 안타까운 것은 바울이 세운 에베소 교회도 폐허로 남았다.

다른 사람이 세웠다면 몰라도 바울이 개척한 교회는 어떠한 어려움에도 지금껏 남아 있어야 되는 것 아닌가 생각이 든다. 교회가 중세시대로 접어들었다. 중세시대는 로마교회 교황청 중심으로 세계로 확산되어 간다. 교황청이 세상과 엎치락덮치락하다가 세상을 지배하기 이른다. 하늘 높은 줄 모르고 올라간다. 베드로 성당을 120년 동안 건축하면서 속죄권도 남발한다. 눈에 보이는 건물에만 치장한다. 얼마나 타락했는지 마틴 루터가 종교 개혁을 할 당시 성경에서 벗어나 잘못된 것이 95개나 잘못되어 가고 있었다.

이러한 교황청과 로마교회를 비롯한 천주교회 지도자들을 예수님이 청할까? 부르실까? 재림 하실때에 초청장을 보내는 것은 예수님 혼인 잔치에 부르심인데 과연 교황을 부르시고 신부들을 초청하실까? 구약시대 지도자들도 자기들이 하나님을 제일 잘 믿는다고 하면서 제일 많이 거역하고 속을 썩인 자들이 아닌가? 그래서 초림하실 때 한 사람도 초청을 안 하셨는데 95개나 성경에서 벗어나 타락한 지도자들을 부르실까?

예수님을 십자가에 못 박게 한 자들이 누구인가? 대제사장들과 백성의 장로들이다. 지금 예수님을 제일 괴롭히는 자는 누굴까? 목사와 장로가 아닐까 생각이 든다.

500년 전에 로마 교회가 잘못됐다고 마틴루터란 신부를 통해서 종교 개혁이 일어났다. 바르게 믿자고 오직예수, 오직믿음, 오직성경으로 돌아가자고 개신교회가 탄생됐다. 500년 후인 지금의 개신교회는 바로 가고 있는가? 혹시 건물에 치중하지는 않는지 돈의 노예가 되어

가지는 않는지 아니면 교권이 교황청을 닮아가고 있지는 않는지.

하나님께서 말라기서처럼 말씀을 주신다면은 어떤 말씀을 하실까? 잘했다. 칭찬하실까? 아니면 불법을 행한 자들이라 하실까? 심지어 교회 문을 닫을 자가 있었으면 좋겠다 하시지는 않으실까? 겉보기엔 경건의 모습이 보인다. 그러나 속을 들여다보면 세상 것들로 꽉 차 있다. 주의 피가 잘 돌고 있어야 한다. 주의 피가 영혼의 말초 신경까지 흐르고 있어야 건강한 성도다. 그런데 천주교회 모습을 닮아가고 있는 듯 하다.

옷 입는 차림도 신부복장을 개신교 목사가 입고 있어서 헷갈릴 때가 있다. 천주교회가 술 담배 다하듯 개신교회가 그 뒤를 열심히 쫓아가고 있는 형국이다. 천주교회가 귀신의 처소가 된 것처럼 개신교회가. 다원주의로 흘러가고 있고 어떤 것이 가이샤의 것이고 어떤 것이 주의 것인지 분간을 할 수가 없도록 세상 것들로 가득 차 있다.

아무쪼록 예수님 재림하실 때에는 모든 지도자들이 혼인잔치에 초청받고 택함 받은 자로 부름을 받기를 원하는 바이다.

아하 수로왕 때 처녀들이 왕 앞에 부름을 받을 때에도 가고 싶다고 갈 수 있는 것이 아니라. 왕이 금홀을 내어 밀며 불러줘야 갈 수 있듯이. 우리가 주의 앞에 가고 싶다고 가는 것이 아니라 주님이 우리 이름을 불러주고 맞아주어야 갈수 있는 것이다.

그런데 성경에는 율법의 지도자들이 초청받지 못할 것을 말라기서에 기록하셨던 것처럼 주의 재림 시에도 못 들어올 자들이 있을 것을 미리 말씀하신 곳이 있다. 혼인집 문이 닫힌 후에 와서 문을 두드리며 열어달라고 하는 무리는 과연 어떤 무리일까? 또 천국 문이 닫혔는데 문 열어 달라고 하며 우리가 주의 이름으로 귀신도 쫓아내고 선지자 노릇도 했다고 한 자들은 누구일까? 일반교인이 귀신을 쫓아낼까 선지자 역할을 한 자들은 어떤 유명한 대교회 부흥사나 목회자일 수도 있는 것이다.

그런데 주님의 말씀이 무섭다. 나는 너를 모른다. 이 어찌된 일인가. 모르신다니요. 그렇게 유명한데요. 이어서 하신 말씀 불법을 행한 자들아 내 곁을 떠나서 마귀를 위해 예비한 곳에서 슬피 울며 이를 갈 일이 있으리라. 부자는 음부로 떨어지고 거지 나사로는 낙원에 갔다. 예수님은 부자 되는 목회자 싫어하신다. 옷 두 벌 있는 자는 나누어 주고. 여행을 위해서는 간단하게 떠나라 하셨다. 궁궐 같은 저택을 가졌거든 가난한 사람에게 주고 예수님을 따라가야 한다. 왜냐하면 천국에서 누릴 복이 없다. 예수님은 부자에게 이렇게 말씀했다. 예 너는 세상에서 좋은 것 다 받았다 하셨다. 목회자의 삶은 예수님처럼 가난한 것이 아니다. 최고다 대통령보다 더 호화롭다. 대통령은 고작 4~5년인데 목회자는 70세까지다. 교인들이 하나님 섬기듯 추앙한다. 높아질수록 낮아져야 한다.

천국에서 잘 살래 이 땅에서 잘 살래? 두 가지 중에 한 가지만 택하라 하시면 어느 쪽을 택할 것인가? 이 땅에서도 잘 살래요. 그런 것은 없을 것이다. 주님의 말씀에 귀를 기울이라. 한 사람이 두 주인을 섬길 수 없나니 하나님과 재물을 겸하여 섬길 수 없다고 하셨다.

어떻게 살든지 그것도 자유다. 그러나 훗날에 구약시대 지도자들이 초림예수님의 부름을 못 받고 저주받은 자들이 된 것처럼 재림예수님의 청함을 못 받는다면 이를 갈 곳으로 가게 됨을 기피 명심하고 목사 장로 지도자들은 어떻게 해야 할지를 바로 알고 예수님 모습으로 지혜로운 자들이 되기를 바라는 마음이다.

31

다윗의 처첩들 속에 숨겨진 모습들

다윗처럼 파란만장한 삶을 산 왕도 없다. 사울의 손에서 얼마나 죽을 뻔했나. 거문고를 탈 때 창으로 던져 벽에 박으려 한 것이 몇 번씩 되고 자기 딸을 통해 미인계를 써서 죽이려 하고 다윗이 어딜 가서 숨어도 이 잡듯 샅샅이 뒤져 죽이려 했다. 이렇게 죽을 듯 죽을 듯하면서 파리 목숨처럼 간들간들하게 살아오다가 어렵게 간신히 왕위에 올라서도 주위의 나라들과 전쟁을 하느라고 정신 차릴 여유가 없었다. 블레셋이 주적이고 아람, 에돔, 다메섹, 아말렉, 미디안, 모압과 암몬, 앗수르, 가나안 일곱 족속과 평생을 두고 전쟁만 했다. 그것도 모자라 압살롬과 아도니아 같은 자식들로 말미암아 마음고생까지 겪는다.

다윗의 아내들은 첫째는 사울의 딸 미갈이다. 블레셋 의군인 양피 이백으로 얻은 아내다(양피는 남자들의 성기). 그다음이 나발의 아내였던 아비가일이다. 다윗의 사람들이 사울을 피해 도망 다니던 중 갈멜에 나발에 양떼와 같이 있었다. 그런데 나발에 양을 하나도 손해를 주지 않고 오히려 그들을 지켜 주었다. 훗날에 다윗이 궁색할 때에 도움을 청했다. 그러나 돌아오는 것은 멸시와 거절이었다. 다윗이 화가 나서 죽이려 할 때 아내인 아비가일이 나서서 다윗을 만난다. 얼마 후 나발은 죽고 그 소식을 들은 다윗이 아비가일을 데려와 아내로 삼는다.

다윗은 정식으로 왕이 되고 나라를 다스릴 때에 주위의 나라들을 평정해 간다. 가는 곳마다 승리한다. 젊었을 때에는 전쟁을 앞에서 진두지휘했다.

암몬 전쟁에는 요압만 보낸다. 저녁때 성을 거닐다가 한 여인이 목욕하는 광경을 보고 음욕이 발동하여 동침한다. 얼마 있다가 임신했다는 소식을 듣고 우리야를 소환한다. 자기 처랑 자게 하는데 안 잤다. 결국 처를 전쟁 중에 죽게 만든다. 그리고 나중에 데려다가 정식으로 자기 아내로 삼는다. 그리고 동침한다. 그래서 난 아들이 솔로몬이다.

다윗은 그 외에도 많은 아내를 얻었다. 아히노암, 마아가, 학깃, 아비달, 에글라, 그중에서 제일 사랑한 부인이 밧세바. 그런데 역대 왕 중에서 유독 다윗왕만 남의 아내 되었던 여자를 두 사람씩이나 부인으로 맞아들였다. 왕이라 하면 무남독녀 외동딸이나 아니면 이스라엘 경내에 아름답고 젊은 처녀들이 얼마나 많은가? 마음대로 고르고 골라서 부인으로 삼을 수 있지를 않는가. 유다왕 20여 명 왕 중에 다윗왕처럼 남의 아내를 자기 아내로 삼은 왕은 없다. 다 깨끗한 처녀로 아내를 삼았다.

아비가일과 밧세바는 남이 실컷 써먹은 중고품이다. 아마도 더러워서도 안 살았을 텐데 말이다. 내 아내가 다른 남자랑 놀아나고 바람피우다가 어느 날 찾아와서 살겠다 하면 받아줄 남자가 어디 있는가? 받아 준다 해도 찜찜하지 않을까?

그러나 다윗왕은 처녀로 데려온 아내보다 오히려 중고품인 밧세바를 더 사랑했다.

우리는 성경을 읽을 때 표면에 나타난 글자만 생각하면 안 되고 속으로 들어가서 봐야만 보인다. 이 부분에서도 예수님을 빼놓고서는 열리지가 않는다. 다른 사람도 예수님을 보여 주고 있지만 다윗은 예수님 보여 주고자 하는 부분들이 상당히 많은 것을 볼 수 있다.

눅 24:44절에 모세의 율법과 선지자의 글과 시편에 나를 가리켜 기록된 모든 것이 이루어져야 한다 하시다. 행4:25절엔 시편에 모든 내용이 다윗의 입을 의탁해서 예수님에 대한 기록을 미리 말씀하신 것이다.

예수님은 장차 이 땅으로 오셔서[초림] 자기 신붓감을 찾으신다. 그런데 아무리 찾아봐도 깨끗한 처녀는 세상에 없다. 세상에 모든 인간은 음녀처럼 남의 아내가 되어 버렸다. 아하 수에로왕이 부인을 고를 때에도 가장 아름답고 가장 깨끗하고 처녀성이 그대로 있는 것을 원하는 것이 세상 모든 사람들에 공통된 생각이다.

모든 왕들이 이처럼 완전한 여자를 부인으로 맞기를 원하고 있는 것이다. 사업가는 유능한 인재를, 결혼할 남녀는 자기 마음에 꼭 드는 사람을 선택할 것이다.

그러나 예수님은 이 땅에 오셔서 가장 깨끗한 사람을 구원하려 오신 분이 아니다. 의인은 없나니 하나도 없도다. 하셨다. 내가 의인을 부르러 온 것이 아니고 죄인을 부르러 오셨다 하셨다. 호세아 보고 하나님은 가서 음란한 아내를 취하라 하셨다. 깨끗한 여자가 없다고 하신다. 오홀라와 오홀리바마가 나온다. 여기에 오홀라는 북쪽 이스라엘과 오홀리바마는 남쪽 유다를 가리키는 비유인 것이다. 이스라엘 백성이 앗수르를 따라 우상을 섬긴 것이 영적으로 하나님 앞에서 간음, 간통을 한 것으로 비유하시다.

성경에는 우리를 죄의 종 되었던 자라 한다. 진 자는 이긴 자의 종이라 한다. 구약에 종에 대한 말씀이 있다. 종은 아무 권리가 없다. 다스리는 자 마음대로다. 먹을 것과 의복과 동침하는 것은 계속된다. 여기 무슨 뜻이 있나? 그렇다 우리가 죄의 종, 즉 마귀의 종으로 계속 살아왔다. 지금도 그 품에서 벗어나지 못한 자가 많다. 마귀가 우리를 종으로 마음대로 부려먹고 동침했다. 우리는 더 나아가서 음녀와 같은 자다. 음녀는 이 남자 저 남자 따지지 않는다. 돈만 주면 다 받는다. 사마리아 여인처럼 우리의 남편은 다섯이 아니라 열도 백도 넘을 것이다.

마귀는 오늘날 돈과 우상과 쾌락으로 우리와 동침하고 있다. 쾌락의 품속, 돈의 따뜻한 품, 우상을 남편으로 섬겼던 우리들이다.

우리들은 마귀가 실컷 써먹은 중고품 중의 중고품이다. 그런데도 예수님은 우리를 부정하고 더럽다. 아니하시고 자기 피로 씻어 깨끗하게 하시고 처녀라고 자칭하는 이스라엘 백성보다 개와 돼지와 같은 이방인인 우리들을 더 사랑하시는 것이다. 마치 우리야 나. 나발이 실컷 써먹던 여자를 다윗이 좋아하고 다른 여인보다 사랑한 것의 모습은 우리주님이 더럽고 추잡한 우리 이방백성을 사랑하시는 모습이다.

마귀가 다스리는 죄악에 인신매매가 되었고 마귀의 품에 있던 우리들을 빼앗아 주님의 신부로 삼으시고 밧세바가 족보에까지 오르게 하시는 예수님의 모습을 다윗 왕을 통하여 미리 보여 주시는 것이다. 다윗왕의 중고품사랑은 죄인을 사랑하시는 예수님의 초림의 모습이다.

32

솔로몬왕의 아내들의 숨겨진 모습

다윗왕의 특징은 남의 아내를 자기 아내로 중고품을 사랑한 것과 평생전쟁을 치렀다는 모습이 천년 후에 예수님이 육신으로 초림 하셔서 평생을 마귀와의 싸움에서 십자가로 승리하시고 마귀 품에 있던 우리를 사랑하셔서 주님의 신부로 삼으시는 모습이라면 솔로몬왕의 특징은 아내의 숫자가 어마어마하다는 것이고 두 번째는 그 많은 부인들이 이방여인들이라는 특징이다. 세 번째는 솔로몬왕은 일평생 전쟁 없이 지낸 평화의 왕이다. 우리는 솔로몬을 놓고 왈가왈부한다. 솔로몬이 우상을 섬겼기 때문에 구원의 문제에서 의심을 한다.

솔로몬왕의 이방여인을 사랑한 내용을 살펴보고 가자. 왕상11:1절에는 솔로몬 왕이 바로의 딸 외에 이방의 많은 여인을 사랑하였으니 곧 모압과 암몬과 에돔과 시돈과 헷 여인이라. 3절에는 왕은 후비가 칠백이요 빈장이 삼백이라.

그 많은 왕비들 가운데 이스라엘 여인은 한 사람도 없는듯하다. 다윗 왕이 제일 사랑한 여인이 밧세바라면 솔로몬 왕이 제일 사랑한 여인은 바로의 딸이다. 솔로몬왕은 왜 이스라엘 여인은 하나도 없을까?

아가서에서 보면 거기 솔로몬이 나오고 예루살렘 여인이 나오고 슬라미 여인이 나온다. 거기서도 솔로몬왕의 이방 여인 사랑하는 모습이 잘 나타나 있다. 여기서 나오는 솔로몬은 예수님의 모습이고 예루살렘 여인들은 제사장 서기관 장로 바리새인을 비유한 내용이고 거무스름하고 볼품없고 촌닭 같은 슬라미 여인은 죄 많은 이방인 우리들 세리와 같은 자들을 가리키는 말씀인 것이다.

예루살렘 여인과 슬라미 여인과의 차이는 엄청 많이 난다. 예루살렘 여인은 살결이 희고 곱고 세련됐다. 그러나 슬라미 여인은 햇빛에 그슬리어 거무스름하고 모양새도 촌스럽고 볼품없다. 예수님 당시 바리새인들은 자기들은 깨끗하다고 의인이라고 하나님의 백성이라고 자칭한다. 예수님은 내가 온 것은 너희를 구원하러 온 것이 아니고 너희들이 죄인 취급하는 세리들 죄인들 이방인들을 구원하러 왔다 하시다.

역대 열 왕 중에 가장 부귀영화를 누린 왕이다. 전쟁이 없이 평화롭게 지낸 왕이다. 다윗왕은 일평생 전쟁을 한 모습은 예수님 초림으로 오셔서 유대인의 시기로 죽음에까지 가신 모습이라면 솔로몬의 평화와 많은 부인들을 보면서 솔로몬만 보지 말고 그 모습에서 예수님과 우리들에 모습을 찾는 것이다.

예수님이 공중으로 오실 때에 흔히 말하길 공중혼인잔치라 한다. 예수님의 혼인예식이 있다. 그러면 예수님의 신붓감은 몇 명이나 될까? 처음 아담이 하와 한사람인 것과 같이 둘째아담 예수님도 신부가 한 사람일까? 계14:1절에 이렇게 기록되어 있다. '또 내가 보니 보라.

어린양이 시온산에 섰고 그와 함께 십사만사천이 섰는데.'여기서 말하는 시온산은 공중 재림하실 곳과 구속받은 성도와 예수님과의 혼인 예식이 있을 장소를 말하고 있다. 예수님의 신부는 십사만 사천 명이다. 문자적인 숫자가 아니라 14라는 숫자의 개념은 천국의 만수다. 예수님의 십자가에서 흘리신 보혈의 피로 거듭난 성도들은 누구든지 주님의 신부로 택함을 받을 것이다. 솔로몬왕의 부인들의 특징이 엄청 많은 것처럼 예수님의 신부도 구속받은 성도는 다인 것이다. 솔로몬의 아내의 특색이 이방인들인 것처럼 예수님의 신부도 세계 모든 나라로 구성되어서 가지각색에 사람들이 모일 것이다. 솔로몬의 부인들의 특징이 얼굴이 슬라미 여인처럼 거무스름한 것은 예수님은 의인보다 죄인을 더 사랑하시고 구원하시고 자기 신부로 삼으시는 것이다. 그리고 솔로몬왕의 특징은 평화의 왕이다.

예수님은 공중 재림하시고 우리와 함께 혼인예식을 칠년 동안 치루는 동안 세상은 칠 년 동안 전쟁으로 심판하신 다음에 우리와 함께 지상으로 오셔서 천년 동안 마귀가 없는 세상에서 평화롭게 지낼 것이다. 칼과 창을 쳐서 보습을 만들고 어린양이 이리와 사자가 소와 함께 먹으며, 어린아이가 독사의 구멍에 손을 넣어도 물지 않는 부와 영광이 넘치고 죽음이 없고 전쟁이나 저주가 없는 평화의 왕이 솔로몬이 맛보기로 성경에 보여 주신 것을 예수님이 친히 오셔서 실제로 구현하실 것이다.

우리는 다윗이나 솔로몬이나 아브라함이나 어느 사람의 겉모습만 보고 판단하지 말고 그 속에서 보이지 않게 은밀히 일하시는 예수님을 보는 것이 지혜이다.

33

이스라엘 땅은 천국과 세상과
지옥의 축소판

이 세상에서 살면서 구원받은 사람은 하늘나라로 장차 올라간다. 하고 구원을 못 받은 사람은 지옥으로 내려간다 한다. 그러면 지금 인간이 살고 있는 세상은 중간에 있는 것이다.

천국은 실제로 우주공간 위로 올라간다. 올라가는 것이기 때문에 힘이 든다. 시도하다가 내려오는 사람이 많은 것이다. 등산할 때에 산이 험하고 높을수록 탈락하고 포기하는 사람이 많은 것이다. 인내와 끈기가 없으면 못 올라간다.

히말라야 같은 산은 세계에서 제일 높고 험하고 눈보라 치는 춥고 위험하니까 보통 사람은 꿈도 못 꾸는 것이다. 죽을 각오가 없이는 못 가는 곳이다. 그런데 천국은 더 높은데 있고 더 위험하다. 보통 인내와 끈기가 없으면 못 올라갈뿐더러 가다가 되돌아오고 만다.

그런데 밑으로 내려가는 지옥은 힘 안 들이고 갈 수 있는 곳이다. 가만히만 있으면 갈 수 있다. 세상에서 영원히 살수는 없다. 장차 두 곳 중 한군데를 선택해야 한다. 올라가자니 힘들고 내려가자니 무섭다.

이스라엘 지형[땅]에서 천국과 세상과 지옥을 생각해 보려고 한다. 이스라엘 땅은 세 등분으로 구분되어있다. 중간지점에 있는 부분이 요단강이다. 요단강을 거슬러 힘들게 올라가면 넓고 광활한 갈릴리 바다가 나온다. 그러나 요단강물을 따라 내려가면 끝에 가서는 죽음의 사해 바다가 나온다. 요단강에서 헤엄치고 놀고 있던 물고기가 힘들다고 물살이 세다고 올라가지 않고 그냥 물결 따라 떠내려가면 거기는 죽음의 사해바다인 것이다. 염도가 일반바다보다 일곱 배인가 짜다 한다. 생명체가 살 수가 없다. 사해바다 위 공중으로 날아가는 새가 다 건너가기 전에 추락한다고 한다. 가스가 강하기 때문이다.

요단강은 이 세상을 가리키고 있는 것이다. 세상에 살고 있는 인간들이 힘들다고 귀찮다고 믿음 없이 세상 물결 따라 바람 부는 대로 둥글둥글 살다 보면 어느새 사해바다가 입을 크게 벌리고 기다리듯. 죽음의 사자의 이끌리어 지옥에 사해바다가 삼킬 것이다.

사해바다는 일반 바다보다 한참 깊이 있다. 이스라엘의 요단강 물을 비롯해서 사방에서 홍수 때 쏟아져 들어오는 물이 사해바다를 채우지를 못한다.

지옥이라는 데가 그렇다 아무리 많은 죄인들을 집어넣어도 차지를 않는 곳이다. 실제로 사해바다가 갈릴리 바다 면적보다 크다 네 배 이상 클 것이다. 그만큼 지옥으로 가는 사람이 많기 때문일 것이다.

요단강 물살을 가르고 올라가면 드넓은 갈릴리 바다가 있다 실제론 민물이다. 사해바다를 염해라고도 부른다. 사해바다와 갈릴리 바다는 극과 극이다. 사해바다는 푹 빠져있는 낮은 곳이라면 갈릴리 바다는 번쩍 들려있는 공중에 떠 있는 것 같은 바다다. 베드로 고기를 비롯하여 각종 물고기 천국이다.

요단강은 이 세상을 의미하는 것이다. 요단강에서 올라가면 천국이고 내려가면 지옥이다. 이 세상에서 풍랑과 파도를 헤치고 올라가면 천국으로 가겠지만, 이 세상 풍조 따라 물결 따라 친구 따라 세상이 좋아하는 대로 따라 내려가면 거기는 돌이킬 수 없는 사해바다와 같은 지옥으로 떨어지게 되는 것이다.

34

우물과 예수님의 관계

하나님은 창조 시에 두 번째 날에 궁창을 만드셨는데 물 가운데 물과 물을 나누셨다. 궁창 위에 물과 궁창 아래의 물을 만드셨다.

그런데 모든 만물을 창조하시면서 창조하시고 나서 보시기에 좋았다고 하셨는데 두 번째 날 물을 만드시고는 좋았다고 안 하셨다. 다른 모든 날은 좋았다고 하셨는데 두 번째 날은 왜 없으셨을까?

노아 시대 때에 인구가 얼마나 늘었을까? 아담도 셋을 낳은 후 팔백 년을 지내며 자녀를 낳았다고 기록이 되었다.

아마도 인간이 기하급수로 불어났으리라. 그런 인간을 두 번째 만드신 물 가지고 여덟 명만 남기고 쓸어버리실 것을 염두에 두신 하나님께서 기뻐하실 수가 없으셨던 것이 아닐까? 생각이 든다. 성경에는 물에 관계된 사건들이 많이 나온다. 노아 홍수를 비롯해서 나일강과 모세 홍해 바다와 이스라엘 백성들.

요단강과 세례요한 예수님 기손 강과 엘리야, 얍복강과 야곱, 갈릴리 바다와 제자들, 그 외에도 물에 대한 사건들은 너무 많이 있다.

물은 심판의 도구로도 사용되고 구원의 도구로도 사용되었던 것을 볼 수 있다. 홍해바다는 이스라엘 백성에게는 구원의 도구요 애굽 백성은 심판의 도구가 됐다. 기손강은 바알의 선지자 450명을 죽인 심판의 강이다. 요단강은 예수님이 우리 죄를 지시고 요단강에서 장사 지내고 나오신 죽음과 부활의 강이다.

물도 갈릴리 호수가 있는가 하면 그보다 규모가 작은 실로 암 못 같은 것도 있고 파서 만든 웅덩이나 우물물이 있다.

내가 말하고자 하는 내용이 이 우물에 대한 것이다. 성경에는 많은 우물에 대하여 문제를 보여주고 또 해답도 우물을 통해서 얻을 수가 있는 것이다.

아브라함의 늙은 종이 자기주인 아브라함의 아들 이삭의 아내감을 얻기 위해 아브라함과 맹세한 후에 약대와 나귀에 예물을 싣고 나 홀의 성인 하란으로 떠난다. 우물가에서 그는 기도한다. 여자를 선히 만나게 해달라고 기도가 끝나기가 무섭게 여자가 나타났다.

이삭의 아내 될 여자를 만난 것이다. 남녀의 만남이 우물을 통해서 이루어진 것이다.

야곱은 어떤가? 자기형의 눈을 피해 외갓집에 갔을 때도 바로 이 우물가에서 라헬을 만난 것이다. 모세도 바로의 낯을 피하여 광야로 도망하던 중에 행로에 지쳐 우물가에서 자기 처가 될 십보라를 만나게 된 것이다.

아름다운 만남이 모두 우물가에서 일어났다. 요4장에는 사마리아 여인도 야곱이 판 우물가에서 행로의 곤하신 예수님을 만나므로 구원의 인연을 맺은 것이다.

대개 이 여자의 대하여 많은 설교자들은 행실이 좋지 않은 부정한 여자로 평가한다. 이 남자 저 남자를 갈아치우는 못된 여자 부끄러운 행실 때문에 물을 아침에 못 길어가고 사람이 뜸한 정오에 온다고 한다.

예수님은 이 여자에게 물을 좀 달라 하신다. 유대인 양반이 상인인 자기에게 물을 달라고 하니 이상할 수밖에 없어 어찌 나에게 물을 달라고 하십니까. 여기서부터 대화가 시작되어 결국 생명수의 근원 되시는 예수님을 만나게 된다.

예수님이 네 남편을 데려오라 하시니 나는 남편이 없나이다. 네가 남편이 없다 하는 말이 옳도다. 네가 남편이 다섯이나 있었고 지금 있는 남편도 네 남편이 아니다 하시다.

여기서 우리는 이 말씀을 객관적으로만 생각하고 있다. 여자와 남자 사이 그런 생각만 하고 있는 것이다. 요한복음은 육적이 아닌 영적으로 해석할 필요가 있다. 모든 사물에는 각도가 있다. 앞에서 보는 것과 옆에서 보는 것이 다르고 뒤에서 보는 것이 다르듯 어떠한 안경을 쓰고 보느냐에 따라서 색깔도 다르게 보이게 되는 것이다. 사마리아 여인이 바로 나를 가리킨 것이라면 부정하게만 안 보일 것이다.

이 여인의 남편은 사람으로만 생각하지 말고 다른 각도에서 생각하라 이스라엘 백성이 하나님만 남편으로 섬겨야 하는데 앗수르의 우상들을 남편으로 섬겼고 남쪽 유다도 갈 대아 사람들의 우상을 남편같이 섬긴 것을 볼 수 있듯,

대개 여자가 남편을 섬긴다. 라는 뜻은 의지한다. 사모한다. 라고

하는 의미가 담겨 있는 것이다. 여자의 첫째 남편은 이 세상이다. 두 번째 남편은 부귀영화도 될 수 있다. 세 번째 남편은 육신의 건강. 네 번째 남편의 대상은 오래오래 사는 것. 다섯 번째는 우상을. 의지하는 남편과 같이 마지막으로 율법을 따라 살아 봤지만 만족이 없다.

사마리아 여인은 자기를 위해서 세상에서 하고 싶은 것 다 해 보고 산 여인이다. 그러나 만족은 못 얻었다. 세상을 사랑해 봤지만 만족이 없어 돈과 재물을 가져 봤지만 이것도 아냐. 우상 앞에서 이것저것 빌어보고 의지해 봤지만, 시큰둥해. 율법을 지켜봤지만 만족이 없어.

예수님을 만나자. 이분이다. 이분이야 말로 영적인 나의 진짜 참 남편이다.

여인은 물동이를 버리고 동네로 들어가 메시야 예수님을 선전한다. 이 여인도 우물가에서 예수님과 좋은 인연을 맺은 것이다.

여기서 우리는 무엇을 배워야 하는가? 세상것 다 가져 봐도 만족할 수가 없다. 여섯은 부족한 수다 사람의 수 짐승의 수이기 때문이다. 아무리 좋은 것이라도 세상 것은 내 남편이 될 수가 없고 의지할 것이 못 되는 것이다.

인간은 예수님이 내 안에 안 계시면 항상 허전하고 고독한 것을 보여 주는 대목이다.

이 여인이 밝은 대낮에 우물에 온 것은 부끄러워서가 아니라. 예수님도 낮에 다니면 실족하지 않는다고 하셨고. 우물에서 인연을 만든 사람들도 모두 낮에 일어난 사건들이다.

그러면 이 사건들이 일어난 우물들은 아브라함과 이삭과 야곱이

판 우물들일 것이다.

아브라함이 판 우물을 블레셋 사람들이 메웠다. 이삭이 또 팠다 또 메웠다. 여기서도 생각하고 지나가야 할 진리가 있다.

왜 메웠을까. 빼앗았으면 자기들이 써먹으면 될 것인데 빼앗아서 써먹지도 않고 흙으로 메운 것이 무슨 뜻일까? 우물하면 우리가 길어 먹는 물로만 생각하면 아무리 해석하려고 해도 답이 나오질 않는다.

아브라함과 이삭과 야곱이 판 우물은 이스라엘 백성에게는 합당한 우물이지만 블레셋과 같은 이방백성들은 먹지 못할 쓴물과 같고, 부정한 우물이다. 그러니까 못 먹을 물이니까 메운 것이다. 다시 쉽게 말하자면 이스라엘의 율법을 블레셋이 지키겠는가? 이스라엘의 하나님을 이방들이 믿겠는가? 우리가 믿는 예수님의 십자가 보혈의 피를 저들이 믿겠는가? 먹겠는가?

함께 공동으로 즐겨 마실 수 있겠는가? 결코 못 먹을 물이다. 보기도 싫은 물이기에 빼앗은 것이고 못 먹을 물이기에 메운 것이다.

지금에 블레셋이 누구인가? 주위에 이슬람 국가가 아닌가. 터키를 가 보라 거기 바울이 파놓은 우물이 있는가? 나는 터키를 여행하면서 아시아 일곱 교회를 연상하면서 터키에 가면 교회 십자가를 많이 볼 수 있겠다 하는 생각에 눈을 크게 뜨고 찾아봐도 한군데도 못 본 것 같다. 이슬람 사원만 시골 곳곳에까지 들어섰다.

이슬람과 같이 영적인 블레셋 사람들이 기독교라고 하는 우물들을 다 메운 것이다. 간간이 흔적만 남은 상태다. 아브라함과 이삭과 야곱 이 세 사람 중에 이삭이 우물을 제일 많이 팠다. 그러면 이삭은 과연 누구를 상징한 인물인가? 하나님은 아브라함과 약속을 하신 것이 아니고 이삭과 약속을 하셨다. 이삭은 우리를 위해 십자가에 피 흘리신 예수님을 상징하고 있다. 이삭은 평생에 큰일은 못 한 것처럼 보인다.

이삭은 장차 십자가에 달리실 예수님을 자신이 지고 간 장작더미 위에 묶여 올려져 있으므로 미리 보여 준 인물이다. 이삭은 인생이 살아가는 데 기본을 만들어 놓았다. 물이 없으면 사막에선 살아간다고 하는 것은 꿈도 못 꿀 일이다. 그러나 물이 있으면 사람뿐만이 아니라 짐승도 살아갈 수 있다.

이삭은 바로 샘물을 찾아내는 일을 했다. 샘의 근원이 되는 우물을 7~8군데나 팠다. 원수가 메우면 이쪽 골짜기로 가서 파고 메우면 또 팠다. 하나님께서 백배의 결실을 주셨다.

바로 이 이삭의 우물은 예수님의 십자가의 보혈의 샘물인 것이다. 찬송에도 샘물과 같은 보혈은 주님의 피로다 이 샘의 죄를 씻으면 정하게 되겠네. 하는 찬송이 있다.

샘물은 주님의 피이고, 우물은 오늘날 교회가 되는 것이다. 교회는 주님의 십자가 지팡이로 판 구원의 샘물이다. 원수들은 빼앗아도 쓸 수가 없다. 그러기에 메운 것이다. 많은 우물들이 메워져 간다.

유럽 교회들이 메워져 간다. 이사야 12:3절을 보라 기쁨으로 구원에 우물들에서 물을 길으리로다. 이슬람의 세력들이 계속 교회들을 메꾸어 오고 있다. 세상 문화들이 메워오고 있다 우리나라도 하나씩 메워져 사라지고 있다.

구원의 우물물에서 이삭의 아내감을 만났다. 야곱도 우물가에서 자기가 사랑하는 라헬을 만났다. 모세도 역시 우물가에서 자기 처인 십보라를 만났고, 예수님도 역시 우물가에서 사마리아 여인을 만난 것이다.

오늘도 예수님은 구원의 우물가인 교회에서 죄인들을 부르시고, 우리와 만남으로 좋은 관계를 맺기를 원하신다. 내 영혼의 남편을 만나려면 교회라는 우물로 나오시라.

35

세상을 어떻게 생각하고 있나?

여러분은 세상을 어떻게 생각하고 있는가? 하나님께서 세상을 이처럼 사랑하사 하셨기에 좋은 세상으로만 생각하고 있는 것은 아닌지. 하나님께서 창조하셨기에 전적으로 하나님만 계신 것으로 생각하고 있는 것은 아닌가? 세상을 달리 생각해 보지는 않았나.

우리는 세상을 바로 알아야 바른 신앙도 가질 수가 있다. 적을 알고 나를 알아야 싸움에서 이길 수가 있다.

세상을 모르면 바른 신앙도 가질 수 없고 싸움에서 이길 수도 없고 준비할 수도 없다.

교인들 입에서 이런 말하는 소리를 가끔 듣는다. 개똥밭에 굴러도 이승이 좋다고 서슴없이 속에 있는 마음을 털어 놓는 교인들이 있다.

장로들 세계에서도 오가는 소리를 들어보면 믿는 사람들도 잘 먹고 잘살아야 된다고 하고. 못 살면 빛이 되지 못한다고 한다. 그런 생각이 보편적으로 모든 교인들 속에 깔려 있는 것이다. 누가 가르쳐 주지 않아도 인간으로 태어나면 잘 먹고 잘살려고 하는 마음이 있는데, 그런 마음을 부추겨 축복받으라 복 많이 받으라 하니까 자연적으로 세상을 사랑하게 되고 세상에서 잘 먹고 잘살고 부자 되기 위해 노력을 하게 되고 힘쓰게 되는 것이다. 또 그것이 하나님의 복인 것처럼 축복받았다고 한다.

성경 안에서 세상을 판단하는 소리를 들어 보라. 이사야19:18절에는 세상을 장망성이라 표현을 했다. 천로 역정에서 기독교가 세상을 장망성이라 했다. 장망성이란 장차 망할 세상이란 뜻이 아닌가? 영원한 세상이 아니다. 망할 세상으로 알고 있는 사람은 도피할 방법을 찾는다.

안전한 곳을 찾을 것이다. 그러나 세상을 좋은 세상으로만 생각하는 사람은 아무준비도 안할 것이고 오직 세상에서 터를 닦고 뿌리를 내리고 천년만년 살 것만 생각하게 되는 것이다.

세상은 애굽 같은 곳이다. 애굽과 바로는 이스라엘 백성을 억압했고 노예로 부려 먹었다. 세상은 애굽 같아서 우리를 노예로 삼고 부려 먹는다. 하나님은 애굽에서 나오게 하시고 출애굽 시키셨다. 성도는 이 세상에서 나와야 한다.

이스라엘 백성은 육신으로 애굽을 나와야 하고, 성도들은 영으로 마음으로 출세상하는 것이다. 또 이 세상은 소돔과 고모라 같은 세상이다. 애굽이 식욕을 위해 있다면 소돔과 고모라는 음란을 위해 있는 것이다. 위 두 나라가 세상을 대표하고 있다. 지금 세상은 먹고 마시고 시집가고 장가가는 식 색욕으로만 가는 세상이다.

예수님도 음란하고 패역한 세대라고 책망하셨다. 세상은 애굽과 고모라다. 택한 백성은 거기 있으면 안 된다. 나와야 한다. 애굽에서는 모세와 아론을 통해서 출애굽시키신 하나님께서 이 세상에서는 예수그리스도와 성령을 통해 출세상하게 하신다.

애굽은 세상 축소판이고 바로는 마귀의 모습이다. 이러한 바로가 모세에게 한 말을 들어보라. 첫마디가 이 땅에서 여호와를 섬겨라 너무 멀리가지 말라. 이 말을 신약적으로 해석한다면 오늘날 마귀가 성도들에게 이 땅에서 예수를 믿어라 이 세상을 사랑하면서 잘 먹고 잘 살면서 예수를 믿어. 그리고 너무 멀리 가지 말아 너무 깊이 빠지지 말고 즐기면서. 좋은 세상 아닌가? 이 말이 바로 오늘날 마귀가 교인들에게 유혹하는 소리다.

오늘날 교인들이 정말 마음으로 세상을 떠난 자가 얼마나 될까? 별로 많지 않은 것 같다. 한발은 교회에 한발은 세상을 딛고 있는 것 같다.

나와 세상이 분리될 때 찢어질까 두려운 것이다. 소돔과 고모라에 살고 있는 롯에게 떠나라 한다. 왜냐하면 곧 유황 불비가 닥쳐오기 때문이다. 그래서 소알성으로 피난했다. 장차 이 세상도 불로 심판받는다. 우리도 소알 성과 같은 공중으로 피할 준비를 해야 한다.

성경에서는 성도들은 이 세상에서 나그네 같은 존재로 설명한다. 나그네는 정착할 수가 없다 언젠가는 떠날 사람이다.

우리가 살 곳은 이 세상이 아니다. 그런데 실제로 나그네와 같이 사는 사람이 있는가. 모두 이 땅에서 뿌리박고. 순을 뻗어 천년만년 살 것처럼 계획을 세운다.

말과 행동이 다르다. 예수님이 공생의 시작하시고. 40일 금식 기도 하신 후 주리실 때에 마귀가 나타나서 예수님을 순식간에 천하만국이 보이는 높은 산으로 데리고 가서 이 모든 것이 내 것인데 절하라 하다.

마귀는 우주만물을 자기 것이라고 주장한다. 그런데 이상한 부분이 있다. 마귀가 자기 것이라고 주장하는데도 예수님은 반박을 하거나 우주만물이 어떻게 네 것이냐 이 모든 것은 내가 만든 것이다. 라고 한 말씀도 안 하셨다.

예수님도 마귀의 세상임을 간접적으로 시인하신 것 같다. 요한복음 12장, 14장, 16장 세 군데나 이 세상 임금이 오겠다오겠다 하신 것을 보면 어느 기간 동안은 마귀의 활동을 허락하신 것 같다. 그러면서 빌라도 앞에서 말씀할 때는 내 나라는 이 땅에 속하지 않았다고 말씀하신다. 예수님은 세상이 음란하고 패역한 세대라고 책망하셨다. 그래서 세상에서 죽임을 당했다.

지금도 그렇다. 세상이 참 좋다. 살기 좋은 세상이다. 하고 세상을 칭찬하면 잘된다. 세상에 아부하는 자들은 아무 시험도 환란도 없이 잘나간다. 그러나 예수님처럼 음란하다느니 패역한 세상이니 하면서 세상을 비하하면 세상이 다 듣는다.

약4:4절 이하에 말씀을 들어 보라. 간음하는 여자들이요 세상과 벗된 것이 하나님의 원수임을 알지 못하느뇨. 그런즉 누구든지 세상과 벗이 되고자 하는 자는 스스로 하나님과 원수 되게 하는 것이니라. 성도가 세상을 사랑하는 행위는 주님 앞에 간음을 하고 있는 것이다.

요한1서 2:15절 이하에 말씀이다. 이 세상이나 세상에 있는 것들을 사랑치 말라. 누구든지 세상을 사랑하면 아버지의 사랑이 그 속에 있지 아니하니 이는 세상에 있는 모든 것이 육신의 정욕과 안목의 정욕과 이생의 자랑이 다 아버지께로 좇아 온 것이 아니요 세상으로 좇아 온 것이라 한다.

지금 목회자들의 책임이 막중하다. 교회만 나오게 해서는 안 된다. 세상에 뿌리를 박지 못 하게 해야 한다. 세상을 바로 가르쳐줘야 한다.

마귀의 소리에 넘어가 이 땅에서 예수님 믿게 해서는 안 된다. 마귀는 절대로 이 땅에서 나가지 못 하게 하는 것이다. 목사도 장로도 이 세상에서 멀리 못 간 상태다. 마귀가 손만 뻗으면 얼마든지 금방 잡아들일 수 있는 마귀의 품 안에서 맴돌고 있고 사정권 안에 있는 것이다.

우리는 예수 믿는다 하면서 얼마나 세상에서 나와 있나 삼일 길쯤 가고 있나? 홍해바다를 건너야 바로의 세력에서 벗어나 1단계로 안심할 수 있는 것처럼 이 세상을 떠나지 않고는 예수님을 끝까지 잘 믿을 사람이 없다.

우리는 할 수 있는 한 멀리 떠날수록 좋은 것이고 안전하다. 이 땅에서 잘되고 이 땅에서 축복받고 잘 먹고 잘사는 것이 목적이라면 분명 세상에 안착하고 세상을 떠난 신앙은 아닌 것이다. 초대교회 성도들은 모두 세상을 등지고 떠난 자들이다. 카파도기아에 성도들은 신앙을 지키기 위해 바위 속을 뚫고 들어가 오직 믿음을 지키기 위해서 세상을 버린 자들이다.

카타콤베에 성도들도 세상을 버리고 예수님 따라 지하 땅속으로 들어가서 믿음을 지켰다.

세상은 예수님을 핍박하고 죽이고 쫓아냈다. 세상은 예수님을 싫어했다. 미워했다. 그런 세상이 성도들에게 똑같이 한다.

경건하게 살고자 하는 자는 핍박을 받으리라. 무슨 뜻일까. 세상에 속하지 않고 예수님께 속한 자는 핍박과 미움과 쫓겨남을 당하고 끝내는 죽임을 당할 것이라는 뜻이다.

일제 강점기 때에도 잘 먹고 잘살면서 거드름을 떠는 사람이 있었다. 그들은 어떻게 잘살 수가 있었을까. 그것은 일본 사람 앞에서 굽신거리고 간사하게 아부하고 뇌물을 바쳤기 때문이다. 그러나 거역하고 항거한 사람들은 투옥되고 사형까지 받았다.

그와 같이 세상에 아부하고 세상 방식대로 수단과 방법 가리지 않고 세상과 입 맞추고 사는 사람은 잘나가고 잘된다.

그러면서 하나님의 축복이라 한다. 마귀의 소리를 들어 보라. 그래 바로 내가 바라는 것이 그거야 잘한다 잘하고 있어. 이 땅에서 즐기면서 예수 믿는 거지 세상을 멀리 떠나면 안 돼 그럼. 가기는 어디를 가 세상이 이렇게 좋은데. 지금 예수 믿는다고 핍박과 환란이나 시험이 있는가? 마귀가 가장 편한 때다. 마귀가 시험을 안 해도 가만있어도 결국 마귀의 품으로 돌아 올 것을 뻔히 알기 때문이다.

예수님 따라 가는 진짜 성도들은 어려운 길 십자가의 길을 갔다. 지금도 가고 있는 것이다. 스데반 집사가. 베드로 사도가 바울 사도가. 많은 성도가 옥에서 사자 굴에서 화형으로 바위 속에서 땅속에서 세상을 버리고 등지고 죽어갔다.

예수님이 오신 것은 세상과 분리시키려고 오신 것이다. 세상에서 구원하러 오신 것이다. 구원은 거기서 나오는 것이고 떠나는 것이다. 침몰하는 배에서 도망 나오듯. 불이 나는 곳에서 빠져나오듯. 우리는 나와야 산다. 노예로 살던 애굽에서 나오듯. 유황 불비가 내릴 소돔성에서 나와서 소알 성으로 피난하듯 홍해바다 너머로 도망 오듯 우리는 멸망 받을 이 세상에서 나와야 한다.

주님이 피할 길을 예비해 두시고 우리보고 준비하고 깨어 있으라 하셨다. 예수님의 재림을 정말 믿고 있는가. 그러면 세상 적으로 뻗어가는 뿌리를 끊어 놓으라. 위로 올라가는 순도 잘라 놓으라.

큰 틀에서 보면 분명 하나님이 이 세상을 창조하셨다. 그런데 지금은 예수님이 말씀하신 대로 이 세상 임금인 마귀가 다스리고 있고 임금으로 지배하고 있다. 지금 이 세상은 마귀와 악령 귀신들이 득실거리고 가득하다. 마귀가 이 세상 임금이라면 분명 그 밑에는 지배구조가 조밀하게 악으로 불법으로 짜여져 있으리라 외교 내무 문화 각종 부서가 있어서 세상 안에서 마귀의 사상으로 꽁꽁 묶어 놓고 똘똘 뭉치게 하고 있다.

예수님의 세력이 침투하지 못 하게 하는 것이다. 예수를 믿어도 세상 안에서 세상 문화권의 틀을 벗어나지 못하고. 결국 바로가 말한 대로 이 땅에서 믿게 하고 멀리 가지 못 하게 하는 것이 마귀의 생각이고 마귀의 뜻이다.

그러기에 예수님은 이 세상에서 미움을 받고 죽임을 당하셨다. 그런 세상인데 우리가 세상에서 사랑받고 또 사랑하고 있다면 분명 예수님 따라간다고 볼 수가 없고 세상 줄에 서 있는 것일 것이다.

예수님도 말씀하셨다. 세상이 나를 미워하고 핍박했듯이 너희도 미워하리라 하셨다. 우리는 세상을 달리 생각해야 한다. 세상에서 영적으로 떠나는 것이 목표지 잘 먹고 잘사는 것이 목적이 되어서는 안 될 것이다.

지금 하나님 앞에서 가장 무서운 우상이 하나 서 있다. 그것은 이 세상과 돈과 내 육신이다. 세상을 사랑하는 것이 우상이고 돈을 사랑함이 우상이고 나라고 하는 육신을 위한 것들이 우상인 것이다. 탐심은 우상숭배라 하셨다.

하나님이 제일 좋아하시고 영광되게 생각하시는 것은 예수님이 십자가에 죽으실 때와 스데반 집사가 돌에 맞아 죽을 때, 바울사도가 목이 단두대에서 떨어질 때, 베드로 사도가 거꾸로 십자가에 못 박힐 때 성도들이 어려움을 당할 때 이기려고 몸부림치며 기도하는 모습을 보시고 기뻐하신다.

바울사도는 나는 날마다 죽노라 했다. 세상에 대하여는 죽은 자라 하였다. 그는 집도 없이 살았다 결혼도 버렸다 재산도 없다 그는 세상에 살면서 세상을 떠난 자다 버린 자다. 그는 진실로 세상에서 멀리 떠난 자다.

이 세상에서 잘 먹고 잘살고 평안하고 행복하려는 것은 마귀가 유혹하는 일식 간에 마취적인 것이다. 우리는 세상이라는 곳에 속을 잘 들여다보면서 마귀의 지배에서 나오기를 바라고 계시는 분을 한번 바라보자 그분은 우리를 위해 십자가에서 피 흘리신 예수그리스도이시다.

죄인이 가장 필요한 것은 예수님의 피다

배고픈 사람에게 필요한 것은 먹을 것이 있을 때이고, 병든 사람에게 기쁜 소식 복음은 좋은 약을 만났을 때이고, 직장이 없어 헤매던 남녀 청년들은 좋은 직장이 생겼을 때가 제일 필요한 복음이다.

그러면 사형받을 사형수에게 꼭 필요한 것은 무엇일까? 면죄부를 받았을 때 얼마나 기쁠까? 누군가가 사형수의 죄의 값을 대신 갚아주었다면? 그보다 더 기쁘고 필요하고 좋은 소식은 없으리라.

우리가 마태, 마가, 누가, 요한복음을 4 복음서라 한다. 그 가운데에는 하나님이 육신을 입으시고 이름을 예수라 하시고서 이 땅으로 내려오셔서 죄인들인 우리를 구원하시는 기쁜 소식이 들어있다. 그래서 기쁜 소식 복음이다.

4복음서에 핵심인물은 예수님이다. 성경전체에 핵심인물도 역시 예수님이시다. 질문을 하나 해 본다. 진리가 무엇이냐 묻는다면 진리는 참이다. 변하지 않는 것이다. 라고. 설명할 것이다. 그러면 복음은 무엇이냐 묻는다면 기쁜 소식 좋은 소식이라 말할 것이다.

세상에서도 학문을 진리라 한다. 그리고 세상에서도 좋은 소식 기쁜 소식은 얼마든지 있다. 그러기에 우리는 성경을 바로 핵심을 꼭 집어서 가리켜야 된다. 진리 그는 예수님이다. 복음 그는 예수님이다. 믿음 그것은 예수님의 피를 믿는 것이다. 죄인이 필요한 것은 예수님이다. 예수님을 많이 가진 자가 복이다. 예수님의 피 뿌림을 전신에 받은 자가 복이다. 예수님을 아는 지식이 가장 고상한 복이다.

사람들은 복 받기를 원한다. 새해인사가 복 많이 받으라고 인사한다. 그 복 가운데는 예수님은 없고 모두 세상 것들이다. 세상에서 돈 많이 버는 것 형통한 것 자녀 잘되는 것 무병장수하는 것 모두 한결같이 동서고금을 막론하고 그 생각으로 가득 찼다. 물론 다 있으면 나쁘진 않겠지만. 그것을 가지기 전에 먼저 나는 죄인이라는 사실을 잊어서는 안 된다.

죄인은 마음이 편하지 않다. 죄인은 늘 불안하다. 두렵다. 그래서 그런 불안과 두려움에서 벗어나고자. 종교를 의지하게 되는 것이다.

그러나 하도 많은 종교 가운데서 참 바로 된 종교를 선택한다고 하는 것이 쉽지가 않은 것이다. 세상에는 이러한 원리를 생각해서 사람의 마음을 도적질하는 이단. 사이비 종교가 너무 많기 때문이다.

성경 안에서 많은 죄인들이 등장한다. 병자들 귀신 들린 자 그런데 이런 병도 죄로 말미암아 오는 것들이다. 많은 죄인들과 병자들이 예수님을 만남으로 죄 사함도 받고 병 고침도 받았다. 그렇다 인생은 누구나가 할 것 없이 예수님을 만나는 것이 복이고 해결의 열쇠다.

일곱 귀신 들린 여인이 예수님을 만남으로 가나안 여인이 예수님을 만남으로 혈우병 앓던 여인이 예수님 만남으로 모든 문제를 해결

받았다.

세리장 삭개오, 세리 마태가 예수님으로 나사로가 예수님으로 간음으로 붙들려온 여인도 예수님 만남으로 해결을 받았다. 가난한 자들이 귀신 들린 자들이 세상에서 일어나는 모든 일들이 죄를 통해서 들어오는 것이다.

그러기에 죄의 문제를 해결해야 다른 문제도 풀리는 것이다. 위에 모든 위인들이 예수님을 만남으로 해결을 받았듯이 우리도 예수님을 먼저 만나는 것이 급선무고 해결책이다. 형통도 좋고 출세도 좋지만 죄인은 죄의 굴레에서 벗어나는 것이 급선무다. 죄에서 해방받는 것 자유함을 받는 것이 필요한 것이다.

노예를 해방시킨 아브라함 링컨을 미국의 흑인들이 구세주와 같이 여긴다. 흑인들에게 제일 필요한 것이 링컨대통령인 것처럼 우리를 죄의 노예에서 해방시켜주고 자유하게 하신 분이 예수님이시다. 죄와 사망에서 벗어나게 하신 분이 예수님이시다. 그러기에 우리는 항상 예수님이 신앙의 중심이다.

바울사도가 예수님 만나기 전에는 하나님 사람이었다. 그에게는 오직 여호와 밖에는 아무도 없었기에 그가 부르는 이름 중에는 자연히 여호와다. 그런 그가 예수의 이름을 부르는 소리를 들을 때에 반감이 생겼다. 율법교회에서는 이단으로 규정해 놓고 핍박하기 시작한다. 예수의 이름을 부르는 자들을 잡아 오기 위하여 다메섹에 가던 중 예수님을 만나고부터 왜 예수님을 믿어야 하는지 왜 예수님의 이름을 부르는지를 알게 되었다.

여호와 이름만 부르던 그가 여호와는 사라지고 예수그리스도로 바꿰었다. 그는 말끝마다 예수였다. 편지서 13권을 쓰면서도 하나님 이름보다 예수님 혹은 그리스도 혹은 주님으로 더 많이 부르며 기록했다.

그런데 오히려 지금에 강단에서는 다시 구약 적으로 돌아가는 모습이 보이는 것 같다. 설교시간 내내 하나님 이름을 열 번을 불렀다면 예수님의 이름은 한 번 정도 부를까 말까한다. 기도하는 교인들 대다수가 처음부터 끝까지 하나님 이름만 부르다가 예수님 이름은 마칠 때만 부른다.

하나님은 자신의 이름보다 예수님하고 사귀기를 원하신다. 예수님을 통해서 하나님께로 오는 것을 바라신다. 예수님 이름을 많이 부르는 것을 더 좋아하신다. 예수님은 하나님이 육신을 입고 오신 것이다. 우리와 친근하려고 같은 성정으로 우리의 이웃으로 오셔서 우리로 하여금 하늘 보좌의 높이 계신 하나님 멀리 계신 하나님 이름을 부르기보다 가깝게 오신 하나님 우리가 볼 수도 있고 만질 수도 있고 대화할 수도 있는 그분의 이름을 많이 부르는 것을 더 원하고 계신 것이다. 하나님은 영이시기 때문에 우리를 위해 죽으실 수도 없고 죽으신다 하여도 영은 피가 없기에 결국 죄의 문제를 해결하시기 위해 하나님이 육신을 입고 오셨다. 그리고 그 이름을 예수라고 하신 것이다. 예수는 하나님 이름이다.

구약에 하나님 이름은 여호와이고 신약에 하나님 이름은 예수인 것이다. 그 예수님이 십자가에서 피를 흘리셨다. 그 피는 귀한 피다. 보배 피다. 그 피밖에 다른 것은 없다. 그 피로 모든 것이 완전하게 이루어진다. 죄를 씻는 것도 그 피고 하늘에 생명을 얻는 것도 그 피다. 구원 얻는 것도 천국에 가는 것도 그 피가 없으면 아무도 못 들어간다.

우리 속에 예수님 피가 얼마나 뿌려져 있는지, 성경은 얼마나 읽고 있는지, 천국은 얼마나 사모하고 있으며 믿기는 하는지, 우리가 구원얻은 것에 얼마나 생각해 봤던가? 내세를 얼마나 믿고 준비하고 주의 재림을 기다리고 있는가?

주님 십자가에 피 흘리심에 대하여 얼마나 깊이 생각하고 궁구하여 봤나? 너희가 영생 얻기 위하여 성경을 상고하거니와 이 성경이 나를 가리키는 말씀이라 하셨다. 성경을 얼마나 중히 여기고 파고들었나? 이런 것이 우리 죄인들에게 얼마나 필요한 것인가? 등한히 여기면 안 된다 큰일 난다. 장차 천국에 가지고 갈 것은 주님의 피 밖에 없다. 그리고 주님이 메어주신 십자가는 어떠한 일이 있어도 주님 앞에까지 가지고 가서 보여 드려야 한다. 보혈에 피 주님의 피 죄인들에게 가장 필요한 피다. 그 피로 씻고 그 피로 영생을 얻기에 귀하고 꼭 필요한 피다.

37

민속절기 구정과 추석의 주인은

마귀가 또 예수를 이끌고 올라가서 순식간에 천하만국을 보이며
가로되 이 모든 권세와 영광을 내가 네게 주리라. 이것은 내게 넘겨
준 것이므로 나의 원하는 자에게 주노라. 그러므로 네가 만일 내게
절하면 다 네 것이 되리라.

예수께서 대답하여 가라사대 기록하기를 주 너희 하나님께 경배하
고 다만 그를 섬기라 하였느니라.

하나님은 천사들과 선지자들을 통해서 또 예수님과 성령을 통해서
세상에 하나님을 알리고 보여주시고 경배하게 하시고 만드신 우주
만물을 보아서 하나님 계심을 믿도록 하시고 경배하게 하신다.

사탄들도 아담과 하와를 타락시킨 이후로 세상에 마귀를 알리는
작업을 여러 각도로 인간에게 행하여 오고 있다. 마귀는 하나님의 뜻
의 정반대가 되는 방향에서 대적하면서 자기의 실체를 나타내고 보
여주고 있다. 불교나 유교를 등에 업고 우상의 얼굴로 세상을 지배하
고 하나님의 일을 정면에서 대적하고 막아왔다.

기독교에서 예수님이 성육신하여 오신 분이라면 부처나 공자는 악육신하여 온 자들이다.

이들을 통해 마귀가 절 받기 위해 사용하는 것이다. 성도들이 예수 믿을 때에 제사문제로 절 안 한다고 얼마나 많은 박해를 받았나.

한편으론 마귀가 기독교와 비슷한 가라지와 같은 것들을 뿌려놓는다. 이슬람의 종교, 통일교, 안식일교, 여호와의 증인, 천부교(신앙촌, 전도관 박태선), 신천지, 하나님의 교회 같은 하나님의 이름을 부르거나 예수님의 이름을 도용하면서 곁길로 빠져가게 하고 있는 것이다.

하나님께서는 인간에게 다가오시고 알리시는 방법이 주로 선지자들을 통해서 알리시고. 구약에는 율법으로 신약에는 예수님의 십자가로 알리신다.

사탄들도 여러 가지 우상에 얼굴로 역사를 한다. 크게는 마호멧이나 석가, 공자 같은 사람을 신격화해서 하나님께로 가야 할 인간들의 마음을 중간에서 모두 도적질해 가고 있는 것이다. 요 10:8절의 말씀이다. 나보다 먼저 온 자는 절도요 강도니 라고 하셨다 마호 멧, 부처, 공자, 예수님보다 먼저 온 자들이다.

르호보암왕 때 이스라엘이 갈렸다. 남쪽에는 르호보암왕이 북쪽에는 여러보암왕으로 나뉘었다. 그런데 절기 때만 되면 북쪽에 백성들이 예루살렘으로 올라가고 있다 위험을 느낀 여러보암왕이 유다나라 절기와 비슷한 절기를 만들어 놓고 예루살렘까지 갈 것 없다 이것이 하나님이다 하고 바알과 아세라 우상을 세워 놓고 백성에 마음을 중간에서 가로채는 것과 같은 것이다.

인간이 하나님 대신 섬기는 우상에 종류가 엄청 많다 조상신을 비롯하여 사람을 우상화 한 종교가 유교가 으뜸이다. 유교에서는 조상신이 하나님이다. 한 사람 죽으면 우상의 신의 숫자가 하나 늘어난다.

불교가 뒤질세라 사람을 신으로 격상시켜서 만민이 받들어 섬기도록 높은 곳에 잘 보이는 곳에 세워 놓고 인간들을 훔쳐 간다. 이웃 일본만 해도 섬기는 우상이 800만이라 한다. 짐승이나 물고기 해와 달과 별 같은 것으로 만든 우상은 셀 수도 없을 정도다.

아합왕은 바알과 아세라 천국을 만들기도 했다. 나라가 우상을 섬기면 나라가 망하고 개인이 섬기면 개인이 망한다.

이런 우상 종교들의 특성은 한결같이 모두 꿇어 절하는 것이다. 느부갓네살 왕이 고가 60 규빗이나 되는 우상을 만들어 놓고 낙성식을 하면서 절하라고 강요하는 내용이 나온다. 사드락과 메삭과 아벳느고가 절을 안 하자 풀무 속으로 던져 넣었다. 마귀는 온 세상 모든 인간에게 다 엎드려 절할 것을 명령하고 있는 것이다.

각종 우상의 모형을 만들어 놓고 그것에 절을 하게 하고 거역하면 무서운 대가를 지르게 한다. 일제치하에 동방요배라 하여 일본 천왕이 살아있는 신이라 하여. 절하게 하므로 기독교가 얼마나 박해를 받았던가.

이 역시 가짜 신을 만들어 절하게 하는 마귀의 속임수다. 사탄은 우상에 얼굴을 쓰고 수많은 성도들에게 무섭게 다가왔다.

그런 사탄이 지금 현대 사회에서는 고도의 술법을 쓰고 있다. 한편으로는 옛날에 써먹던 우상을 고집하여 절하게 하고, 한편으로는 현대 문명을 타고 돈과 재물 속에 들어가 전 세계 인간을 매수하고 있다. 돈이라는 얼굴을 쓰고 인간으로 하여금 돈 앞에 굴복하고 무릎을 꿇게 하고 모든 인간으로 하여금 돈에 노예로 만들어 가고 있는 것이다.

돈을 사랑하게 하고 돈 없으면 살 수가 없게 만들어간다. 돈 앞에는 대통령도 장관도 법관도 선생도 목사도 그 누구도 맥을 못 춘다. 이길 장사가 없다.

뇌물 공세만 몇 번만 당하면 안 넘어가는 인간은 없는 것이다. 그래서 골3:5절엔 탐심은 우상 숭배라 했다.

데반 집사가 설교한 내용 중에 행7:43절에 몰록의 장막과 신 레판의 별을 받들었음이여. 이것은 절하고자 만든 형상이로다.

이사야서 2:8~9절에는 천한 자도 절하고 귀한 자도 굴복하오니 저희를 용서하지 말라고 했다.

고전10:22절엔 대저 이방인의 제사는 귀신에게 하는 것이요. 하나님께 하는 것이 아니니 나는 너희가 귀신과 교제하는 자 되기를 원치 아니 하노라 했다.

불교는 삼보일배라 한다. 세 걸음마다 한 번 절한다는 뜻이다. 부처는 천 번을 절을 해야 약간에 실눈을 뜬다는 말이 있다. 그래서 이름까지도 절이라고 한 것 같다. 우상 종교 중에서 불교와 유교가 쌍벽을 이룬다. 절하는 것에는 이 두 종교를 따라갈 종교가 없다. 절에서 불도들이 연신 절하는 모습을 볼 수 있다.

유교도 불교와 뒤지지 않는다. 죽은 조상들은 모두 신이다. 경배의 대상이다. 어린 손자로부터 할아버지까지 몇 대가 한데 모여 절을 한다. 두 번, 세 번에 걸쳐서 절을 한다. 죽은 날하고 구정과 추석 때 주로 집중되어 있다.

이렇게 사탄은 온 인류를 자기 권한에 두고 지배하고 있는 것이다. 누가 그 권한에서 벗어날 수가 있을까.

오늘날 우리나라 교인들이 우상의 실체를 너무 모르고 있는 것 같다. 불교와 유교를 우상시 하지 않고 그냥 철학이라 하고 조상들에게 절하는 것은 우상이 아니라고 하는 자도 있는 것 같다. 일선에서 교회를 담임하고 있는 목회자들도 마귀의 실체를 모른 채 교인들에게 광고하기를 우리의 고유의 민속 멸절이니 하면서, 빠져들어 가는 교인을 끌어낼 생각은 안 하고 오히려 민속 명절 분위기를 만들어 빠져가게 하고 있는 실정이다.

발람 선지자의 말 한마디에 이스라엘 백성 24,000명이 죽지를 않았나. 마귀는 이런 술법으로 택하신 자들까지도 타락시키려고 우는 사자와 같이 으르렁거리는데 한심하기만 하다. 그리스도인들이 구정을 세상사람 부르는 그대로 여과 없이 고유의 민속 명절이라 한다. 왜 귀신의 제삿날 마귀의 절기를 명절이라 붙이나? 안부를 수는 없기에 그냥 구정이리 히면 되는 것이 아닌가.

이사야서 14장에 흠 정역에는 "너 루시퍼야"라고 기록된 부분을 개역하면서 "너 아침의 아들 계명성이여"라고 번역해 놓았다.

아침이니 계명성이니 하는 언어는 아무에게나 붙여주면 안 되는 것이다. 예수님의 칭호를 마귀에게 붙여준 셈이다. 구정의 이름도 신정이 지났으니 구정이라 부르면 될 것을 왜 명자를 넣어 사탄의 세계는 어둠의 세상인데 밝음의 세상이 비치는 것처럼 별생각 없이 부르고 있다. 우리가 얼마나 마귀에게 속아 사는지를 모르고 있다.

사탄은 모든 인류의 무릎을 꿇게 하였다. 그런데 딱 한 사람 예수님만 꿇게 하면 정말 천상천하 유아독존이다. 영원토록 마귀가 세상을 통치하게 되는 것이다. 그래서 마지막 도전장을 예수님께 내민 것이다.

예수님이 40일 금식 기도 후 주리실 때에 찾아가서 세 번을 시험할 때에 마지막 세 번째 마 4;9절에 이렇게 시험한다.

가로되 만일 내게 엎드려 경배하면 [절하면] 이 모든 것을 네게 주리라. 예수님께 절하라고 하는 사탄이 인간에게는 어떻게 했으랴? 이미 우상들을 통해서 거짓 종교를 통해서 이 세상 돈과 재물을 가지고 사탄에게 이미 다 무릎을 꿇고 입 맞추고 있는 실정이다. 사탄도 자기를 광명의 천사로 가장 한다고 했으니 그 속임수에 안 넘어갈 인간이 어디 있겠는가? 지금 우리는 고전12:2절에 말씀같이 말 못 하는 우상에게 끌려가고 있는 것이다.

적반하장이라는 말이 있다. 반대로 된 것을 뜻하는 것이다. 예수님이 마귀보고 꿇어 절하라고 하셔야 되는 것이다.

거짓말쟁이라 하신대로 지금 마귀가 거짓과 뻔뻔함과 능청스럽게 이 모든 게 내게 준 것이다 하다. 주기는 누가 줘 자기가 아담으로부터 빼앗은 것이지.

만일 예수님이 마귀에게 절을 했다면 예수님은 마귀의 종이 되는 것이다. 절한 사람이 높은가 받는 자가 높은가? 이토록 마귀는 예수님까지 절을 하라고 했을 때엔 이 세상에 살고 있는 인간들에게는 한 사람도 빠짐없이 벌써 다 무릎을 꿇었다는 사실이다.

그때 예수님을 시험한 마귀가 얼마 동안 떠났다 하다 세상 모든 나라에 내려와 그 민족의 특성에 맞는 문화와 우상과 종교를 심어서 인간을 그 테두리 안에 가두어 두려 하는 것이다.

우리는 우리나라의 절기 속에서 역사하고 있는 사탄의 모습을 보고 거기서 나오는 자가 되어야 한다.

이스라엘 백성이 바알 브올의 사건을 당했다. 광야에서 만나만 먹어서 정욕이 약해졌다. 끝도 안 보이는 여정에 지쳐있다. 그런데 눈이 번쩍 떠졌다. 모압 여자가 나체로 기다리고 있는 것이 아닌가? 그뿐만이 아니다 우상의 제물이 잔뜩 차려져 있다.

문제는 우상한테 절만 하면 고기도 여자도 내 것이 된다. 이미 이스라엘 군인들은 혼이 나갔다. 그다음 어떻게 되었을까.

그 사건을 통해서 군인이 24,000명이나 죽고 말았다. 마귀의 절기 우상의 절기라도 육신에겐 즐거운 것이 따라 온다. 평상시엔 굶주려도 그때는 맛있는 음식이 유혹한다. 놀이 문화가 있다. 윷놀이 세배 문화 표면에 내세운 모양새는 아름다워 보인다.

헤어졌던 형제들이 모인다. 맛있는 음식도 있다. 그런데 모이는 목직이 따로 있다. 그 목적을 이루기 위해 다른 것도 포함이 된다. 바로 조상신에게 절하므로 제사하는 것이 목적이다.

옛날 애굽의 바로가 모세에게 한 첫마디가 생각이 난다. 이 땅에서 여호와를 경배하라 너무 멀리 가지 말라. 바로가 한 말이 오늘날 마귀들이 우리에게 하는 말이다.

세상 절기도 같이 어울리고 같이 즐기면서 종교 생활도 하라. 너무 세상과 동떨어지게 유별 떨지 말라고 하는 것이다.

이 세상 풍습은 공중 권세 잡은 자가 이끌어 가는 것이다. 너희는 유혹의 욕심을 따라 썩어져 가는 구습을 좇는 옛사람을 벗어버리고 오직 심령으로 새롭게 되기를 바라는 마음이다. 이와 같이 세상 절기들은 세상 임금을 위한 절기들이다. 세상 임금이 누군가 빌라도인가 가이샤인가 아니다 마귀사탄이 세상 임금이다. 우리가 명절이라고 좋아하고 따라가고 섬기는 절기의 주인은 사탄인 것이다 바울 사도의 설교와 같이 귀신과 교제하는 자 되는 것을 원치 아니하노라.

※ 절기에 대한 부록이다.

엡 2:2절에 말씀에 이 세상 풍습을 좇고 공중의 권세 잡은 자를 따랐으니 곧 지금 불순종의 아들들 가운데서 역사하는 영이라.

이 말씀을 자세히 깊이 생각해 보라 얼마나 무서운 내용의 말씀이 들어 있는가? 그래서 나는 평상시에도 우주공간에는 마귀사탄 귀신 악령들이 우글우글한 모습을 보는 것 같은 느낌을 받는다.

성경 안에도 거라사 귀신 들린 자는 2,000마리의 귀신이 들렸다 하고, 막달라 마리아는 일곱 귀신이 들었었다. 마12:43절에는 집 나간 귀신이 저보다 더 악한 귀신 일곱을 데리고 들어갔다는 내용이 나온다.

이런 내용들을 보면서 우리 육신의 눈으로 볼 수는 없지만 우주공간 안에는 악령들이 구더기 떼와 같이 우글거리며 인간의 영속에 최소 단위가 일곱 마리씩 많이 들어 있는 자는 수천 마리씩 들어와 있는 상태다.

이 글을 읽는 모든 독자들도 각자 나름대로 이 공중에 세계가 어떨

것인가 생각해 보기를 바란다. 나는 나름대로 생각해 오다가 구정이나 추석 때 또는 사월 초파일 때에는 공중에 서 엄청난 일들이 일어나는 광경을 보는 듯 했다.

그 어렴풋이 본 장면을 비유를 통해 고유의 명절이라고 하는 구정의 세계를 제시해 보려 한다.

하루는 유교를 담당한 사탄이 불교를 담당한 사탄과 중동을 담당한 사탄과 아프리카의 미신을 담당한 마귀들에게 초청장을 보냈다.

공사다망하신 중에 계신 우리 사탄의 동지들이여 음력 초하루가 내 생일인데 우리 동지들 별일이 없으시다면 다들 오시지요. 하고 초청장을 보냈다. 회답이 왔다. 먼저 불교를 담당한 마귀가 문자가 왔다. 존경하는 형제 사탄이여 내일이 바쁘다 할지라도 나와 당신과는 4촌지간 이오니 어떠한 일이 있어도 꼭 참석 하겠다 하다.

중동을 담당한 마귀한테서 팩스가 날아왔다. 내가 요즈음 무척 바쁩니다. 기독교와 싸움 하느냐고 정신이 없습니다. 또 나는 기독교보다 우리 이슬람이 월등하고 우리 알라신을 전파하는데 정신이 없지만 그 일도 내일이니 어떠한 일이 있어도 참석하여 동지인 사탄에게 축하하겠습니다.

아프리카에 있는 사탄이 핸드폰으로 답신을 보내왔다. 우리 아프리카에서 미신과 우상을 뿌려 몇 천 년 동안 잘 거두었는데 요즘 기독교가 들어와 문명을 깨치고 머리들이 깨어나서 내가 골치가 좀 아프고 내가 설 자리가 좁아지지만, 형제사탄이 축하받는 일이니 꼭 가서 축하하고 당신 사탄이 영광 받으시는 일에 나도 참석하겠다 하다.

이렇게 해서 사탄들이 다 모였다. 그러는 동안 정월 초하루가 되었다. 유교를 담당한 마귀가 동료 사탄들에게 하는 말이 형제 사탄들이여. 우리 광장으로 나가봅시다. 행사할 시간이 되었다 하다. 그곳은 아주 넓은 곳이었다. 인간 벌레들이 엄청 많은 중국 땅이었다. 동료 사탄들이여 땅에 사는 인간 벌레들이 나를 위해 준비한 것들을 보십시오.

저 울긋불긋 휘황찬란한 불빛 저 인간들의 옷차림 평상시엔 보리밥도 못 먹던 인간들이 오늘만큼은 있는 정성 없는 정성 다 쏟아 만든 제물들을 보시오. 이 모든 것이 나를 위해 준비한 것이지요.

이어서 동료 사탄들이여 조금 있으면 저 인간들이 자기조상 신에게 절한다 하면서 내게 꿇어 절을 할 것이니 그때 동료 사탄들도 같이 절을 받으십시다. 미련한 저 인간들은 내가 유교를 통해 조상을 잘 받들어야 복을 받고 이것이 덕에 근본이라고 가르쳤더니 몇 천 년이 지나도 끄떡 않고 잘 지키고 있지요 하다.

그저 조상이라면 꿈쩍을 못 한답니다. 살아생전에는 거역하고 불효막심했다가도 죽은 조상 섬기라면 잘들 한답니다. 그런데 가끔은 예수 믿는 것들 때문에 내 미간을 찌푸리게 한답니다. 고것들은 무섭게 다루어 보고 매도 쳐 보지만 그 작자들은 먹히질 않는 답니다. 그래 좀 속상하긴 하지만 그런 작자들은 백에 하나 있을까 말까하고 대부분 예수쟁이라 할지라도 뭘 모르거든요 내가 모르게 했으니까요. 어떤 예수쟁이들은 내 생일이면 의례히 정성스럽게 한복을 갈아입고 먼저 설친다니까요.

그때 유교를 지배하는 마귀가 우리 자리를 좀 옮겨 가 볼 때가 있습니다. 그리고 훌쩍 대한민국 땅에 왔다. 자 보십시오. 우리 발밑에서 노는 모습을 보십시오. 얼마나 재롱을 잘 떠는가? 차례상 앞에서 할아버지가 아들 손자 다 모아 놓고 절하는 모습을 보십시오. 온 세상이 시끌벅적 돌아가는데 지금은 좀 안심해도 될 것 같습니다.

얼마 전에는 저 인간 중에서 구정을 폐하자는 작자들도 있었답니다. 그때 하마터면 내 자리 하나 잃을 뻔했지요. 그래서 나도 정신을 가다듬고 세상에 내 제자들을 부흥시켜 강한 자세로 외쳐대라 했습죠. 그랬더니 그자들이 과연 내 제자답게 민속을 내세워 민속 고유의 명절이라는 확고한 입지를 만들어 이 세상 망할 때까지는 군림할 것입니다.

그러니 여러 동지 사탄들이여 각기 맡은 구역에서 잘 관리하여 예수가 발 뻗지 못하도록 해야 합니다.

저 인간들이 자기 조상이라고만 알지 조상의 이름으로 내가 다 영광을 받고 절 받는 것인 줄은 모른답니다. 저 인간들이 차라고 하는 기계를 타고 고향으로 몰려갔다 몰려오는 것 다 나를 위한 것이지요. 저들이 아무리 떠들면 뭐합니까. 그 맛있는 술과 음식의 다 녹아 떨어지는 걸요. 집사리 뭐라니 히는 인간들은 맹물이지요. 한두 진미 먹여 놓으면 더 달라고 두 손 들고 야단이지요.

장로도 맹물단지는 매한가지지요. 겉으론 점잔을 떨면서 체면을 차리는 것 같지만 한두 잔만 들어가 놓으면 얼굴이 시뻘게 가지고는 본색이 드러나지요.

예수도 지금 죽을 맛일 겁니다. 좀 덜떨어진 놈들 때문에 신경 좀 쓰일 겁니다. 코 아래 진상이라고 했으니까요.

우리가 처음에 아담과 하와를 선악과 한 개로 넘어뜨린 것이 아닙니까. 오늘날도 마찬가지입니다. 주색잡기만 풀어 놓으면 옴짝달싹을 못 하는 인간이니까요.

한편 예수님은 하나님 우편에서 안절부절 못 하시고 자기 백성 보호하시려고 성령을 보내시고 천사를 보내 단속하시고 해도 유혹에 빠져서 나오지 못 하는 자기 백성 때문에 속상해 하시고 눈물 흘리시고 답답해하시는 이 광경. 성도들은 보이십니까. 들리십니까.

결국 이날은 하나님을 슬프게 하는 날이요 마귀에게는 극한 영광을 돌리는 것이다.

세상 사람들이 세상절기에 들떠 있다 해서 성도들도 같이 들떠 있으면 안 된다. 내가 옷을 입어도 사탄에 잔치에 참석하기 위한 예복이 되어서는 결코 안 되는 것이다.

하나님께만 경배하라고 하신 말씀 명심하고 무엇이든지 꿇어 절하는 종교는 우상종교 마귀의 종교인 것을 꼭 꼭 명심하기 바란다. 유교 불교가 대표적이고 무당종교도 미신들도 모두 다 절을 강요한다.

이 세상에서 어떤 명목으로든 절하게 만든 절기들은 다 우상의 종교요 마귀 사탄이 배후에 주인인 것을 기억하기 바란다.

지금까지 보이지 않는 공중에서 일어나는 일들을 상상해서 그려 봤다 산에 나무가 흔들린다. 누가 잡아 흔드는 것도 안 보인다. 그러나 나무를 넘어뜨릴 정도에 큰 힘이 공중에서 불어 닥친다. 그 실체는 바람이다. 나무는 자기 스스로 움직일 수는 없다.

인간들이 수천만 수백만 인파가 우왕좌왕 몰려갔다 몰려오는 것 인간 스스로 하는 것이 아니다 보이지 않는 바람이 불기 때문이다.

그 바람은 마귀 사탄에 바람이요 악령의 바람이요 귀신의 바람인 것이다. 그 바람의 쭉정이도 가라지도 날아간다. 그러나 예수님의 생명이 있는 자는 결코 날아가지 않는다.

38

사탄의 실체(용, 마귀, 사탄, 삼위일체)

계시록 12:9절에 큰 용이 내어 쫓기니 옛 뱀 곧 마귀라고도 하고 사탄이라고도 하는 온 천하를 꾀는 자라. 땅으로 내어 쫓기니 저희 사자들도 저와 함께 내어 쫓기니라.

용이라는 이름으로 인간 속에 파고들어와 의식주 가운데 아주 떼어 낼 수 없을 정도로 밀접한 관계를 이루고 있다.

인간이 모여서 사회를 이루고 문화가 형성될 때 용의 문화가 기초로 자리를 잡고 인간들의 생각 속에 영혼 속에 파고들어가 지금까지 지배를 해 오고 있다.

실제 용을 본 사람은 없을 것이다. 이름은 많이 들었다. 꿈에서나 생각 속에 잠재의식 속에 있기 때문에 용을 그려 보라 하면 동서양을 막론하고 지금의 용의 그림이 그려질 것이다. 네 발이 있고 입이 크고 사나 우며 입에서는 불을 뿜는 그러한 그림 하늘을 날아다니고 소리는 우레 소리 같고 눈에서는 번개 같은 빛을 내는 그런 모습을 그릴 것이다.

세상 사람들은 용을 시인한다. 기독교인들은 전설이나 지어낸 말들이라고 하는 사람이 많은 것 같다. 그러기에 용에 대하여 별로 깊은 연구도 안 하는 것 같다.

용의 이름과 모양으로 이루어지는 문화가 인간 문화 속에 여러 가지 형태로 배어 있고 나타나고 있다.

하나님께서도 성경을 통해서 예수님을 보여 주시고 창조하신 만물을 통해서 예수님을 계시하시고 삼위일체를 설명하신다. 하나님은 영이시기 때문에 형체가 없으시기에 인간에게 자신을 보여 주시기를 원하신다.

그래서 보여 주신 분이 예수님이시다. 예수님을 본 자는 하나님을 보는 것이다.

사탄의 세계에서도 사탄들도 영물이다. 인간들 속에 들어와 자신들을 알리고 나타내고 보여 주고 싶어 한다. 기독교를 계시의 종교라 하듯이 사탄들도 자기들의 실체를 인간의 영을 통해 6천여 년 동안 계시해 왔다. 기독교인들이 성령의 계시를 통해서 기독교의 언어를 쓰고 행동하듯, 사탄들도 인간의 영속에 들어가 생각 속의 계시를 주어서 입으로 증거하게 하고 행동으로 나타나게도 한다.

세상 모든 어린아이들에게 용을 그려 보라 하면 지금의 용의 그림이 나올 것이다. 왜냐하면 사상 속에 용의 실체를 뿌려놨기 때문이다. 알게 모르게 계시해 놓은 것이 작동을 하는 것이다. 그래서 인간 세상에는 용과 밀접한 관계를 맺고 유지하면서 살고 있는 것이다.

그리고 중국을 비롯해서 동남아 국가들을 용의 나라로 표현한다. 그중에 중국은 용이 앉아 있는 보좌이고 다른 나라는 용의 지체와 같은 나라로 분류한다.

실제로 중국에 가서 보니 정말 용의 나라라고 하는 것이 피부로 와 닿았다. 중국집 문 입구에서부터 등이며 모든 물건이 용의 그림으로 철철 넘친다. 건물 입구 문기둥마다 용이 둘둘 말려 올라가는 형상들이다.

건물들이며 물건들이며 용의 나라구나 정말 용이 앉아 있는 곳이구나 하고 느꼈다. 한번은 목사님이 대만을 여행 갔다 오시면서 볼펜을 하나 사오셨다. 용의 그림이 많아서 없는 것으로 골랐다면서 사오신 볼펜에도 용이 그려져 있었다. 용을 피하거나 떠나서는 살 수가 없는 곳이 중국인 것 같다. 얼마 전에 스님들이 홍포 두루마기를 입고 있는 것을 TV로 보게 되었다. 그런데 등 뒤에 용의 그림으로 소름이 끼칠 정도로 그려져 있었다. 그것을 도포라고 하는 것 같다.

옛날 왕들의 홍포에 용이 그려진 옷을 입은 것을 보았다. 왕이 입은 옷은 용포 앉은 의자는 용상 가끔 대통령의 하사품으로 고급 시계를 받은 사람은 그 시계를 집안의 가보로 삼을 정도로 좋아하듯이 아마도 용포 용상은 용이 내려준 하사품이 아닐까 생각이 든다.

종교들 중에서 용을 제일 좋아하고 많이 대변해주는 종교는 불교와 유교 같다. 불교는 용의 수제자 같은 위치에 있다.

기독교에서 하나님이 오신 분이 예수님이라면 불교에서는 사탄이 인간의 옷을 입고 온 사람이 석가모니인 것 같다. 불교는 처음부터 끝까지 용을 대변하고 나타내고 있다. 불교의 절을 한번 관찰하여보라 용의 그림으로 온통 뒤덮여 있다.

기둥이며 벽이며 처마며 서까래 그림들도 용의 비늘을 그린 것이다. 입고 있는 용포하며 비석이며 모두 용으로 휘감고 있는 것이다.

아담과 하와의 가정에 제일 먼저 처음 찾아온 손님이 바로 이 용인 것이다. 계시록에서는 이 용이 옛 뱀이라고 설명한다. 지금 절에 앉아 있는 용 중국이라는 거대한 영토를 지배하고 있는 용이 바로 옛날 뱀인 것이다. 아담과 하와의 신혼가정에 찾아온 손님이다. 그 손님이 아담과 하와를 몰아내고 그 집을 차지하고 있는 것이다.

아담과 하와의 신혼 가정에 찾아온 용 뱀이 우리네 신혼 가정에 안 찾아올 리가 없는 것이다. 여러분 가정에 용과 뱀이 손님으로 와 있는지 잘 살펴보기 바란다.

다음은 식생활 문화와 용의 관계를 살펴보자. 옛날 민간신앙 가운데서 유래되어 오고 있는 것이다. 노인들의 이야기 속에서 농사철에 비가 오지 않아 가물 때에는 그해 용이 한 마리만 내려와 잠만 자기 때문이란다.

장마가 가고 홍수가 날 때엔 두 마리라 싸움만 해서 비만 온다고 한다. 우스운 이야기 같지만 알게 모르게 용의 사상의 씨를 인간 영에게 뿌려 놓았기 때문에 이러한 생각이 나오게 되는 것 같다. 용에 대한 옛날이야기는 성경 신구약 합친 것보다 더 많다. 용을 본 사람은 없건만 용에 대한 전설은 엄청 많다.

용 마귀 사탄들도 6천여 년 동안 인간들에게 신앙의 대상으로 계시해 왔다. 바닷가에선 용왕제라는 제사도 드린다.

한번은 동두천 소요산을 등산한 적이 있다. 올라가려면 반드시 절을 거쳐 가는 것이 보통이다. 길옆에 음수대가 하나 있다. 돌로 물을 담아 마실 수 있게 했다. 그런데 나오는 물은 용의 입을 통해 나오고 있는 것이다.

그 물을 사람들이 마신다. 세상 사람들은 아무 생각 없이 마시겠지만 기독교인들은 다시 한번 생각해 보고 마시길 바란다. 비록 사람들이 만든 조각품으로 만든 것이지만 배후에서 설계도가 내려와 만든 것이 아닐까? 그러면 배후가 누굴까? 용, 마귀, 사탄이 사람들 영 속에 계시해 주고 만들어 모든 인간이 용과 입맞춤하게 하고 용이 주는 물을 마시게 하는 것이라면 진실한 기독인이라면 마셔야 되겠는가?

예수님은 내가 주는 물은 영원히 목마르지 않는 생수가 되신다 하셨는데 용이 주는 물을 마시는 자는 어떻게 되는 물일까? 우리는 표면만 보고 너무 극단적이라 생각할지 모르지만 오늘날 교인들이 우상을 잘 파악을 못 하고 불교나 유교 조상에게 절하는 것을 우상시하지 않고 좋게 판단하는 사람도 있다.

가는 길이 달라서 그렇지 불교도 구원이 있다고 하는 장로도 있다. 천주교가 불교와 손을 잡듯이 교인들 중에는 불교를 가까이 하는 사람도 있고 친근히 하는 사람도 있다.

한번은 대전 엑스포 구경을 갔었다. 우연이 쌍용 자동차 박람회장 입구를 지나가게 되었다. 그런데 입구에 커다란 둥근 돌기둥 두 개가 세워졌다. 그리고 그 기둥에는 쌍용이 칭칭 감아져 있다. 그것을 보고 와서는 우리 교인들한테 쌍용차는 사지 말라고까지 한 적이 있었다.

우리나라 주택문화를 보면 중국에서 들여온 것 같다. 생활 문화도 풍습도 그러하다. 옛날에는 중국을 큰집이라 했으니 문화는 말할 것도 없는 것이다.

한옥 형태도 중국에서 배워온 것이 대부분이다. 용어도 그렇다. 지붕 위쪽을 용마루라고 한다. 귀서까래 머리 쪽은 용머리라고 한다. 용의 머리 모양으로 만든다. 집을 지을 때 대들보가 있고 마룻대가 있다. 그리고 마룻대 윗부분엔 한문으로 용 용자를 쓴다. 아랫부분엔 거북 구자를 쓴다. 집을 문서화하는 것이다.

옆으로 나무못을 박고 창호지에다 쌀을 담아 매달고 북어를 매달고 실타래를 매달고 바닥에는 멍석이나 돗자리를 펴놓고 소반 상에는 돼지 머리와 고사떡을 올려놓고 건물주가 큰절을 세 번 한다. 그 행위를 영적으로 해석하면 이런 것 같다. 용왕이시여 내가 이 집을 지어서 용이신 당신께 당신 이름으로 문서화해서 바칩니다. 다만 나는 당신의 종입니다. 이 집에서 당신을 모시고 종으로서 잘살게 해주십시오.

영원토록 당신이 시키는 대로 살겠습니다. 하는 뜻이 있는 것 같다. 대진대학 정문을 보라 용의 정기가 가득하다.

왕이 입는 옷은 용포, 앉는 곳은 용상, 왕의 얼굴은 용안, 그 나라의 왕을 용이 세웠다면 모든 백성은 말할 것도 없이 다 용의 백성이고 용의 지시를 받고 사는 것이다.

어떤 사람은 몸의 문신을 새겼는데 용으로 온몸을 휘감는 문신을 새긴 것을 본다. 소름이 끼칠 정도다. 온 세상 인간 문화 속에서 마귀가 때로는 광명한 천사처럼 가장하고 때로는 우는 사자처럼 때로는 두 입 가진 간사한 뱀으로 모든 인간 위에서 6천 년 동안 골리앗과 같이 군림하고 발밑에 인간들을 모두 종으로 노예로 끌고 가는 형상이 보이는 것 같다.

용의 옷을 입히고 용의 자리에 앉은 왕은 누가 임명해서 앉게 하는 것일까? 용이라야 그 자리에 앉게 할 게 아닌가?

예수님은 요한복음 12장, 14장, 16장에서 세 번씩이나 이 세상 임금이 올 것이다. 라고 말씀하셨는데 이 세상 임금이 누굴까? 빌라도일까? 헤롯일까? 예수님이 오신 것은 빌라도나 가이샤나 헤롯과의 싸움이 아니다.

예수님이 말씀하신 이 세상 임금은 용이요 마귀요 사탄을 두고 하신 말씀이다. 로마 시대에 분봉왕이라는 제도가 있었다. 본국 로마에 가이샤 황제가 점령국가의 분봉왕으로 마음대로 세우는 것처럼 용, 마귀, 사탄들이 이 세상을 쪼개어 놓고 거기 맞는 분봉왕[세상임금]들을 세워 놓는 것이다.

이 모든 목적은 모든 인간들이 마귀에게 절하고 경배하게 하는 것이요. 예수님께로 인간들이 가지 못 하게 하는 것이다.

지금도 용은 전설일 뿐이지 실체는 없는 것이라 하겠는가? 그러면 용과 인간과 아주 밀접한 관계인 것을 살펴보아야 한다. 적을 알고 나를 아는 것이 이길 수 있는 방법이다.

어머니들이 임신할 때 가장 많이 꾸는 태몽 꿈이 용 꿈 뱀 꿈 돼지 꿈인 것 같다. 대개 이런 꿈을 꾸고 자랑삼아 이야기한다. 나는 용의 등을 타고 승천한 꿈을 꾸었다고 나는 주위에 뱀들이 우글우글하는 꿈을 꾸었다고 나는 돼지꿈을 꾸었다는 등 이런 태몽 꿈을 꾸면은 모두 좋은 것으로 해석을 한다.

예수님 믿기 전에는 그런가보다 했다. 옛날부터 내려오는 얘기들이니까 별문제도 안됐다. 그런데 믿음의 눈으로 보니까 엄청난 무서운 것들이 우리를 어둠 속으로 끌어가고 있는 것이 보인다.

우리 성경 속으로 들어가 보자. 아담과 하와의 첫 신혼가정의 찾아온 손님이 누군가 사람들은 없으니까 동물 중에서 찾아 왔다. 그 손님은 다름 아닌 뱀이었다. 그 뱀이 어떻게 하고 갔을까 삶에서 죽음으로 낙원에서 지상으로 타락하게 했다.

그때 아담의 가정을 방문한 뱀은[마귀는] 신혼부부의 가정마다 찾아가는 단골손님이 된 것이다. 과일나무가 꽃이 필 때 암술이 숫 꽃가루를 받기 위해 벌려 있을 때 각종 유충들이 꽃 속에 자기 유전자를 심어놓고 떠난다. 쉬를 쓸어 놓고 간다는 얘기다. 그러면 꽃이 시들면서 꽃들 속에 유충의 유전자는 자연스럽게 열매 속으로 묻히게 되고 열매가 자라는 동안 그 안에서 유충의 씨도 함께 자라게 된다.

열매가 익어서 먹을 여고 갈라놓으면 그 속에서 애벌레들이 몇 마리씩 나오는 것을 목격했을 것이다.

오늘날 고등 교육을 받아 신수가 훤한 사람 속에도 가끔은 못쓰게 되는 사람이 많이 나오는 것을 볼 수 있다. 겉보기엔 신사고 숙녀 같아도 사탄의 벌레가 우글대고 대통령 국회의원 법관 교수 누구를 막론하고 속에 마귀가 쉬 쓸어 놓은 사람은 속이다 썩고 뷔페 했으며 먹을 수 없는 과일처럼 되어 버린다.

예레미야 17:9절에 만물보다 거짓되고 심히 부패한 것은 마음이라 하셨다. 왜 이런 현상이 일어날까? 신혼 가정에 여인이 태몽을 어떻게 꾸었느냐의 달려있다. 용꿈, 뱀 꿈을 꾸었다면 틀림없이 임신과 함께 사탄이 영속에 들어와 쉬 쓸고 간 상태다. 임신 중에 사탄에 씨를 받았다면 과일이 자라는 동안 그 안에서 벌레가 자라듯이 세상에 나올 한 인간 속에 마귀가 그 사람 사는 동안 그 속에서 먹고 마시며 사는 것이다.

아담과 하와의 가정이 뱀의 쉬를 받아 낳은 아이가 살인자 거짓말쟁이 가인을 낳은 것이다.

오늘날 세상이 왜 이렇게 거짓과 불법과 음란하고 패역한 시대가 되었을까? 그것은 마귀가 마귀의 영을 인간들 영 속에 계속 뿌렸기 때문이다.

과일도 소독을 한 과일은 벌레가 없지만 소독을 안 한 과일은 먹을 것이 없다. 신혼부부도 첫 결혼 생활하기 전에 예수님의 보혈의 피로 전신의 몸과 영을 씻고 소독한 자는 마귀라는 벌레가 들지 못 하지만 육신의 정욕만 위하여 달콤한 사랑에만 빠진다면 틀림없이 그 신혼부부는 임신할 때 용꿈 뱀꿈을 꿀 것이기에 신혼부부들은 사랑에 빠지기 전에 기도하면서 주의 이름으로. 주의 피로 씻어 깨끗이 하고 신혼을 맞기를 바란다. 성령님도 어디 어디 해도 성도들의 마음속에 계시기를 원하시듯 마귀들도 돌이나 나무나 짐승 속보다는 인간들 마음으로 들어와 살기를 원한다.

그렇게 육신이 살 동안 같이 살다가 인간에 육신이 죽으면 할 수 없이 그 집에서 떠난다.

헤롯왕이 충이 먹어 죽었다 한다.

우리는 주위 무당종교를 너무 우습게 보면 안 된다. 아무것도 아니라고 너무 얕게 보아도 안 되는 것이다.

기독교가 하나님 신으로 이루어진 것이라면 마귀의 영으로 이루어가고 있는 종교도 엄청 많은 것을 볼 수가 있다. 불교, 유교, 이슬람교, 이단 종교가 있지만 무당종교, 우상종교도 무시할 수가 없다.

용[뱀], 마귀, 사탄이 인간들 속에 들어와 같이 살다가. 사람이 죽으면 나가는데 이런 예가 있다. 나는 우리 할아버지, 할머니 돌아가시고 나서 하는 식이 있었다. 보니까 자리 굿을 하는 것이었다. 60년대 본 일이다. 쌀을 함지박에 담아 놓고 굿을 하는데 조상신이 무엇이 되어 갔나 하는 것을 보는 것이다. 뱀이 되어 갔다 한다. 쌀 위에 뱀의 자욱이 있다 한다. 어렸을 때 들은 이야기다. 그때는 그런가 보다 하고 무당들이 하는 얘기거니 하고 넘겼다.

그런데 성경 속에서 생각하다 보니 분명 마귀는 인간 속에 있다가 인간이 죽으면 떠나는데 그 사람이 뱀이 되고 용이 되어 나가는 것이 아니라 그 사람 속에 있던 마귀가 뱀의 모습, 용의 모습으로 나가는 것이다.

바울의 설교 중 이런 말이 있다. 내가 강한 자 앞에서는 강하게 약한 자 앞에서는 약한 자로 임했다 하다.

마귀의 술법이 그런 것이다. 먹기를 좋아하는 자는 먹는 것으로, 음란을 좋아하는 자는 음란으로, 배운 자에게는 지식으로 각 나라 각 민족 마다의 종교성을 이용해서 마귀의 유전자를 계속 심어가고 있다. 마귀는 예수님 오실 것을 알고 자기 때가 얼마 남지 않은 것을 알기에 우는 사자와 같이 삼킬 자를 찾고 있다.

원수들이 예수님 얼굴에 보자기를 씌었다. 주먹으로 손바닥으로 갖은 희롱을 다했다 지금도 모든 인간의 얼굴에 돈 보자기, 재물보자기, 명예보자기, 부자, 쾌락 이런 보자기를 씌어 놨기에 예수님이 문 앞에 이르러도 보이지도 않고, 들리지도 않는 것이다. 우리는 용의

실체 마귀의 실체를 알아야 이길 수가 있다. 예수님 말씀이다. 내가
세상을 이기었노라.

39

아담의 배필과 주님의 신부의 공통점

창2:21절에 여호와 하나님이 아담을 깊이 잠들게 하시니 잠들매 그가 그 갈빗대 하나를 취하고 살로 대신 채우시고, 하나님께서 천지만물을 창조하시고 창조물 제일 마지막의 아담을 창조하셨다. 모든 창조물에는 양과 음으로 만드셨다. 모든 생물, 곤충, 새, 물고기, 짐승들은 암수로 지음을 받았다. 암놈과 수놈이 있어 서로 짝짓기를 통해서 유전자를 이 땅에 번식하게 하셨다. 그리고 보시기에 좋았더라 하셨다. 그런데 유독 아담만 짝이 없이 혼자다.

아담이 창조되어 흙에서 사람으로 나올 때 어느 정도 나이에 사람으로 창조되었을까? 물론 나이는 한 살이지만 몸도 갓난아이처럼 기어 다니는 그런 몸은 아니었을 것이다.

모든 독자들이 각자 나름대로 생각을 해 보라. 나는 예수님의 공생의 기준으로 봐서 30세쯤 되는 몸으로 만들어졌을 것이다.

그 정도의 사람이라면 사람이 느끼는 감정도 왕성할 때가 된 시기다. 낮에는 모든 짐승들과 뒹굴며, 사이좋게 놀다가도 밤에 잘 때는 헤어져서 다른 동물들은 부부가 서로 의지하고 자는데 유독 아담만 혼자 쓸쓸히 웅크리고 잠을 자야 하고 모든 동물들이 시급한 것이 빨리 유전자를 번식시키는 일이다.

그러다 보니 여기저기서 짝짓기를 하는데 소도, 말도, 코끼리도, 사자도, 강아지도, 아담 앞에서 사랑의 행위들을 하고 있는 것을 보았을 것이다.

그런 짐승들에 짝짓기 모습을 보고 있는 아담의 마음의 어떤 감정이 들었을까? 벌거벗고 있는 아담의 육체의 변화가 작용했으리라. 아담의 몸이 30세쯤 되었다면 모든 것이 왕성할 때가 아닌가?

하늘에서 하나님이 내려다보시다가 그 광경을 보셨을 것이다. 창 2:18절에 해답이 나온다. '사람이 독처하는 것이 좋지 않다 하시다.' 좋을 리가 없는 것이다. 사람도 사랑의 행위를 할 대상이 있어야 한다.

그 기간이 얼마간인 줄은 몰라도 아마도 아담의 마음고생이 많았을 것이다. 그래서 짝을 만드신다. 아담을 깊이 잠들게 하신다. 우리는 성경을 읽을 때 예수님을 떠나서 생각하면 안 된다. 예수님도 30세에 공생에 들어가셨다. 예수님도 신부가 필요하다. 예수님과 아담을 같이 놓고 생각해 보아야 성경을 알 수가 있다.

우선 아담이 잠든 것부터 생각해 보자. 하나님은 살아있는 아담의 갈비뼈를 아프지 않게 뽑으실 수 있다. 그런데 깊이 잠들게 하신 것은 죽음을 의미한다. 아담을 잠깐 죽이신 것이다.

요한복음 19장 34절에 이런 말씀이 나온다.

그중 한 군병이 창으로 옆구리를 찌르니 곧 피와 물이 나오더라.

이 사건은 이미 십자가 위에서 두 손과 두 발에 못을 박아 피를 흘리시고 다 이루었다. 하시고 운명하신 다음에 일어난 일이다.

아담이 잠든 것과 예수님 죽으심은 같은 뜻이 담겨 있다. 잠든 다음에 하나님이 옆구리에서 갈빗대를 뽑으신 것과 4천 년 후에 둘째 아담 예수님의 신부를 만드시는 과정이다. 잠드신 예수님에게 하나님은 옆구리로 가서서 수술 도구는 칼이 아닌 창으로 깊이 찔러 갈비뼈가 아닌 물과 피를 뽑으신다.

성도들이라면 지금 이 내용의 말씀을 확실히 알고 가는 것이 얼마나 귀한 줄 모른다.

한 번 더 생각하고 지나가자. 아담이 잠든 것 하고 예수님 죽으신 것하고는 같은 뜻이 담겨 있고 아담의 옆구리에서 갈비뼈를 예수님 옆구리에서 물과 피를 빼어 내신 것이 같은 내용이 담긴 말씀이다.

하나님은 아담의 옆구리에서 빼어낸 갈비뼈에다 살로 채우시고 만드신 여자가 하와다 아담의 돕는 배필이다.

하나님은 둘째아담 되는 예수님을 위해서도 방법은 아담한테 하셨던 그 방법으로 하셨는데 만든 물질에서 차이가 난다.

아담은 흙이다. 하와는 아담의 몸에서 나온 것으로 만드셨다. 아담과 하와의 물질은 세상에서 취하신 것들이고 그물질은 죽을 수밖에 없는 물질이다. 이 세상 모든 인간은 아담과 하와의 물질로 이어 왔다. 그래서 다 죽음으로 끝났다.

하나님은 예수님의 신부를 만드시는 물질을 세상에 썩어질 물질을 택하지 않으시고 하늘에서 공수해 오셔서 썩지도 않고, 늙지도 않고, 죽지도 않는 물질 곧 예수님 몸에서 일부를 빼내어[아담의 몸에서 일부를 빼어내듯] 주님의 신부를 만드신다. 니고데모가 예수님을 찾아왔다. 그때 하신 말씀 거듭나라 하셨고, 그 거듭남은 물과 성령으로 말씀하신다. 그 물이 바로 옆구리에서 흘리신 물이다. 성령은 피를 말씀하신 것이다.

요한 1서 5장6절에서 8절에 내용에 예수님은 물과 피로 오셨다 하고 증거 하는 이가 셋이니 성령과 물과 피라고 말씀하셨다.

성도는 썩지 않는 예수님 옆구리[허리]에서 뽑아서 만든 물과 피로써 지음을 받았기에 예수님과 영원히 같이 살게 되는 것이다.

예수님이 십자가에서 살아계실 때 흘린 피는 우리를 죄에서 구속하기 위한 속죄의 피라면 아담을 잠들게 하시고 갈빗대와 살을 취하신 것처럼 예수님이 운명하신 다음에 하나님은 예수님 옆구리에서 물과 피를 취하신 다음에 그 피로서 성도를 거듭나게 하시고 거듭난 성도들을 장차 재림하실 때 공중에서 신부로 끌어 올려 혼인 예식을 하게 되는 것이다.

모든 만물 중에서 하와보다 더 아름다운 작품이 어디 있는가? 마귀도 하와를 보고 홀딱 넘어갔다. 인간들이야 말할 것도 없다.

이제 인간에게도 수놈만 있었더니 암놈이 생긴 것이다. 사랑의 대상이 있다 동침의 대상을 주신 것이다. 여자를 가리켜 '여편네'라 한다.

세상에 사는 사내들이여. 당신 옆에 있는 부인이 얼마나 아름다운 존재인지 아는가? 세상에서 제일 아름다운 창조물이기 때문이다. 여자들의 각선미를 보라 신체구조를 보라 얼마나 아름다운가? 여자의 육체가 유혹적이고 매혹적이지 않나? 여자의 육체의 유혹 때문에 세상남자들이 애간장을 태운다.

하나님이 보시기에 좋았더라 하신 것은 사람들이 볼 때엔 환장하고 회까닥 가는 것이다. 성군인 다윗도 벌거벗고 목욕하는 여인을 보고 유혹당했다. 벌거벗은 여자를 보고 그냥 아무렇지도 않게 지나갈 남자가 있을까?

여자는 하나님의 특별한 작품이다. 하나님도 신경을 많이 쓰시고 생각하시고 뜸을 들여 공을 들여 만드신 작품이다.

이런 작품이기에 남자들은 여자를 좋아하고, 갖고 싶어 한다. 많이 가지고 싶어 한다. 백제 의자왕은 3,000 궁녀를 거느리고 역대 왕들도 주색잡기에 빠져 오래 못 살고 갔다. 일반 남자들도 하나로 만족을 못 하고 다른 여인들을 기웃거린다. 솔로몬왕은 일천여 명의 여자를 거느리고 살았다.

모든 동물이나 생물들은 암놈보다는 수놈이 아름답다. 소도 황소가, 꿩도 장끼가, 사자도 수사자가 더 우람하고 아름답다. 그런데 인간은 반대로 남자보다는 여자가 아름답게 창조되었다. 모든 동물계는 새끼를 낳을 때만 짝짓기를 하지만 인간에게는 예외를 주셨다. 어느 때든지 장소와 시간이 필요 없다. 마르고 닳도록 사랑하게 하셨다.

만일 여자가 매혹적이지 않고 대충 만들어 졌다면 어떤 현상이 날까? 그것은 짐승처럼 새끼 날 적에만 필요로 할 것이다.

그리고 이혼율이 높을 것이다. 지금도 이혼율이 높은데 여자가 아름답고 매혹적이지 않고 유혹적이지가 않는다면 한두 달만 살아도 싫증을 낼 것이다. 진정한 부부는 평생을 살아도 좋은 것이다.

만일 어린 아이들이 가지고 노는 장난감이 재미없는 시시한 장난 감이라면 조금 가지고 놀다가 던져 버릴 것이다. 여자의 아름다움은 평생을 같이 살아도 싫증이 안나 도록 묘하게 지음을 받은 존재다.

여자가 얼마나 아름다우면 여성을 가지고 상품화해서 성을 팔기도 하겠는가? 성경에서 아내를 얻은 자는 복 받은 자라 한다. 남자들을 위해 최고의 선물을 품에 안겨 주신 것이니 평생 옆에 끼고 사랑하는 부부가 되어야 한다.

예수님의 신부들도 갈빗대가 아니고 살이 아닌 물과 피로서 다시 태어나게 하시고 거듭나게 하셨다. 그런 성도가 예수님의 신붓감이 되는 것이다.

하와는 흙이 아니고 아담의 몸에서 꺼낸 것으로 만드셨다. 주의 신 부들도 흙이 아니고 예수님의 몸에서 나온 것으로 만들어져야만 한 다. 아담이 내 뼈 중의 뼈요, 살 중의 살이로다. 함같이 예수님도 재 림하실 때에 우리를 보시고 이는 내 물 중의 물이요 피 중의 피로다. 이는 내 신부로다. 할 것이다.

육체의 아담의 배필도 극히 아름답게 창조하셨기에 마귀도 반한 것처럼 말세의 구원 받은 성도의 모습을 모든 천군과 천사들이 흠모 할 것이다.

우리 성도들은 보통 구원받은 자가 아니다. 특별한 인물이다. 마귀 가 유혹해도 미혹해도 넘어가지 말아야 한다. 정조와 지조가 있어야 한다. 아담의 배필이 창조물 중에서 가장 마지막 작품이듯 예수님의 신부들도 예수님 공중 재림 시에 일어날 일이기에 이 세상 끝에 가서 지음을 받을 것이다.

아담의 옆구리 예수님의 옆구리[허리]에서 인간의 생명이 숨겨져 있는 것을 증명하는 성경이 몇 군데 있다.

창35:11절에 야곱을 통해서 많은 왕들이 네 허리에서 나오리라 했다. 히브리서 7장에 나오는 내용은 창세기 14장을 인용해서 하신 말씀인데, 아브라함이 전쟁에서 승리하고 돌아오는 길에 멜기세덱이라는 제사장이 맞아 아브라함을 축복한다. 그때 아브라함은 멜기세덱에게 십분의 일을 드린다. 원래 십일조는 레위 지파가 받는 것이다. 그런데 레위는 아직 세상에 나오지도 않은 상태다.

그러면 아브라함과 멜기세덱이 만난 그때에 레위는 어디 있었는가? 히브리기자는 이렇게 설명하고 있다. 아버지인 야곱, 할아버지인 이삭, 증조할아버지인 아브라함의 허리에 옆구리에 있었다고 설명하고 있다.

이 세상 모든 육체는 결국 아담에 허리 옆구리에서 하와를 비롯하여 나온 결과물이고 영적으로 천국에 백성들은 예수님의 옆구리 허리에서 나온 물과 피로서 나온 성도가 천국백성이 되는 것이다. 그리고 물과 피로서 거듭난 성도가 예수님과 영적으로 동침할 수 있는 주의 신부가 될 것이다. 모두가 주의 신부로 택함을 입은 복 있는 자들이 되길 바라는 바이다.

40

성령의 일곱 가지 모형(빛, 물, 불, 기름, 음성, 바람, 비둘기)

구약과 율법 시대에는 여호와 하나님께서 직접 통치하시고 일하시는 모습이고, 예수님과 성령님은 간접적으로 일하시는 모습이다.

태초의 사람을 만드실 때에도, 우리의 형상으로 사람을 만들자 하실 때에도 예수님과 성령님은 복수형으로만 나타나신다. 바벨탑을 쌓는 것을 보시고 창11:7절에 '자 우리가 내려가서 거기서 그들의 언어를 혼 잡게 하자'하신 것을 볼 때에도 예수님과 성령님은 들러리 식으로 간접적으로만 나타나고 계신 것을 볼 수 있다.

하나님께서 여호와란 이름으로 구약의 말라기서까지 표면에 나타나시고 예수님과 성령님은 포장되어 신약까지 오신 것이다.

신약의 예수님 탄생과 함께 예수님 시대가 열려간다. 예수님이 전면에 나타나시고, 하나님과 성령님은 2선에서 일하시는 모습으로 보여 진다. 요21:25절엔 예수님이 행하신 일을 낱낱이 기록한다면 기록한 책을 이 세상에 다 둘 수 없을 정도라 하셨다.

예수님이 공생의 삼 년 동안 쉴 새 없이 많은 일을 하셨다. 나병환자, 중풍환자, 혈기 마른 자, 귀신 들린 자, 죽은 자, 가난한 자 식사할 겨를도 없을 정도로 일을 많이 하셨다. 그러나 예수님이 오신 목적이 단순히 병만을 고치고 떡이나 먹이시려고 오신 것은 아니다.

예수님이 세상에 오신 목적은 인간의 죄를 대속해 주시고 구원하시고 자기의 생명을 나누어 주시려고 오신 것이다.

구약에 이미 피로써 모든 물건이 깨끗이 된다고 법으로 주셨다. 또 피는 생명이라고 하셨다 그러하기에 구약과 하나님의 모든 뜻이 피에 있는 것이다. 피 흘림이 없은 즉 사함도 없다 하셨다. 바로 이일을 예수님이 십자가에서 피 흘리심으로 하나님의 뜻을 완성하신 것이다. 그리고 다 이루었다 하셨다.

예수님은 죽으시고 사흘 만에 부활하셨고, 40일을 세상에 계시면서 많은 사람들에게 부활을 보여 주셨다. 예수님이 계실 때에 '내가 가면 보혜사 성령님이 오실 것'이라 말씀하셨다. 인자를 거역한 자는 사함받지만 성령을 모독한 자는 용서를 못 받는다고까지 하셨다.

그리고 승천 하시므로 제2막인 성자 예수님의 시대가 막을 내린다.

제3막은 마가 다락방에서부터 시작한다. 120명이 열심으로 기도하던 중에 성령이 불의 혀같이 갈라지면서 강림하셨다. 그래서 오순절 마가다락방 성령 강림절이다.

예수님은 12제자로 시작하셨지만 성령님은 120명으로 시작하신다. 예수님의 사역은 이스라엘로 국한되었지만 성령님의 사역 범위는 온 세상이기 때문이다.

예수님께서 이런 말씀을 하셨다. 성령이 오시면 내 것을 가지고 가르치겠다 하셨다. 그렇다 예수님이 오신 목적은 하나님이 보내신 일을 하게 하신 것인데 십자가에서 피 흘리게 하신 것이다. 그런데 성령님이 오신 목적은 예수님이 흘리신 보혈의 피를 세상 모든 죄인들에게 골고루 뿌리는 일을 하시는 것이고, 모든 죄인들이 그 피로 씻어서 거룩한 성도가 되게 하시는 일을 하시고 계시는 것이다.

베드로 사도가 예수님 부활하신 모습을 똑똑히 눈으로 본 사람이다. 열한 제자가 다 보았다. 그런데 어찌된 일인지 부활하신 예수님을 나가서 전해야 하는데 오히려 정반대로 나는 물고기 잡으러 가겠다 하니 다른 제자들도 나도 물고기 잡으러 가겠다 하다.

예수님이 부자의 비유에서 죽은 자가 살아나서 전한다 해도 안 믿는다고 하셨다. 그러기에 성령님이 오신 것이다. 알기는 아는데 보기는 보았는데 뒷 힘이 없는 것이다.

성령님이 오셔서 불같은 마음을 주시니 베드로를 비롯한 일백이십 문도가 살아났다. 삼천 명 오천 명 결실을 맺게 되는 것이다. 그래서 지금 시대를 성령시대, 복음시대, 교회시대, 은혜시대, 이방인 시대라고 폭넓게 부른다.

성령이 오신 후부터는 모든 역사가 성령으로 이루어진다. 성도들이 긴 잠에서 깨어난 것처럼 정신이 번쩍 나게 하신다. 정말 성령의 불길이 훨훨 타올라 오는 것처럼 역사가 마가 다락방에서 시작해서 불이 혀같이 갈라져 각사람 머리 위에 임하니 권능을 받게 되고 권능을 받으니 죽음도, 갇히는 것도, 매 맞는 것도, 핍박도, 두렵지 않아 골목마다 거리마다 다니면서 복음인 예수님을 전하게 되었다.

겔34:26절에 복된 장맛비를 내리리라 예언하신 대로 오순절 날 예루살렘에 복된 장맛비를 내리신 것이다. 지금 성경은 '소낙비'라고 오역시켜 놨다. 그 장맛비에 물결이 온 지구를 덮고 있는 것이다.

예수님 부활을 목격했음에도 문을 걸어 잠그던 그 모습, 지금은 180도 변했다. 스데반 집사는 설교하다가 돌에 맞아 죽으면서도 기뻐했고, 바울사도는 단두대의 목이 떨어지면서도 예수의 이름을 불렀다 한다. 베드로는 세 번씩 부인하던 제자였다. 그런데 거꾸로 십자가에서 죽었다. 이런 굉장한 일은 다 성령의 하나님이 하시는 일이다.

성령님 시대에는 성령님이 제일 앞에서 일하시고 하나님과 예수님은 제 이선에서 일하시는 모습이 보인다.

성령이 역사하시니 병도 낫는다. 죽은 자도 살아났다. 예언도, 방언도, 계시도 받는다. 그러나 이런 것들은 지엽적인 것이고 본뜻은 예수님 십자가 피로써 온전한 작은 예수를 만드시는 일이다. 종교인이 아니고 참 그리스도의 사람들을 만들어 가시는 일을 하시는 것이다. 죄인인 것을 깨닫게 하시고 회개하게 하신다.

예수님 부활과 재림과 천국을 소망하게 하시고, 이 길을 가기 위해 어떠한 난관도 어려운 핍박도 이기도록 도와주시는 일을 하신다.

성령 없이 예수님 잘 믿을 수 없고, 예수님 믿는 믿음 없이는 하나님께 갈 자는 없는 것이다. 그런데 오늘날 성령님을 얼마나 갈망하는가? 성령님의 힘을 절대적으로 의지하지 않으려 하는 것 같다. 성령은 한 분이신데 여러 형태로 나타난다. 성령을 마시는 것으로 표현한 곳도 있다. 눈에 보이기도 하고 때로는 귀에만 들린다.

몸으로 느끼게도 하시고 마음으로 감화와 감동으로도 역사하신다.

여러 각도로 모양으로 역사하시고 나타나지만 한 분 성령께서 하시는 일이다.

1) 첫째 성령은 빛으로 역사하신다.

성령께서 빛으로 많은 사람에게 다가가신다.

베드로가 옥에 갇혔을 때에 옥중에 조용하게 빛으로 나타나시었다.

사울이 다메섹 도상에서 해보다 더 밝은 빛에 쓰러졌다. 눈이 멀었다. 성도들이 신앙생활 할 때에 나도 모르게 속마음이 밝아지는 모습을 체험했을 것이다. 성령의 빛이 우리 심령 안에 들어오시면 엄청난 변화가 일어난다.

성령이 없을 땐 마음의 죄악과 더러움이 가득 찼어도 보이질 않았는데 성령님이 빛으로 비추어 주시니 마음 구석구석이 보이기 때문에 죄인인 것을 깨닫게 되고 회개하게 하시고 마음속에 더러움을 끄집어내게 하시는 일을 하신다.

통회하고 자복하니 세상이 다시 보이는 것이다. 그렇게 좋던 세상이 더러움과 배설물 같아 보인다. 하나님의 창조의 첫 번째가 그 빛이다. 예수님도 나는 세상에 빛이라 하셨다. 하나님은 만물보다 예수님을 먼저 창조하셨다. 그래서 예수님은 먼저 되신 분이다. 바로 이 빛을 가지고 성령님이 우리 속을 비추어 주시는 것이다. 항상 빛으로 인도받기를 바란다.

2) 두 번째는 성령의 역사가 불과 같은 것으로 임하신다.

'불이 혀같이 갈라져 각사람 위에 있더니'모든 성도들이 제일 많이 받고 싶어 하는 성령의 모형이다. 마가 다락방에 임했던 성령의 불은 정말 엄청난 세력을 가지고 있다. 온 세상에 죄를 다 불살라 태울만한 불인 것이다.

세상에서도 지저분한 것들을 태워서 없애듯이, 성령님은 우리의 죄도 불로서 태워서 깨끗게 하려 하신다.

불은 처음엔 보잘 것 없어 보인다. 그러나 온산을 다 태우고 온 건물을 다 태우고도 계속 번 저 나간다.

모세가 광야에서 양을 치다가 가시나무에 불이 붙은 것을 보았다. 그런데 나무는 타지도 않고 불만 타오르고 있었다. 이상해서 가까이 가다가 음성을 들었다.

이스라엘 백성이 광야 길에서 불기둥 구름기둥의 안내를 받았다. 이 모든 것이 성령의 불인 것이다. 그런데 성령의 역사하시는 모습이 일곱 가지 중에서 오직 불같은 성령만 받기를 원한다. 그러나 그 불의 세력이 점점 약해져 가고 있고 꺼져가고 있는 것 같다. 불이 꺼져 가면 주위에 어둠과 추위가 몰려올 것이다. 지금 세상 것들이 교회를 포위하고 있는듯하다.

3) 세 번째는 성령은 물과 같이 역사하신다.

고전12:13절에 성령으로 세례를 받고 한 성령을 마시게 하셨다 하다. 성령을 물로 표현을 했다. 예수님의 옆구리에서 물이 나왔다. 바로 그물이 성령의 물이다. 엡5:26절엔 물로 씻어 말씀으로 깨끗하게 하신다 하다. 불은 태워서, 물은 씻어서 깨끗하게 하시는 것이다.

성령의 단비를 부어주소서 하고 기도한다.

성령은 씻는 역할을 하시는데 그물은 예수님이 흘리신 깨끗한 피로 서만이 깨끗해질 수 있는 것이다. 세상에 물은 다 더럽고 오염되었다.

어린아이가 똥 싸 뭉개놓은 것을 어머니가 물로써 깨끗하게 씻기듯 성령님은 항상 주님의 물과 피로써 갓난아이와 같이 죄를 짓고도 죄인 줄 모르고 그 속에서 좋다고 살던 우리들을 구원하시고 씻겨주시고 안아 주신다.

성경의 물에 대한 말씀이 많이 나온다. 홍해 바다 요단강 므리바 반석 가데스 반석에서 나온 물과 단비다. 장맛비다. 이른 비와 늦은 비는 모두 성령을 의미하는 것이요 곧 예수님의 몸에서 나온 물과 피를 가리키는 것이다.

우리는 성령을 받기 위해 철야기도 금식기도 혹은 기도원에서 기도를 많이 한다. 그래서 받았다는 성령의 체험은 잘못 받고 있는 것이다. 성령님은 다른 것 특별난 것을 우리에게 주시는 것이 아니고 그전에 있던 예수님 것 가지고 깨닫게 하시고 예수님을 바로 알고 믿게 하시는 것이다. 불로 태워 재와 그슬린 것을 물로써 깨끗하게 씻겨주시는 분이 성령님이시다.

4) 네 번째로 한 성령으로 어느 때는 기름같이 역사하신다.

성경에는 기름에 대한 구절이 너무도 많이 있다. 구약에도 감람을 찧어 기름을 만들어 기름병에 넣어 안수받을 때에, 위임받을 때, 왕이 될 때, 선지자 제사장에게 기름을 바르고 부었다. 불을 켤 때에도 기름이 필요했다. 꺼지는 일이 없게 하셨다. 이 기름도 성령을 가리키고 있는 것이다.

신약에도 열 처녀 비유에서 등과 기름이야기가 나온다. 강도 만난 사람에게 기름을 발라 주다. 천로역정에서 순교하는 자 위에서 기름을 부어주는 광경이 나온다. 스데반도 베드로도 바울도 다른 모든 순교자들이 순교할 때엔 반드시 기름을 부어주신다. 우리가 순교할 때도 반드시 부어주실 것이다.

우리 속에 기름 같은 성령이 임하시면 강퍅하던 마음이 유하고 부드러워진다. 삐걱대던 교회가 은혜롭게 잘 돌아간다. 교회 안에는 기름 같은 성령을 받은 자가 많을수록 좋은 교회다.

불같은 성령만 받으려 하니 기세만 등등해 진다. 강도도 깡패도 살인자도 도적도 성령의 기름만 치게 되면 유하고 부드러워진다.

5) 성령은 때로는 음성으로 역사하신다.

성령께서 역사하시는 모습 중에 음성으로 나타나시고 도와주시고 인도하시는 일을 많이 볼 수가 있다. 꿈에 예수님이 나타나시어서 말씀하시는 음성을 들었다는 간증을 많이 듣는다.

사울이 다메섹 도상에서 사울아 사울아 하는 모습은 못 보고 음성만 들었다. 성경 전체가 성령의 음성이다.

특별히 계시록은 귀 있는 자는 성령이 하시는 말씀을 들으라 하셨다. 성경을 읽을 때 성령의 음성을 듣게 된다. 기도할 때도 성령의 음성을 들을 수 있다.

마게 도냐 청년이 이리로 와서 우리를 도우라 하는 환상과 음성을 들은 바울은 성령의 말씀인 줄 알았다. 그리고 아시아에서 유럽으로 그리스로 로마로 갔다. 성령의 역사는 불로만이 아닌 여러 형태로 나타나 일하신다. 우리는 한 가지만 받으려 하지 말고 골고루 받아야 한다. 음식도 골고루 먹는 사람이 건강하듯 불같은 성령을 받았다면 물 같은 성령도 기름 같은 성령도 필요한 것이다.

6) 바람 같은 성령의 역사.

성령의 역사 중에서 바람 같은 모습으로 역사하는 일이 너무 많이 나타나 있다. 요나가 탄 배에 풍랑이 일었다. 그 풍랑은 성령의 풍랑이다.

바울을 로마로 이송할 때에 유라 글로라는 풍랑이 대작했다고 했다. 그 풍랑도 성령의 모형이다. 그 풍랑이 일지 않았다면 배 안에 있던 모든 사람들은 바울을 죄수로만 보았을 것이다. 풍랑 때문에 바울은 더 위대해졌다.

예수님 타고 가시는 갈릴리 바다에 풍랑이 일어났다. 그 풍랑 때문에 예수님이 하나님의 아들이심을 알게 되었다.

바람은 때로는 집도 날려 버리고 큰 고목도 뽑아버린다. 우리의 케케묵은 풍습, 우상, 아집, 체면 같이 몇 십 년 아니 몇 백 년 뿌리박힌 것들을 송두리째 뽑아 버리시는 일을 성령이 바람 같은 모습으로 하시는 것이다.

예수 믿으면 평안한 것이 아니고, 그 집에 풍랑이 일어난다. 집안이 망하는 것 같다. 어느 때는 사업이 잘되는 것이 아니고 망하기도

한다.

오순절 성령의 역사 이후 삼천 명 오천 명 순조로워 보였다. 그런데 풍랑이란 바람이 불어 닥친다. 모든 사람이 예루살렘과 유대 땅의 머물 수가 없어서 사마리아로 이방나라로 흩어지게 되었다. 결국 바람이 아시아를 거처 로마까지 복음을 날려 보냈다.

로마의 복음이 왕성해지자 네로라는 광풍이 일어 그 바람을 타고 전 세계로 날려 보낸다.

우리에게까지 날아왔다.

바람 같은 성령의 역사는 대단하다. 결국 로마라는 거목을 뿌리째 뽑아 버리고 기독교가 국교가 되었다.

지금 내가 기록하고 있는 것은 다만 이런 것들이 있다고 힌트만 주는 것이다. 성령의 역사가 일곱 가지 모습으로 나타나는 일은 엄청 많이 있다.

교회 안에 바람 같은 성령을 받은 자가 많을수록 그 교회는 시원한 교회다.

7) 비둘기 같은 성령.

예수님은 요단강에서 세례 후 빛이 임하셨다. 그런데 그 빛이 비둘기 형체로 나타나셨다. 거기에 음성까지 들려주신다. 너는 내 사랑하는 아들이라고.

노아 홍수 때에도 비둘기가 나오고 아가서에서는 반구로 나온다. 비둘기 모습은 순결이고 순종을 의미한다. 또 평화를 상징한다. 비둘기 같이 순결하고 뱀같이 지혜롭다 하셨다. 순결은 깨끗하다. 성령은 우리 속에서 우리로 하여금 깨끗한 처녀처럼 만들어 가신다. 신부는 신랑을 위해 순결과 정조가 있어야 한다.

바로 성령님이 비둘기 같은 성령을 주셔서 우리로 하여금 주님 앞에 지조가 있고 정조가 있게 하신다. 또 순종하고 평화가 있게 하신다.

비둘기 같은 성령의 은혜를 받은 자들이 많은 교회는 깨끗하고 평화로운 교회가 된다.

성령님은 누구에게 임하실까? 주님의 십자가 피가 있는 자들에게 오신다. 피가 없는 자는 예수님의 생명이 없기에 떠나신다. 예수님의 생명이 우리 속에 계시면 세상 끝날 때까지 우리를 지켜 주신다. 그러나 예수님의 피가[생명이] 없으면 성령은 떠나신다.

불같은 성령만 받으려고 하지 말고 골고루 받기를 바란다. 물 같은 성령도 기름 같은 성령도 빛, 음성, 바람, 비둘기 같은 모형으로 임하시고 역사하시는 은혜를 골고루 받아서 주님이 보시기에 참 아름다운 성도가 되기를 바라는 마음이다.

41

십자가에 바톤

우리 주님은 최후 승리자로 십자가를 지셨고, 그 십자가로 승리하셨다. 마귀들은 십자가로 망하게 하려고 했지만 예수님은 십자가로 최후 승리자가 되신 것이다.

예수님의 십자가. 여기에 비밀이 있는 것이다. 우리는 수없이 십자가를 입으로 되뇌고 노래를 부른다.

십자가의 고난, 십자가의 피, 십자가와 예수님은 떼어 놓을 수 없는 관계다. 바로 그 십자가를 지시려고 하늘보좌를 버리셨고, 이 세상에 오셔서 십자가를 지시므로 낮아지시고 죄인처럼 되셨다. 지고 가신 십자가에 자기의 목숨을 걸었다. 죽으신 것이다. 그리고 그 죽음을 아버지께 드렸다. 그 죽음이 하나님께 최고의 영광이 된 것이다.

우리 인간들은 이해할 수가 없는 일이다. 예수님이 세상에서 왕권을 가지고 구속 사업을 하신 것이 아니고, 철저하게 세상에서 무너지고 깨어지는 것이 하나님께 영광이 되는 것이다.

하나님은 아들과 약속에서 너는 세상에 내려가 십자가에 부서지고

깨어지고 물 한 방울 피 한 방울 남김없이 인간을 위하여 주고 오라고 약속하시고 내려보내셨다,

아들 되신 예수님은 아버지의 뜻을 따라 십자가를 지시므로 처참하게 깨지시고 낮아 지셨다. 약속을 지키셨다.

그리하여 하나님은 아들이신 예수님에게 모든 통치권을 부여하시고 위임하셨다. 예수님은 십자가를 지시므로 하나님께 영광을 돌려드리는 동시에 자신도 영광을 얻으셨다. 우리도 우리 십자가를 지고 갈 때에 하나님의 기쁨이 되고 우리에게도 영광이 되는 것이다.

그 후로 예수님은 우리 성도들에게 누누이 말씀하시기를 누구든지 나를 따라 오려거든 자기를 버리고 자기 십자가를 지고 따르라 하신다.

자기 십자가를 지고 따르지 않는 자는 나와 상관이 없다 하시고, 내 제자가 될 수가 없다 하신다. 기독교는 바로 십자가의 종교다. 그래서 교회마다 십자가를 달게 되었다. 종탑 위에도 강단 위 벽에도 강대상에도 타종에도 십자가의 표식을 하고 있기에 누구든지 교회 건물외부나 안으로 들어가 보면 교회라고 하는 것을 금방 알 수가 있다.

이렇게 교회는 근 이천 년 동안 십자가를 달고 지내 왔는데 근래에와서 어떤 교단 총회에서 십자가가 우상이라는 결의를 했다 하다. 그 후로 새로 짓는 교회는 십자가가 교회 위에만 하나 달랑 세워지고 안으로 들어가 보면 강단 위 벽이나 그 어느 곳에서도 십자가를 볼 수가 없다 심지어 달렸던 십자가도 총회의 방침에 따라 십자가를 떼어낸 것이다.

십자가로 참패를 당한 사탄들은 십자가만 보면 치를 떨고 있을 것이다. 십자가란 말만 들어도 부들부들 떨 지경이다.

십자가 때문에 마귀의 머리가 상했기 때문이다. 십자가가 원수다. 보기가 싫다. 안보였으면 좋겠는데 자꾸만 생겨난다.

그러니 마귀는 일선의 어떤 교단의 우두머리의 마음을 유혹하여 십자가를 우상으로 보게 한다. 교인들이 십자가 앞에서 절을 한다는 내용이다. 이런 내용을 가지고 설명을 장엄하게 늘어놓으면 다른 회원들도 넘어가게 되어 있다.

천주교회는 십자가 밑에서도 마리아 앞에서도 꾸뻑 절을 한다. 그러나 개신교회 안에서 십자가 앞에서 절하는 교인들은 60여 년 동안 못 본 것 같다.

교회 문을 열고 들어가 보면 여기가 교회인지 어느 강당인지 구분이 안 되는 교회도 있다.

요즘엔 피알 시대라 한다. 개인이 하는 영업장에도 간판을 세우는데 잘 보이는 곳에다 세로간판, 가로간판 그것도 모자라는지 창문에다 길옆에다 바람풍선 허수아비를 세어 자기 영업장을 알린다.

절에 가면 온통 절에 대한 표식이다. 절을 알리는 마크가 있다. 부처와 연꽃과 용으로 절이라 하는 것을 알리고 있는 것이다.

사탄과 마귀들도 자기들의 종교를 나타내기 위하여 혈안이 되어 있는데 교회들은 십자가가 우상이라고 떼어내고, 아예 안 단다. 마귀는 분명 십자가를 싫어한다. 그래서 떼어내게 하는 작전을 펴는 것이다.

천부교회라는 신앙촌 전도관도 70년대 이전까지만 해도 십자가를 달았었다. 그런데 그 이후에 십자가를 다 떼어내고 그 자리에 비둘기 형상만 만들어 달아 놓았다. 전도관에서는 예수님을 믿는 것이 아니기 때문이다. 그 사람들은 예수가 세상에서 마리아만 데리고 놀다가 실패한 자라고 한다. 그래서 저주를 받아 십자가에 죽었다 하다. 그리고 박태선 교주를 예수님 자리에 세웠다 한다.

전도관에서는 예수님을 부인하는 차원에서 십자가를 떼어냈지만, 기성교회들은 왜 십자가를 내리고 있을까? 왜 십자가를 아예 안 세울까? 더 달수만 있으면 더 달아야지.

요즈음 우리나라 안에서 태극기 계양을 거부하는 몰지각한 정치인을 본다. 왜일까? 부끄러워서일까? 떳떳하지 못해서 상대방을 존중하는 차원에서일까?

왜 십자가는 떼어낼까? 마귀에게 누가 되기 때문일까? 다 그런 것은 아니고 어떤 교파에서 일어난 일이다.

십자가는 예수님의 승리에 표시이다. 우리의 구원에 주님 십자가를 왜 눈에 보이지 않게 하나? 그것은 은연중에 예수님을 부인하는 형태라고 볼 수밖에 없는 것이다. 물론 마음으로 받아들이는 것도 중요하지만 눈에 보이는 십자가도 중요하게 생각해야 한다.

예수님은 십자가를 왜 지셨을까? 또 우리보고도 십자가를 꼭 지고 오라고 하셨다. 그렇지 않으면 예수님과 상관이 없는 자가 되기 때문이다.

십자가 십자가 입으로만 외울 것이 아니라 그 십자가의 비밀을 알아야 한다.

하나님은 인생의 구원의 바톤을 십자가로 정해 놓으셨기 때문이다. 예를 들자면 올림픽 경기 때에 계주경기가 있을 때에나 학교 운동회 계주 경기를 할 때면 자기네 편에 바톤이 있다. 청군은 파란색 백군은 하얀색의 바톤을 사용한다.

그러면 성도는 어떤 바톤일까? 주님이 지고 가신 붉은색에 십자가 바톤이다. 처음 주자가 한 바퀴 돌고 다음 주자에게 바톤을 넘겨준다. 만일 떨어뜨리면 다시 집어 들고 뛰어야 한다. 그리고 맨 마지막 주자가 선생에게 아니면 심판에게 넘겨준다.

바톤이 없으면 아무리 먼저 들어왔어도 무효 처리된다. 반드시 바톤은 정확하게 전달되어야 한다. 우리 신앙 경주도 마찬가지다.

하나님께서 십자가라는 바톤을 첫 주자되시는 예수님에게 지어 주셨다. 예수님은 그 십자가를 지시고 모든 악과 사탄을 제치고 승리자로 꼴인 하셨다. 그다음으로 그 십자가 바톤을 이어받아 경주한 자들이 스데반, 베드로, 바울, 모든 사도들이 지고 간 십자가의 길을 신앙의 선진들이 그 십자가의 바톤을 계속 이어받아 지금까지 오고 있다. 중세시대 로마 박해 시대 때에도 카타콤베 땅 굴속에서도, 카파 도기 아바위굴 속에서도, 화형에서도, 사자 굴 속에서도, 단두대에서도 그 십자가 바톤은 이어져 오고 있는 것이다. 우리나라에서도 일제 치하에서도 6.25 동란에서도 그 십자가를 지고 이어 왔다.

그런데 지금의 한국 교회에 교인들 어깨에 십자가 바톤이 지어져 있을까? 깊이 생각해 보아야 할 때다. 십자가가 없으면 예수님께 갈 수가 없다. 예수님께 못 가는 신앙은 하나마나다. 예수님은 그냥 괜히 십자가를 지고 오라고 하셨을까? 이천 년 전에 하신 말씀이지만 지금도 예외는 아니다. 변개함이 없는 말씀이다.

십자가를 진다고 하는 것은 내가 지고 가는 십자가에 내가 죽는 것을 의미하는 것이다. 오른편 강도도 자기에 십자가에서 왼편 강도도 자기가 지고 간 십자가에서 죽었다.

예수님도 예수님이 지고 가신 십자가에서 죽으셨다. 남의 십자가에서 죽는 것이 아니고 꼭 자기가 지고 간 자기에 십자가에서 죽어야 한다.

십자가를 끝까지 지고 간 사람이 승리한 자다. 십자가는 액세서리가 아니다. 목에 걸고 가는 것도 아니다. 왜 십자가를 끝까지 지고 가야 하나? 그것은 장차 우리 주님이 이 땅에 오실 때 그분께 드릴 믿음의 증거물, 사랑한다는 증거물, 주를 위해 살았다는 증거물, 구원받았다는 증거물이 십자가 밖에는 없기 때문이다.

무엇을 드릴 수 있겠는가? 우리가 최후까지 십자가를 지고 주님 앞에 설 때에 주님이 친히 그 손으로 우리 등에 있는 십자가를 내려주시고 등을 어루만져주시고 위로해 주시며 잘했다 충성된 종들아 하시며 면류관을 씌워 주실 때 비로소 우리 등에서 십자가가 벗겨지는 것이고 완전히 해방받는 것이다.

십자가가 무겁다 하고 괴롭다 하여 우리 손으로 우리 입으로 벗어 던지면 안 되는 것이다.

기독도가 천성을 향해 가는데 한곳에서 소리가 들린다. 여러분 행로에 피곤하시지요 여기 와서 잠깐 쉬었다 가세요. 하는 소리에 가서 보니 시원한 그늘에 정자까지 있었다. 기독도가 자기도 모르는 사이에 앉았는데 깜빡 잠이 들었다. 한참을 잔 뒤 벌떡 일어나 보니 해가 지려 하여 급히 자리를 떴다.

한참을 가다 뭔가 허전하여 살펴봤더니 십자가가 없어졌다. 정신이 번쩍 들은 기독도가 후회막심하며 잠시 쉰 것을 후회하며 한탄하며 뉘우쳤다.

온 길을 되돌아가면서 십자가를 찾는데 결국 정자 바닥에 떨어진 십자가를 발견하고 너무도 좋아하는데 시간상 많은 손해를 본 것을 후회하고 통회하는 장면이다.

그런데 요즈음 세대 교인들이 십자가를 등에 혹은 어깨에 지고 가는 이가 있을까? 십자가를 지고 가는 모습을 볼 수 있을까?

호의호식한다. 부족한 것이 없다. 화려하다. 이 세상을 천국으로 착각하고 있는듯하다.

그들은 십자가를 지고 구부정하게 가는 사람들을 오히려 비웃는 듯하다. 유치하고 촌스럽게 보이고 시대에 맞지 않는다고 한다.

지금 교회들이 이상한 방향으로 가고 있고 곁길로 가고 있다. 세상 부귀영화에 십자가가 어디서 떨어진 것조차 모르고 우왕좌왕 헤매고 있다. 기독교 안에 넓은 길을 닦아 놓고 그 길로 가고 있다. 아합의 선지자 같이 우르르 몰려간다. 그러나 십자가는 없어 보인다. 빨리 가는 것 같고 잘 달려가는 것 같다. 아무리 빨리 간들 무슨 소용이 있으랴. 가령 예수님 앞에 제일 먼저 당도 했다고 하자. 예수님 우리 왔습니다.

예수님 왈 잘 왔다. 수고했다. 십자가를 나한테 주렴 내가 십자가를 내려 줄게 십자가가 어디 있냐. 그러실 때 예 십자가가 뭡니까. 우리는 그냥 왔는데요. 그다음은 예수님 입에서 무서운 심판의 말씀이 나올 것이다.

불법을 행한 자들아 내 곁을 떠나 마귀를 위해 예비한 곳으로 가라 거기 가면 어떤 일이 일어날까? 슬피 울며 이를 갊이 있으리라.

빨리 가는 것이 목적이 아니다. 천천히 가더라도 십자가를 꼭 지고 가야 한다. 목사도 장로도 십자가를 지고 그 어느 누구도 자기 십자가를 지고 예수님께 간 자만이 승리한 자다. 구원받은 자고 천국을 얻은 자다. 십자가 바톤을 놓치지 말고 잃어버리지 말고 무겁다고 내 마음대로 벗어버리지 말고 꼭지고 가자 예수님이 벗겨 주실 때까지 말이다.

42

눈으로 보는 것과 믿음으로 보는 것

히11장 믿음은 바라는 것의 실상이요 보지 못하는 것들의 증거니 선진들이 이로써 증거를 얻었느니라. 믿음으로 모든 세계가 하나님 말씀으로 지어진 줄을 우리가 아나니 보이는 것은 나타난 것으로 말미암아 된 것이 아니니라.

롬8:24~25절 우리가 소망으로 구원을 얻었으매 보이는 것은 소망이 아니니 보는 것을 누가 바라리요. 만일 우리가 보지 못하는 것을 바라면 참으로 기다릴 지니라.

고후4:18절 우리의 돌아보는 것은 보이는 것이 아니요. 보이지 않는 것이니. 보이는 것은 잠깐이요 보이지 않는 것은 영원함이니라.

벧전1:8절 예수를 너희가 보지 못하였으나 사랑하는 도다. 이제도 보지 못하나 믿고 말할 수 없는 영광스러움으로 기뻐하니.

예수님도 보지 못하고 믿는 자들이 더욱 복되다 하셨다. 우리가 살고 있는 이 세상은 보이는 것들과 보이지 않는 것들이 뒤섞여있다.

보이는 것 보다 안 보이는 것이 더 중요한데 실제로 인생 삶 속에서는 안 보이는 것들은 늘 묻혀 버리고 눈에 보이고 만져지는 것만을 중요시하게 된다.

우리 몸이 있고 영혼이 있는데 눈에 보이는 육신만을 위하여 평생을 살아가면서도 영혼을 위하여 하는 일은 보이질 않기 때문에 별로 없어 보인다.

반면 눈에 보이는 육신은 날마다 때마다 차려 먹는다. 또 입고 모양새를 갖춘다. 남에게 보이려고 더 아름다워 지려고 가꾸고 꾸민다. 육체는 보이는 것이기에 최고가 되려고 하고 몸이 사는 집도 최고 좋은 집으로 꾸미고 타고 다니는 자동차도 좋은 것으로 선택한다. 보이는 육신이 먹는 음식도 때마다 맛있는 것으로 먹으려 한다.

보이지 않는 영혼은 어떻게 생겼는지 영혼이 살 집은 생각지도 않고 영혼이 뭘 먹어야 하는지 영혼이 좋아하는 것이 무엇인지 알려고도 안 하고 있다.

심지어 신앙을 갖는 문제도 눈에 보이는 신을 택한다. 부처나 어떠한 사람모양이나 짐승모양으로 만들어진 신을 선호하고 있다.

한번은 의정부 역전에 자전거를 두고 볼일을 보고 자전거를 가지고 가려고 가는데 20대 초반의 아가씨 셋이서 오는 것을 봤다. 정말 잘생겼다 보면서 속으로 생각하기를 하나님께서 어쩌면 저렇게 예쁘게 지으셨을까? 하고 칭찬하고 있는데 세 아가씨들이 자전거 보관대 있는 으슥한 골목으로 오더니 약속이나 한 것처럼 핸드백에서 담배를 꺼내 꼬나 피우는 것이 아닌가? 그 순간 육신의 겉모습만 보고 판단한 내가 부끄러울 정도다.

칭찬하던 내 입에서 너희들도 바람깨나 들어갔구나 하고 탄식과 걱정의 소리를 하고 있었다. 인간은 겉모습만 치장하지 보이지 않는 것은 신경조차 안 쓰는 모양이다.

그런데 성경은 보이는 것은 소망이 아니라하고 우리의 돌아보는 것은 보이지 않는 것이라 한다. 믿는 자들조차도 얼마나 보이지 않는 것을 소망하고 귀중히 여겼을까.

몇 가지만 이야기하려 한다. 이 세상에 바람, 공기가 있는 것은 다 아는 상식이다. 그러나 그 바람이나 공기를 본 사람이 있는가? 눈에 안 보인다고 없다고 부인할 것인가? 그 누구라도 부인 못 할 것이다.

눈엔 안 보이지만 나무가 흔들리고 우리 피부의 시원하게 와 닿으면 바람이 분다고 한다. 공기도 못 봤지만 숨을 쉴 때에 우리 속으로 들어왔다 나왔다 하고 숨을 막으면 답답해서 공기가 있는 것을 알게 되는 것이다.

밥은 며칠을 굶어도 살지만 공기는 몇 분만 못 마셔도 금방 죽는다. 아무리 고급저택에서 호의호식을 하며 산다고 해도 보이지 않는 공기가 더 귀한 것이다.

사람만 필요한 것이 아니고 식물도, 생물도, 동물도 모두 필요한 것이다. 그런데 안 보이게 창조된 것이 다행이지 만일 바람이나 공기가 눈에 보이게 창조되었다면 어떻게 될까? 맑은 하늘을 볼 수 있을까? 바람이 빨간색 공기라면 어떨까? 아니면 담배연기처럼 눈에 보이도록 만들어졌다면 사람이 숨을 쉴 때마다 빨간 공기가 콧속으로 들락날락할 것이 아닌가? 자동차가 다니거나 비행기가 날 수가 있을까?

우리가 늘 마시며 숨 쉬는 공기가 무색, 무취이니까 얼마나 감사한 일인가? 보이지 않는 공기, 바람 값없이 주셨는데 고맙지 않은가? 옛날엔 물을 사 마신다고 누가 말했던가? 앞으론 공기도 사 먹을 때가 올 것이다. 그때 비로소 공기의 고마움을 알게 될 것이다.

소리를 본 사람 있을까? 공기가 소리를 업고 다닌다. 공기가 있는 곳이라면 소리가 통한다. 노랫소리 웃는 소리 각종 소리의 종류도 셀 수조차 없이 많이 있다. 그러나 소리를 눈으로 본 사람은 없다. 분명 소리는 있다. 소리 보고 없다고 부인하거나 못 믿을 사람은 없을 것이다.

만일 소리가 눈에 보이기도 하고 손으로 만질 수도 있다면 어떻게 될까 지구상에 각종 소리들이 눈에 보이도록 떠돌아다닌다면 좋을까 나쁠까?

각 방송사들이 내보내는 소리와 말들이 전파를 타고 보이게 돌아다닌다면 인간은 아마도 하루도 못살 것이다.

이런 것이 저절로 생겼다면 그것을 믿을 것인가? 세상엔 저절로 된 것은 하나도 없는 것이다. 하나님의 창조의 지혜가 얼마나 아름답게 조화를 이루는가? 들리기만 하고 눈에 안 보이게 창조하셨으니 얼마나 신기하고 다행한 일인가.

바람과 공기가 분명 있는데 안보이고 각종 소리가 들리는데 눈엔 안보이듯이 맛과 냄새도 그렇다. 음식을 먹을 때 맛을 모른다면 얼마나 불행할까? 아마도 살맛조차 없을 것이다. 맛도 냄새도 분명 보이는 존재는 아닌 것이다.

단맛, 신맛, 짠맛, 매운맛, 꿀맛, 쓴맛 맛에 대한 종류가 얼마나 많은가? 밥상에 차려놓은 각종 음식들이 맛의 모양이 있고 색깔이 있다면 어떨까?

냄새 역시 종류가 다양하다. 구수한 냄새, 향내 나는 냄새, 썩는 냄새, 이 모든 것이 분명 있는 존재들이며 아주 필요하고 귀한 몫을 담당하고 있다. 그런데 이런 것들이 다 눈에 보인다면 세상은 혼탁할 것이다.

눈에 안보이게 창조된 것이 천만다행이다. 창조주 조물주께서 질서 정연하게 만드신 만물이다. 저절로 자연히 생긴 것이 아니다.

신묘막측하시고 오묘하게 창조하신 작품이다. 감사할 따름이다.

그다음은 사람들 속에 내재하고 있는 생각이다. 생각 속에는 성질, 성격, 사상 이런 것들이 포함된다. 내가 생각하고 있는 것을 다른 사람은 모른다.

열 길 물 속은 알아도 한 길 사람의 속은 모른다라는 격언이 있다. 사람들 생각 속에 세계가 얼마나 무진장하며 좋은 생각, 나쁜 생각이 모두 속에 감추어져 있다.

무섭기도 하다. 음모를 꾸미는 마음에는 무서운 것들이 도사리고 있는 것이다. 사랑하는 생각을 가지게 되면 사랑이라는 생각이 속에 있는 것이다.

엄청난 일들이 보이지 않는 생각의 세계에서 일어난다. 자동차도 나오고 비행기도 나오고 큰 배도 고층빌딩도 생각에 세계에서 나온다.

예를 들어 보자. 서울에 큰 빌딩을 짓는데 짓기 전에 먼저 보이지 않는 생각에 세계에서 구상을 한다. 몇 층으로 지을 것인가? 연건평은 얼마, 모양은 어떻게 재료는 어떤 것으로 구상한 다음 눈에 보이지 않는 곳에서 형성된 것들을 뇌를 통해 손끝으로 설계도로 그려지고 투시도가 작성이 되면 그 설계도대로 눈이 보는 대로 손으로 만들기만 하면 되는 것이다.

이 세상은 보이는 사람이 이끌어 가는 것 같지만 실상은 보이지 않는 생각의 세계에서 다스려지고 이끌어 가는 것이다.

성경은 이렇게 설명하고 있다. 사람은 육신만 있는 것이 아니고 육체 속에 마음을 넣어 주셨다. 그리고 그 마음속에는 아주 귀한 영혼을 심어 주셨다.

보이는 육신은 잠깐이다. 백 년 미만이다. 그러나 속에 보이지 않는 영혼은 불멸이다. 영원이다. 보이지 않는 생각의 세계가 광활하듯이 영혼의 세계는 그 크기와 넓이를 측량할 수가 없는 것이다.

그러기에 온 우주 만물은 보이지는 않지만 계시는 하나님의 영으로 주관하시는 것이다.

하나님은 보이는 세계는 극히 작은 일부분만 주신 것이다.

부흥회 때 들은 이야기다. 구소련 정권 시대 때에 한창 공산주의가 팽창할 때 60년대 공산당 전당 대회가 열렸다. 공산당에서는 대회 슬로건을 신은 없다 하나님은 죽었다 인간은 일개 빵이다. 라는 슬로건을 걸고 대회를 열었는데 모두 박사들이 연사로 추천되었다. 한 사람은 의학박사 한 사람은 우주비행사가 연사로 임명되었다.

그러면서 미국 측에 통보하기를 우리가 신은 없다 하나님은 죽었다. 라는 제목을 가지고 전당대회를 개최하고자 하니 반박할 의사가 있으면 참석하라 하다.

첫 연사인 의학박사인 의사가 등단하면서 친애하는 소련 국민 여러분 나는 수십 년 사람을 해부해보고 뇌를 수술해 봐도 영혼을 못 봤습니다. 그래서 나는 신은 없다고 주장합니다. 하다 많은 관중들이 '옳소 옳소'하고 박수를 쳐 대며 아우성이다.

다음으로 등단한 사람은 우주 비행사다. 그도 역시 친애하는 소련 국민여러분 나는 로켓을 타고 하늘 끝까지 가 보았지만 하나님은 못 보았소. 그래서 나는 하나님은 없다고 주장합니다. 군중들이 또 아우성을 지르며 옳다고 주장한다.

열기가 최고조로 올라갔다. 사회자가 혹시 미국 측에서 오셨으면 등단해 달라고 하다. 그런데 미국 측에서는 학사, 박사가 온 것이 아니고 70이 넘은 할머니를 보냈다. 그 할머니가 등단하면서 하는 말이 우주비행사님 의학박사님 한 가지 질문을 해도 괜찮겠소. 하니 얼마든지 질문 하라한다.

할머니 왈 두 분 다 부인이 있습니까. 했더니 있지요 있구 말구요. 할머니 왈 그러면 당신 부인들을 사랑하십니까 물었다. 이번에도 그럼요 사랑하지요 부인을 사랑하지 않는 사람이 어디 있습니까 했다. 할머니 왈 그러면 그 사랑 봤습니까. 사랑이 어떻게 생겼나요. 붉습니까? 검습니까? 길쭉한가요? 네모가 졌나요?

당신의 부인의 사랑도 못 봤으면서 그 사랑을 지으신 하나님을 어떻게 볼 수 있겠소.

지금 열거한 이외에도 보이진 않지만 굉장한 구실을 하고 있는 것들이 얼마든지 있는 것이다. 질소, 산소, 화학적인 용어들 중에 특별히 많이 있다.

눈으로 볼 수 있는 것이 있고 볼 수 없는 것이 있는데 눈으로 볼 수 없는 것들은 다른 기관으로 볼 수가 있다.

예를 들자면 여기 사과가 한 개 있다. 겉모습은 눈으로 볼 수 있다. 그 사과 먹음직스럽다. 빛깔 좋다. 크다. 작다. 배와 사과 다 부사다. 국광이다. 이런 것은 눈으로 보고 알 수 있다.

그런데 그 속에 맛을 보려면 어떻게 해야 하나. 눈으로 아무리 갔다 대고 보아도 맛은 볼 수 없는 것이다.

맛을 보는 기관이 따로 있는 것이다. 먹어 보아라. 입으로 먹어 보니 역시 시원하고 달콤한 사과 맛이 보인다. 맛은 무엇으로 봤나. 먹어 보니까 알 수 있다. 입이 할 일이고 쳐다보니 눈이 할 일이고 그러면 냄새라는 그 좋은 향기는 눈으로도 입으로도 볼 수 없다. 그 역시 코로 맡아보니까 냄새가 보인다.

사과가 단단한지는 손으로 만져 보면 알 수 있다. 모양은 눈으로 보고 맛은 입으로 보고 냄새는 코로 맡고 소리는 귀로 들어 보니까 보이고 사랑은 몸으로 보고 마음으로 본다.

그러면 보이지 않는 하나님, 예수님, 성령님은 눈으로도 입으로도 코로도 만져 볼 수도 없는 노릇이다. 하나님을 보는 기관은 따로 있다. 그것은 믿음이라는 기관이다. 믿음의 눈으로만 보여 진다. 믿어 보아라. 믿으니까 하나님이 보이는 것이다.

그래서 예수를 믿으라하지 눈으로 보라고 안 한다. 믿으면 보이는 것이 하나님이시다. 믿으면 보이는 것이 천국이다. 육신의 눈으로만 보고 알려고 하지 말고 믿어 서 보아라.

43

내 이웃은 누구

눅10:30~37절 어떤 사람이 예루살렘에서 여리고로 내려가다가 강도를 만나매 강도들이 그 옷을 벗기고 때려서 거반 죽게 한다. 마침 그길로 제사장이 지나가다 피해 가고 레위인도 피해 갔는데 한 사마리아인은 기름과 포도주로 닦아주고 싸매어 주막으로 데리고 가서 맡기고 비용이 더 들면 돌아와서 갚아 주겠다 하다.

이 세 사람 중에 네 이웃이 누구냐? 자비를 베푼 자니이다.

성경에서 예루살렘은 도성이다. 하나님 계신 천국을 상징하는 것이다. 여리고는 밑으로 내려가는 것이니 그것은 인간이 타락성을 보여주는 것이다. 인간은 예루살렘 즉 하나님 안에 있어야 안전하고 평안할 수 있는데, 인간은 하나님 품을 떠나려 한다. 이 말씀에서 우리는 근본을 살펴보아야 한다.

하나님은 아담과 하와를 창조하시고, 예루살렘 같은 곳 에덴을 주셔서 살게 하셨다. 그러나 그들은 곧 마귀를 따라 여리고로 가다가 강도를 만단다. 아담과 하와는 모든 것을 다 잃어 버렸다. 다 빼앗겼다. 거의 죽게 되었다.

에덴동산 낙원을 잃었다. 하나님의 형상도 죽었다. 거반 죽은 자가 되어 세상으로 쫓겨 내려왔다. 아담뿐만이 아니라 모든 인생이 강도를 만난 처지다. 그중에 나도 강도를 만난 사람 중에 들어있다.

처음에 아담과 하와를 뱀이라는 사탄에 강도를 만나서 하나님의 형상을 빼앗겼다. 그 영혼도 거반 죽게 된 것이 아닌가?

아담은 물론 그 후손들도 다 강도와 같은 마귀에게 맞아서 터지고, 깨지고, 무너지고 빼앗기고, 실패한 것밖에는 없다. 자유도 빼앗기고 인간의 의지도, 생명도, 사기하고 도적질하고 거짓말하고 죽이고 자기 것으로 만드는 것이 마귀라는 강도 지시 아닌가?

예수님은 요10:25절에 나보다 먼저 온 자는 절도요, 강도요, 도적이라 분명하게 말씀하셨다. 누가 강도인가? 타락한 천사가 강도요. 예수님 육체로 오심보다 먼저 온 석가나, 공자가 강도인 것이다. 그 이유는 예수님 믿을 때 제일 많이 핍박하는 자들이 불교집안과 제사 철저하게 드리는 유교집안의 사람들이기 때문이다.

예수님은 세상에 임금은 살인한 자요 거짓의 아비라 하셨다. 처음부터 거짓말한 자라 하셨다. 누가 거짓말을 했을까? 누가 살인자일까?

아담과 하와에게 선악과를 따먹게 한 자가 누군가? 먹으면 눈이 밝아진다고 꾀이고 거짓말한 자가 사탄이 아닌가?

가인으로 하여금 아벨을 죽이게 한자가 누군가? 이 모두가 배후에서 사탄마귀가 하는 일들이다. 그 술법은 지금도 아니 세상 끝나고 지옥에 갈 때까지 써먹을 술법이다.

예수님이 말씀하신 강도의 비유는 그냥 강도가 아니라 마귀의 꾀임에 빠져서 하나님을 버리고 떠난 인생들을 가리켜 강도를 만났다고 하는 것이다.

강도를 만나 죽게 되어 길섶에 쓰러져 있는 사람은 어떤 다른 사람이 아닌 나를 생각해야 된다. 나와 상관없는 멀리 있는 다른 사람으로 생각하거나 그저 비유의 한 말씀이려니 하고 생각하기 쉬운데, 거기 쓰러져 있는 피해자가 바로 나였구나 하고 생각해야 된다. 나를 비롯해서 온 세상 사람들이 다 강도를 만나 죽도록 맞고 빼앗기고 사는 것이다.

자유도 없고 평안도 없이 죄의 종이 되어 사는 모든 인생들인 것이다. 그러기에 전신 갑주를 입으라 하신다. 마귀라고 하는 강도가 우는 사자와 같이 삼킬 자를 두루 찾고 있다. 지금도 세상 길섶에는 강도를 만나 쓰러진 자들이 즐비하다.

그런데 한 제사장이 그길로 가다가 신음소리를 듣고, 혼비백산하고 도망가 버리고 한 레위인도 그 광경을 보고 신변에 위험을 느끼고 지나가 버렸다.

이 비유의 말씀은 타락한 인간이 다시 생명을 얻어 살 수 있는 길은 모세의 율법이나 계명 가지고는 구원받을 수 없음을 보여 주시는 것이다. 지금 질문한 사람이 누군가? 율법사가 아닌가? 그래서 율법사에게 말씀하시는 뜻이 너희가 존경하는 제사장들도 레위인도 율법으로도 계명으로도 인간을 죄에서 구원할 수가 없다. 라고 하는 내용이 담긴 비유인 것이다.

아마도 제사장은 그 광경을 보고 이런 말을 했을 것이다. '쯧쯧 안

됐구먼 어쩌다 이 지경이 되었나? 조심하지. 틀림없이 안식일을 안 지켰구먼.'했지 않았을까?

레위인도 '에이 미련한 사람 봤나? 그러기에 미리미리 율법을 잘 지키고 계명을 잘 지켰으면 이런 일이 없지'했을 것이다.

이 비유의 말씀을 통해서 제사장, 율법사, 바리새인, 서기관들을 향해 너희들은 비굴한 자들이다 피해 가는 자들이다. 도망하는 위선자다. 거짓선생이다. 하고 간접적으로 비판하시는 내용의 말씀인 것이다.

그런데 사마리아 사람은 여행 중 강도 만난 사람을 보고 측은히 여겨 불쌍히 보고 기름과 포도주를 상처의 붓고 싸매어 자기 짐승에 태워 주막으로 가서 맡겼다.

사마리아는 어떤 곳인가? 유대인들이 상종도 안 하고 그 길로도 가지도 않는 곳이다. 사마리아 사람은 개와 돼지 취급을 받고 사는 사람이다.

예수님이 사마리아 사람을 언급한 것은 바로 자신을 소개하고 있는 것이다. 예수님은 세리와 죄인의 친구로 오신 분이다.

모든 성경의 결말은 예수님이다. 그 사마리아 사람이 기름과 포도주를 붓고 한 것은 예수님의 물과 피로서 치료하시는 내용이다. 주막에 맡긴 것은 우리로 하여금 교회라는 곳에 맡긴 것이다.

예수님은 낮고 천한 인생의 모양으로 즉 사마리아인으로 세상에 오시어 마귀에게 실컷 언어맞아 죽게 된 우리를 율법으로도 안 되고 계명으로도 안 되는 것을 자신을 십자가의 못 박히므로 흘리신 물과 피로써 우리를 씻기시고, 상처를 싸매어 주막과 같은 교회로 후송하시는 모습이다.

이튿날 부비가 더 들면 내가 돌아와서 갚으리라 하신 이튿날은 예수님 재림하셔서 우리를 보상하시는 내용이다. 데나리온 둘은 우리의 구원에 대한 신구약말씀으로 예수님 재림하실 때까지 우리 영혼이 건강해지는 것이다.

예수님 재림하실 때 우리의 모든 것이 회복이 되고 보상을 받게 된다.

예수님이 비유를 들어 말씀하시면서 이 셋 중에 누가 강도 만난 자의 이웃이 되겠느냐 하시니 자비를 베푼 자이다.

네 이웃이 누구냐 라고 물은 율법사에게 네 이웃은 너희가 바라고 있는 율법도 아니고 계명을 지켜서도 아니고, 제사장이나 율법사도 레위인도 더더욱 아니고, 너희들이 사마리아인처럼 부정하게 여기는 내가 바로 네 이웃이다. 라고 간접적으로 말씀하시는 비유의 말씀인 것이다. 우리는 율법의 대강령은 위로 하나님을 사랑하고 아래로 이웃을 네 몸과 같이 사랑하라 하심을 따라 옆에 사는 김 서방, 이 서방 하는 이웃으로 생각하는데 그것도 이웃이 되겠지만 성경이 말씀하시고 있는 이웃은 자비를 베푼 예수그리스도를 가리켜서 네 이웃이라고 하시는 것이다.

인간은 자비를 베풀 위인이 못 된다. 십자가에 못 박혀 돌아가시면서 물과 피를 흘리시고 살을 주신 예수님 밖에는 참된 이웃이 누가 있겠는가.

44

복 받는 비결과 사상

이 땅에 태어난 인간이라면 누구를 막론하고 잘 되기를 원하고 복받기를 원하고 형통하기를 원하고 부자 되기를 원한다.

세상 사람들은 복 받으려고 부처 앞에 혹은 우상 앞에 절한다. 입춘대길이라는 문구를 써서 붙여 놓고 복이 굴러 들어오기를 기다린다. 이런 복의 사상은 모든 인간 잠재의식 속에 깔려 있는 듯하다.

기독교인들도 예외는 아니다. 내 힘이 아닌 다른 힘을 빌려서라도 복 받기를 원한다. 그 복의 결말은 부자가 되는 것이다.

세상에서 공부를 많이 하여 좋은 직장 갖는 것도, 좋은 기술을 갖는 것도, 결국은 돈 많이 벌어 부자가 되는 것이다. 교인들이 새해 들어 첫인사가 새해에 복 많이 받으라 하고 부자 되라고 한다. 물론 축복하는 말이 저주하는 것보다는 좋지만 알게 모르게 교인들도 세상 사람들이 가는 방향으로 가고 있는듯하다.

세상 사람들은 부처나 우상의 힘을 의지하여 복 받으려 하고, 교인들은 예수의 이름을 빙자해서 부자가 되려고 한다.

옛말에 이런 격언이 있다. 제사에는 관심이 없고 떡밥에만 관심이 있다. 라는 말이 있다. 오늘날 교인들이 죄 사함이나 구원문제 내세적인 문제보다는 현세에 땅에서 잘되는 축복만을 받으려고 하는 생각이 많은 것 같다.

일선에서 인도하는 목회자들이 교인 하나 얻기 위해 수고한다. 그런데 얻은 교인들에게 예수 믿으면 세상 것을 버리고 자기 자신도 버리고 십자가를 지고 주님이 가신 고난에 길을 가게 하는 것이 아니고, 처음부터 예수 믿으면 축복받는 사상만 불어넣어 주는 것 같다.

기도하라고 한다. 기도하면 다 주신다고 가르친다. 정말 기도하는 것 다 주실까? 세상 것 마구잡이로 기도하고 주실 것이라 기다리게 한다.

이에 발맞추어 등장하는 성경이 말라기 3장에 십일조 사상이다. 십일조 사상은 신구약의 무 너 질 수 없는 만고의 진리로 등장하고 있는 것이다.

구약시대 복의 사상과 신약시대 복의 사상은 정반대의 사상이다. 구약시대 복은 육의 속한 복이다. 이 땅에 것 눈에 보이는 것들, 즉 양떼가 많은 것 자녀가 많은 것 건강한 것 장수하는 것 출세, 부자로 사는 것이 복이 되었다.

인간은 세 종류로 지음을 받았다. 몸과 혼과 영이다. 살전5:23절에 영과 혼과 몸이 우리 주 예수그리스도 강림하실 때에 흠 없게 보전되기를 원하노라. 히4:12절에도 "혼과 영과 및 관절과 골수를 찔러"란 말씀이 나온다. 그러나 크게 나눈다면 몸과 영이다.

창세기부터 말라기까지 구약이라 한다. 구약시대 복의 사상은 육신의 대한 것들이 대부분이다. 아담을 비롯해서 아브라함, 이삭, 야곱 모두 땅에서 거부로 살았다.

땅의 것을 많이 갖는 것이 복이었다. 양 떼가 많고 자녀가 많고 오래 살면 복이다.

이런 복의 사상을 그대로 이어받아 우리도 이 땅에서 잘 살아야 된다면서 부자의 바람을 불어 넣는다. 이러한 물질적인 복을 최고조로 끌어 올려주는 성경이 말라기서 3장의 십일조 사상인 것 같다.

노골적으로 드려 보라 한다. 쌓을 곳이 없도록 부어 주신다 하다. 시험해 보라까지 하신다.

이 사상이 지금 예수님 시대에 교회가 세워진 곳이라면 변함없이 전파되어 왔다. 핵심으로 삼고 있다.

오늘날 교인들을 부자로 만들기 위해 이 십일조 사상을 불어넣어 만들어 가고 있는 것이다. 나도 부자가 되어 보려고 십일조를 열심히 드렸다.

잘사는 것이 사람들에게 본이 된다고 한다. 어느 교인이 가난하고 못 살고 사업을 해도 실패를 하면 으레 자기 자신이나 교회지도자들은 은근히 십일조사상에 잣대로 재기 마련이다. 이 잣대로 재면 안 걸릴 자가 누구인가.

어떤 목사님은 자신은 십 분의 이를 드린다고 하다. 교인들이 선물을 드리면 그 선물도 값을 쳐서 현금 십일조를 드린다고 하다.

이렇게 드리는 것이 온전한 십일조일까? 세상에서 정말 온전한 십일조를 드리는 사람이 있을까? 이스라엘 백성도 못 한 것을 신약시대의 교인들이 할 수 있을까? 율법에서 나온 것은 온전해야 된다. 열 가지 계명 중에서 한 가지만 범했어도 아홉은 무효가 되는 것이다.

글쎄다. 이 세상에서 온전한 십일조를 드릴 자가 과연 있을까? 있으면 몇 사람이나 있을까?

이스라엘 민족은 특별한 민족이다. 조금 나아서 택하셨다. 그런 민족도 못 한 것을 개와 돼지 같은 이방인 우리들이 할 수 있을까?

십일조를 온전히 드린다고 하는 것은 율법을 온전히 행하라는 말인데 육신으로 율법을 온전히 행할 인간이 있을까?

못하기 때문에 하나님께서 믿음이란 약속을 주신 것이다. 믿음이란 약속은 새 언약이다. 히브리서에서 말씀하신 바와 같이 처음 언약이 무흠했다면 다른 언약을 하실 필요가 없다고 하신 말씀이다. 율법은 지킬 수 없는 약속이기에 더 나은 약속을 하신 것인데 언제까지 교회 안에서 십일조 사상만 강조할 것인가.

예수님은 율법을 폐하려 오신 것이 아니고, 더 좋게 하려고 오셨다. 복 받는 다른 방법이 예수님 안에 있는 것이다.

어떤 교회에서는 절기 때 헌금을 목회자가 정해 준다고 한다. 장로는 얼마, 집사는 얼마, 권사는 얼마, 결국 그 교회에 있지 못하고 가신 분을 보았다. 어떤 교회에서는 예배드릴 때마다 헌금을 강조해서 직분 자들이 이탈하는 소리도 들었다.

어떤 교회에서는 이스라엘에 3대 절기 유월절, 맥추절, 수장절을 들어 하나님께 빈손으로 오지 말라는 구절을 인용해서 예배 시마다 강조하는 사례도 있다.

우리 한번 냉철하게 생각해 보자. 구약과 신약을 좀 구분해서 달구치자. 하나님께서 자기에게 오는 죄인들을 쉬라고 평안하라고 품어

주시려고 하시는데 중간의 이상한 목회자들이 멍에 목을 얹어 교인들로 하여금 교회 나가서도 평안치 못하고 괴롭게 짐 되게 하는 것이다.

이스라엘 백성은 일 년에 세 번만 가면 된다. 그러나 지금 교인들은 얼마나 많은 시간을 교회에 가는가. 1년에 52주일 저녁시간이 52번, 삼일 기도회, 구역예배, 철야예배, 갈 때마다 빈손으로 못 간다면 초대교회 사도들은 사랑의 짐 외에는 지우지 않게 하겠다 했다.

실제로 모든 종교 가운데 기독교보다 돈 봉투 많이 준비해 놓은 종교는 없을 것이다. 십일조 봉투를 위시해서 각종 절기, 감사, 건축헌금, 선교헌금, 일정헌금, 주정헌금, 월정헌금, 구역헌금, 남전도회, 여전도회 헌금들.

인간이 드릴 수 있는 것은 최대한 짜내는 식이다. 아주 교인들을 걸레 짜듯 비틀어 짜내려는 것 같다. 글쎄 정말 하나님께서 이렇게 많은 것을 요구하실까?

이렇게 잘 드려야만 기뻐하실까? 이렇게 낼게 많으면 사람의 방법과 요령이 생기지 않을까? 한 번 드릴 것을 나누어서 드리게 되지 않을까?

교인들로 하여금 외식자로 형식주의자로 요령자로 만들지는 않을까? 성경으로 돌아가자.

구원은 믿음으로 받지만 물질의 복은 십일조에 있다고 하다. 그럴싸한 말같이 들린다. 안식일 교회에서 주장하는 것은 우리도 예수를 믿는다. 성령도 다 믿는다. 그러나 안식일을 지켜야 온전한 구원을 받는다 한다.

교인이 아무리 믿음이 좋아도 온전한 십일조가 아니면 바른 믿음으로 인정하지를 않는 것과 같다. 안식일 교회에서 안식일을 구원의 위에 두고 안식일을 지켜야 구원의 완성인 것처럼 오늘날 교회에서도 십일조가 구원의 완성인 것처럼 생각을 하는 것 같다.

오늘날 교회 지도자들은 누구의 낯을 볼 때가 아니다. 성경 속으로 들어가 생각해 보자.

구약시대 교회가 왜 타락하고 무너졌나, 로마 가톨릭 교회가 왜 타락했을까? 거기에는 모두 돈과 연관되어 있다. 먼저 율법교회를 보자. 말라기서를 보면 제사장들의 타락 성을 볼 수 있다. 눈 먼 것 비루먹은 것과 같은 팔 수 없는 것들을 제물로 드리고, 상품가치가 있는 좋은 것들은 장사하는데 사용했다.

하나님은 이 광경을 보시고 한탄하시고 걱정하셨다. 차라리 누가 좀 성전 문을 닫았으면 좋겠다. 하시고, 이스라엘 민족과 400여 년을 정을 끊으셨다.

율법교회가 회개하기는커녕 하나님이 이미 떠나 안 계시는데도 불구하고 계속해서 성전 안에서 짐승을 끊어 들이고 각종 장사 터로 만들어 결국 예수님이 채찍으로 몰아내고 둘러엎으시고 책망을 하셨는데도 회개하지 않고, 오히려 예수님을 죽이려 했다.

로마교회는 어디까지 타락했을까? 베드로 성당을 지을 때에 속죄권이라는 제도를 만들었다. 이것도 돈을 모으기 위한 방법이다.

연옥에 있는 영혼을 빨리 천국으로 갈 수 있게 하는 것이 돈을 많이 내면 급행요금이라 빨리 가고 돈을 적게 내면 이것은 완행요금이다.

그럴싸한 방법으로 백성들의 주머니를 털었던 것이다. 이런 속에서도 마틴 루터와 같이 살아있는 자가 좀 고쳐 보려 하다가 결국 개혁을 일으켰다.

지금의 개신교회 500여 년이 지난 지금 어떻게 되어가고 있을까? 온통 돈으로 사고 파는 교회가 됐다. 목사도 돈만 주면 박사학위까지 받을 수 있다 하고, 장로도 3천만 원 내야 장로가 될 수 있다 하니 모두 돈 장사하고 있다.

베드로사도는 돈으로 성령을 사려고 한 마법사 시몬을 향해서 네가 성령을 돈으로 살 줄 알았느냐 돈과 함께 망한다고 책망했다.

돈과 함께 율법교회가 무너졌고 천주교회가 무너졌는데, 개신교회가 정신을 못 차리고. 타락의 길을 치닫고 있는 것이다.

지금 교회들이 속죄권을 만든 구 교회 못지않다. 정말 이렇게 내면 복을 받을까? 이렇게 해서 복을 받았을까? 의문이 간다.

이것이 예수님을 믿는 본질인가? 하나님께서 바라고 계시는 것일까? 이런 간증도 들어 봤다. 자신은 십일조를 잘해서 축복을 많이 받았다고 한다. 사업도 잘되고, 아이들도 좋은 대학 다닌다고 한다. 좋은 대학 다니면 축복받은 것일까? 사업 잘되면 복을 받은 것인가?

구약시대의 복은 부자 되고 장수하고 모두 그런 복이다. 눈에 보이는 것, 세상 것들이다. 십일조로 복을 받았다고 하는 교인보다 안 믿는 사람이 더 잘살고 큰 사업체를 운영하고 인류기업을 이끌어 가는데 저들은 어떻게 해서 부자가 되고 건강하고 오래 사는지 아이러니하다.

말라기서에 보면 제일 많이 책망받은 사람이 제사장들이다. 1:10

절에는 아주 무서운 말씀을 하신다. 차라리 성전 문을 닫을 자가 있었으면 좋겠다. 하셨다. 지금의 목회자들은 이런 성경을 백 번 천 번 읽고 제사장의 후예라 자만하지 말고 낮은 자리에서 교회 문을 닫지 않게 되기를 힘써야 되겠다.

바울사도는 원감람나무도 아끼지 않고 찍었거든 돌감람나무인 우리들이라 했다. 우리 회개 합시다 성경을 바로 가르칩시다.

어떤 가정에 딸이 시집을 갔다. 시집살이가 너무도 고되고 힘들어한다. 시어머니 눈치, 시누이 눈치, 이런 일, 저런 일, 치다꺼리하다가 지쳤다. 생활고도 심하다. 그 과정을 친정 부모가 알고 있다. 견디다 못한 딸이 친정집에서 며칠 푹 쉬고 오리라 마음먹고 친정집에 갈때 어렵게 살기 때문에 길거리 노점상에서 사과 삼천 원 주고 사 가지고 갔다.

그런데 친정아버지가 보자마자 화를 내면서 아니 우리가 너를 낳아 길러서 시집을 보냈더니 고작 이따위 사과 몇 개만 들고 왔냐며 역정을 냈다면 그 딸의 마음이 어떠했을까?

쉬러 온 딸이 쉬기는커녕 마음의 더 많은 상처를 받았으리라. 오늘날 교회 들이 이런 모습은 아닌지 살펴보자.

겉으로 보기엔 참 교회 같은데 정말 교회 안에 영적으로 육적으로 쉼이 있고 평안이 있는지 예수님의 보혈의 피가 흐르고 생명이 있는지 말이다.

설혹 초라하게 왔어도 친정아버지가 달려가서 딸을 얼싸안고 애야 무슨 소리냐 그냥 와도 좋아 빈손으로 와도 좋단다. 네 얼굴만 봐도 좋구나. 얼마나 고생 많이 했겠니. 이 손 좀 봐. 아이고 내 딸이 고생 많이 했구나. 아무 걱정 말고 며칠 푹 쉬었다 가거라.

이래야 하는 것이 아닌가?

친정집에 아버지 어머니 품에 쉬러 온 딸의 모습을 그리면서 오늘날 교회 지도자들은 사랑으로만 짐을 지었으면 좋겠다. 예수그리스도께서 이미 값을 다 지불해 주셨으니 돈 없는 자도 오라 평안한 교회 만듭시다. 친정집 같은 교회 말이다.

돈 더 내게 하는 방법 말고 마음껏 예수님 잘 믿게 하는 교회로 만들어 가자. 이 세상이라는 시집살이에 찌들고 상한 영혼들이 마귀의 밑에서 죄의 종으로 쉼도 없고, 평안도 없고, 소망도 없이 살면서 병마와 싸우고 근심 걱정의 멍에의 허리도 못 펴고 살던 죄인들이 하늘 아버지의 집에서 평안히 쉬려고 왔다.

그런데 오는 성도들을 편히 쉬지 못하게 들들 볶아치면서, 십일조 내라, 이것 내라, 저것 내라 하면 정말 평안할 수가 있을까? 안식할 수가 있을까?

예수님 말씀 듣고 가자. 마11:28절에 '수고하고 무거운 짐 진 자들아 다 내게로 오라 내가 너희를 쉬게 하리라.'

내가 장로 은퇴하고 의정부 큰 교회 두 곳을 들렀다 앉아서 기도 끝나기도 무섭게 처음 간 나에게 등록하라며 주보와 헌금봉투를 내밀고 있었다.

지금 세상에서 제일 큰 문제가 되고 시달리는 것이 돈 문제가 아닌가? 돈 벌기 위해 새벽부터 밤까지 사투를 벌이는 것이 아닌가? 돈 때문에 일평생 허우적거린다. 돈에 시달려 돈의 무거운 멍에에서 벗어나려고 교회 왔더니 교회 들어서자마자 현관 입구에서부터 돈 내라고 각종 봉투들이 즐비하고, 안내하는 자들은 기다렸다는 식으로 봉투를 내밀며 다 달구치면 혹 떼러 왔다가 혹을 붙이고 가는 것이 아닌가?

예수님이 편히 쉬라고 예비하신 집에 그 집 하인들이 극성을 부리는 것은 아닌가 싶다. 실제로 교회도 돈이 있어야 믿지 돈 없으면 행세도 못 한다고 하고 실족하는 사람을 많이 본다. 오늘날 장로가 되려면 몇 천만 원을 내야 한다니 참으로 어이가 없어 보인다. 왜 이렇게 교회 가 돈만 아는 교회가 되었을까?

예수님이 하늘에서 보시고 '가관이다 가관이다.'하실 것이다. 마가다락방에서 시작한 초대교회가 세력이 확장하며 바리새인 중에서도 믿는 사람이 많았다. 그런데 복음의 가시 역할을 한 사람들이 바리새인 교인들이다. 예수를 믿어도 할례를 받아야 된다면서 할례를 주장하다가 논쟁이 벌어졌다. 베드로가 설명하기를 우리 조상과 우리도 능히 메지 못하는 멍에를 제자들의 목에 두려 누냐 우리가 저희와 동일하게 주예수의 은혜로 구원받은 줄 믿노라.

구원뿐만 아니라. 다른 복도 믿음을 따라오는 것이다.

지금 이스라엘 백성도 그 누구도 못 한 십일조 사상을 예수님 오실 때까지 진리인 양 우겨서 끌고 간다면 마지막 심판 때 잘했다 칭찬받을 것인가 책망받을 것인가?

이제 우리는 예수님 시대로 들어가 보자. 신약 사상의 복은 어떤 복일까? 분명 십일조 사상보다 더 좋은 복의 사상이 있을 것이다.

분명 신약시대 복 받는 사상이 구약과 정반대다. 이것을 모르기 때문에 일선에 지도자들이 십일조라는 몽학선생에서 깨어나질 못하는 것이다.

신약시대 예수님이 우리에게 주신 복 받는 비결이 있을 것이다. 대개 말들 하기를 기독교 국가가 보편적으로 앞서가고 잘 산다고 한다. 정말 그렇다. 그런데 십일조를 잘 내서 잘 살까? 다른 이유가 있을듯 하다. 그러면 십일조보다 나은 사상의 비결이 무엇일까? 구약에는 아브라함을 복의 근원이라 했다. 물질을 주시고 세상의 땅을 허락하셨지만, 예수님 시대에는 예수님이 복의 근원이시다. 예수님에게는 보이지 않는 천국을 허락하셨다. 예수님을 통해서 구원만 받는 것이 아니고 다른 복도 받는 것이다.

마6:33절에 '너희는 먼저 그의 나라와 그의 의를 구하라 그리하면 이 모든 것을 너희에게 더하시리라.' 바로 신약에서 복[축복] 받는 비결은 이 말씀에 있는 것이다. 그의 나라는 천국을 의미하지만 더 가깝게 예수님 안을 설명하는 것이다. 예수님 품 안에 들어간 자마다 평안이 있고 안식이 있다. 예수님이 늘 말씀하신 내용 중 내가 너희 안에 너희가 내 안에 있어야 된다고 하던 말씀이 바로 그 나라의 들어가는 것이다.

그의 의는 말할 것도 없이 십자가 대속의 의다. 피 흘리시고 그 피로 우리를 깨끗게 하시고 생명을 주신 의다.

우리가 먼저 구할 것은 하나님이 보내신 예수를 구주로 영접하고 그 안으로 들어가는 것이다.

예수님 안이 천국이고, 의로움이고, 복 받는 비결이다.

구약에서는 우선이 되는 것이 십일조라도, 예수님시대에는 예수님이 우선이고 먼저가 되는 것이다. 우리 속에 예수님만 계시면 다른 모든 것도 받는 것이다.

이 모든 것이라는 단어 속에는 장수도, 건강도, 행복도, 물질도 다 들어 있는 것이다.

구하라 주실 것이요. 찾으라 찾을 것이요. 문을 두드리라 열릴 것이다. 한 말씀도 모두가 예수님을 구하고 찾으라는 말씀이다.

하나님은 예수님을 먼저 구하지 않고 다른 세상 것을 먼저 구하면 외면하신다. 그러나 먼저 예수님을 구하면 하나님이 제일 좋아하신다.

예수님도 많이 주시고 다른 것도 덤으로 주시는 것이다. 이것이 신약시대 복 받는 비결이다.

롬8:32절에 '자기 아들을 아끼지 아니하시고 우리 모든 사람을 위하여 내어 주신이가 어찌 그 아들과 함께 모든 것을 우리에게 은사로 주지 아니 하시겠느뇨.'

신약시대 성도들과 그 나라들이 복 받는 비결은 하나님의 아들인 예수님을 먼저 받아들였기 때문에 모든 것을 덤으로 은사로 받은 것이다. 그래서 예수님 잘 믿는 나라들이 보편적으로 잘살고, 선진국이 된 것이 십일조의 사상보다는 하나님의 아들을 믿는 믿음에서 온 것이다.

눅7:22절에도 가난한 자들에게 복음이 전파된다 한다. 여기서도 이상한 말씀처럼 들린다.

가난한 사람에겐 당장 떡을 주시든지 돈을 주시든지 해야지. 가난한 자와는 상관도 없어 보이는 복음을 주셨을까?

복음이 누구인가? 예수님이시다. 바로 신약시대 복 받는 비결의 핵심적인 말씀이다.

예수님은 가난한 자에게 자신을 받으라 하신다. 예수님을 받은 자는 덤으로 다른 것도 받게 되기 때문이다.

예수님은 돈에 대한 말씀은 별로 안 하셨다. 마6:19절에 너희 보물을 땅에 쌓아두지 말라. 하신 말씀이 나온다. 이 말씀도 잘못 인식하고 있는듯하다. 보물이라니까. 우선 먼저 떠올리는 것이 이 세상 돈으로 착각을 하는 것 같다. 돈으로 설교하는 소리도 많이 들었다.

예수님이 하신 말씀에 보물은 인간이 생각하는 돈이나 물질이 아닌 것이다. 성경에서 보화다. 보물이다. 진주, 황금, 보석은 바로 예수님을 상징한 말씀이다. 요5장에는 밭에 감추인 보화라고 하셨다. 진주장사 비유도 하셨다.

바로 나를[예수님을] 세상에서 가장 귀한 보물같이 여기고 생각하라 하신 말씀이다. 성경에는 돈을 사랑함이 일만 악에 뿌리다 했는데, 그러면 그 돈을 천국에까지 끌고 올라가서 잔뜩 쌓아놓고 사모하고 생각하라는 말씀이 된다.

하나님 우편에 계신 예수님을 항상 바라보라는 말씀이다. 스데반이 순교를 하면서도 예수님을 바라본 것처럼 말이다.

예수님은 바리새인들한테 책망하실 때, 너희가 박하와 회향과 근채의 십일조를 들였어도 의와 인과 신은 버렸도다. 이 말씀 속에서도 의와 인과 신이 누구인가? 예수님이시다 그러니까 십일조보다 앞선 것이 말씀인 예수님이시다.

바리새인은 십일조를 잘하고도 책망받았다. 신약에서 십일조로 복을 받는 것이라면 가난한 자들에게 십일조 설교를 많이 하셨을 것이다. 그런데 일체 안 하시고 복음인 자신만 믿으라고 하신 것을 볼 수 있다.

공생에 삼 년 동안 십일조를 생명과 같이 무게를 두고 귀중한 뜻으로 말씀하신 곳은 한 군데도 없어 보인다. 가벼운 뜻으로 이것도 행하라고만 하셨다.

그것은 인간이 모이게 되면 돈이 필요한 것을 아시기 때문이다. 예수님도 열두제자와 같이 생활 하실 때에 가룟 유다가 돈을 관리했다. 구약에도 곡식 떠는 소의 입에 망을 씌우지 말라하셨다. 신약에도 일꾼들이 삯을 받는 것이 당연하다 기록했다.

베드로 사도도 죽을 때까지 복음을 전하였어도 돈에 대한 설교는 별로 안 했고, 바울사도 역시 약간의 말은 했지만 지금의 교회들처럼 십일조 복음에는 중점을 두질 않았다.

바울사도는 심지어 내가 전하는 예수 외에 다른 복음을 전하면 저주를 받으라 했다. 십일조가 복 받는 복음이 되어서는 안 되는 것이다.

구원도 예수님, 복도 예수님이어야 한다. 왕하4장에 이런 말씀이 나온다. 엘리사 선지자를 위하여 수넴 여인이 작은 방을 준비하고 책상 걸상 침대와 촛대를 준비하고 엘리사로 하여금 쉬었다 가게 한다. 엘리사가 방에서 쉬면서 게하시 에게 말하기를 이 수넴 여인이 우리에 대하여 생각이 주밀하도다.

내가 무엇을 하여 주었으면 좋을까 물었다. 이때 게하시가 하는 말이 이 가정에 두부부가 나이는 많은데 자식이 없다 하다. 엘리사가 여인을 부르라 하여 왔다. 명년에 아들을 안으리라 했다. 여기 무슨 뜻이 있을까? 수넴 여인은 아들을 받기 위해서 방을 준비한 것이 아니다.

그냥 선지자로 하여금 평안히 쉬어가라고 한 것뿐인데, 엘리사로 하여금 더 좋은 선물을 덤으로 받았다. 바로 이런 원리의 뜻이 주님과 우리 사이다.

우리는 그냥 순수한 믿음으로 나를 위해 십자가에 고난받으시고 흘리신 주님의 피를 내 마음속에 받아들이고. 예수님이 거하시도록 내 마음의 방만 준비해두면 된다.

주님이 내 마음속에 계시면서 나에게 필요한 것이 무엇일까? 생각하시면서 덤으로 부어주시되 흔들어 넘치도록 부어주시고 안겨주시는 것이다.

마법사 시몬이 돈을 드려 성령을 사려 한 것처럼 오늘날 돈을 드려 복을 사려하고 있는 것이다. 안식일 교회가 예수 믿어도 안식일을 지켜야 된다고 하는 말이나 예수 믿는 헬라파 바리새인교인들이 예수 믿어도 할례를 받아야 된다고 주장을 하듯, 예수 믿어도 십일조를 잘해야 복을 받는다고 한다면 그 나라와 그의 의를[예수님을] 구하면 이 모든 것을 주시리라 한 성경 말씀은 있으나 마나한 말씀이 되는 것이다. 스데반처럼 돌에 맞을 준비하고 썼다.

45

인간 속은 얼마나 넓을까

인간이 살아가는데 필요한 것은 의식주다. 입을 옷과 먹을 것과 잘 집만 있으면 살아갈 수 있다. 그런데 그 의, 식, 주라는 개념이 인간의 마음에 차려면 한이 없어 보인다. 처음에는 작게 시작을 한다.

그런데 점점 확대되고 불어난다. 그 과정을 만들어 가는 데는 육신을 지배하는 마음인 것 같다. 인간은 나면서부터 죽을 때까지 긁어모아 쌓으려 하고 채우려 한다. 그런데 어떤 사람이든지 다 채우고 간 사람은 없는 것 같다.

도대체 인간의 마음속이 얼마나 넓길래 채울 수가 없을까? 그 인간의 마음은 얼마나 큰 것일까? 잴 방법이 없는 것 같다. 보이는 세계는 다 측량을 한다. 망망대해도 높은 산도 넓이와 크기를 다 측량할 수 있다.

그런데 한 인간의 마음속은 측량할 길이 없는 것 같다. 인간은 자기 마음속을 채우기 위해 욕심과 탐심까지 부리면서 채우려 한다. 남의 것을 빼앗아서라도 채우려 한다.

요즈음은 쓰레기봉투 종량제를 사용한다. 20리터 50리터 100리터가 있다. 이런 봉투에 재활용 봉투가 있고 일반 쓰레기를 담는 봉투가 있고 음식물만 담는 봉투가 있다. 먹는 것만 탐하는 마음은 음식물 봉투가 된다. 돈만 집어넣는 그릇은 사람이 아니고 금고다. 돈주머니다. 우리 속에는 욕심이 있다 그 욕심으로 빨리 채우려 한다.

인간의 속은 몇 리터나 담을 수가 있을까? 살고 있는 집은 몇 평 정도면 만족할까? 인간이 재물에 대한 욕심은 얼마만 있으면 만족할까?

어떤 사람은 집이 여러 채 있는데도 더 가지려 하고, 어떤 사람은 땅 부자인데 더 못 가져서 애를 쓴다. 기업가들은 계열기업을 늘려나가고, 대기업 총수들은 해외까지 사업을 늘려 나간다. 그런데도 만족할 줄 모른다. 도대체 인간의 마음속이 얼마나 넓길래 채울 수가 없을까? 아니 없는 것인가.

전도서4:8절에 어떤 사람은 아들도 없고, 형제도 없으니 아무도 없이 홀로 있으나 수고하기를 마지아니하며 부를 눈에 족하게 여기지 아니한다 하다. 돈만 넣는 궤를 돈궤라고 한다. 금고라 한다. 사람 속에 돈만 있다면 그 사람은 입만 벌렸다 하면 돈 얘기만 나올 것이고, 그 사람은 이미 돈의 노예가 되고 종이 되어 온갖 마음과 육신이 돈으로 묶여있는 봉투와 같다. 인간적인 인간은 못될 것이다.

돈만 아는 사람을 가리켜 돈벌레라 한다. 그런 사람은 온갖 세상 것들이 돈으로만 보이게 된다. 가룟 유다가 그랬다. 예수님까지도 돈으로 보인 것이다.

이런 마음에는 예수님이 들어가실 공간이 없다. '세상에 이런 일이'라는 TV프로가 있다. 어떤 할머니 노인이 자기 집을 쓰레기 고물들로 잔뜩 채웠다. 집 입구서부터 안에 방, 거실 주방, 화장실 할 것 없이 가득 쌓아놓았다. 다닐 수조차 없다. 쓰레기 더미 위에서 먹고 자고 하며 생활하면서도 불편함을 모르고 지낸다. 이것은 육신의 눈에 보이는 쓰레기지만.

우리 마음의 공간을 인간들은 이런 각종 더러운 죄와 악으로 불법으로 탈법으로 가득가득 채우고도 깨닫지를 못하고 있는 것이 인간이다.

세상에 모든 사람들은 사람이 아니고 더러운 죄악만 담은 쓰레기통일 뿐이다.

우리 마음은 예수님이 거하시는 거룩한 집이 되어야 하는데 쓰레기만 잔뜩 들어있는 쓰레기봉투와 같은 것은 아닌지 살 표 보아야 할 것이다.

인간의 마음이 처음엔 빈 그릇 같다. 그러나 자기 마음에 무엇을 담느냐의 따라 그릇의 용도가 바뀐다. 쓰레기를 담으면 쓰레기통으로 돈을 담으면 돈주머니로 물을 담으면 물그릇으로 술을 담으면 술병이 된다.

그래서 예레미야서17:9절에는 만물보다 거짓되고 심히 부패한 것이 마음이라 했다.

오늘날 인간 속마음에는 온갖 썩은 것, 냄새나는 것, 벌레가 우글우글하고 더러운 그릇들이 되어 버렸다.

왜 인간들은 이토록 마음에 무엇을 채우려고 할까? 인간은 이 세상을 혼자 다 가진다 해도, 다시 말해서 이 세상을 통째로 마음에 집어 넣었다 해도 결코 차지를 않는다는 뜻이다. 그만큼 인간의 마음속은 넓은 것이다.

배가 고픈 사람은 물불을 가리지 않고 뱃속으로 집어넣듯, 사람은 욕심 때문에 이것저것 따져보지 않고 마음을 채우려 한다. 그러다 보니 어느새 온갖 죄악의 쓰레기로 넘쳐난다.

이러한 마음에 예수님이 들어오시겠는가? 만일 예수님이 들어오셨다 해도 얼마나 계시겠는가? 들어오신 예수님께서 앉아 보지도 못하고 서성거리시다가 떠나지 않으실까?

그래서 예수님은 세상에 돈부자, 땅부자, 죄악의 부자들을 향하여 하신 말씀을 들어 보라. 너희들이 천국에 가는 것보다 약대가 바늘귀로 들어가는 것이 쉬울 것이라 하셨다.

TV에서 그 할머니는 쓰레기를 치우기로 마음먹고 구청에서, 시청에서 봉사요원들이 대대적으로 끌어내고, 실어내고, 치우고, 닦고, 도배장판을 새로 하고 나니까 본인도 좋고 주변도 좋아지는 모습을 보면서 우리네 인간들도 이런 모습의 마음이었는데 예수님 영접할 때에 철저하게 회개하고 내 마음속에 케케묵어 쌓여있던 죄악들을 끄집어내고, 예수님 십자가에 흘리신 보혈의 피와 물로서 깨끗이 구석구석까지 씻어내는 것이다. 그리고 다시는 쓰레기 오물통이 아니다. 이제는 예수님이 거하시는 거룩한 그릇이 되고, 평안히 계실 수 있는 공간으로 변해야 된다.

그런데 인간의 마음에 세상 것을 다 집어넣어도 차지를 않고 무엇인가 부족한 것 같고 허전한 느낌이었었는데, 다 끄집어내고 대신 예수님 한 분만을 모셨는데 이상하게 마음속이 뿌듯하고 가득 채워지는 느낌이 든다.

그 이유가 무엇일까? 세상 것은 없어지고 주님의 십자가 보혈의 피만 내 마음에 들어와 있는데 왜 마음에 만족을 느낄까? 풍족한 느낌일까?

그것은 바로 예수님은 이 세상이 아닌 우주보다 크신 분이기 때문일 것이다. 그러니까 인간의 마음도 우주보다 크다는 뜻이다.

이 세상은 우주의 일부분이다. 수억 개의 별 중에서 이 세상이 가장 작다. 작은 세상을 담아봐야 차지를 않는 것이 뻔한 이치다. 그래서 채우려 하는 욕망에 이것저것 마구 닥치는 대로 채워 놨더니 그것이 쓰레기통으로 변한 것이다.

이런 것을 다 쏟아버리고 우주보다 크신 주님을 모시고 나니 마음이 터질 것 같고 뿌듯하고 흡족하고 풍족한 마음을 느낄 수가 있는 것이다. 바울사도는 예수님 없는 율법의 지식으로 가득 채웠었다. 그러나 그의 마음은 공허했다. 후일에 주님을 만나서 자기 속에 들어있던 율법의 쓰레기들을 끄집어 던져버리고 예수님 한 분만으로 만족을 얻은 대표적인 사람이다.

공허한 마음을 채우려고 별난 것들을 다 집어넣는다. 다른 종교도 가져 보고 우상 앞에 빌어도 보고 부처도 마음에 담아 봤지만 만족함이 없다. 이 세상 죄로 물든 자질구레한 것들이기 때문이다. 역시 우주보다 크신 분이 우리 마음에 오셔야만 마음이 만족을 얻는다.

주님이 이런 말씀을 하셨다.

심령이 가난한 자는 복이 있나니 천국이 저희 것이요 라고.

예수님이 계실 공간이 넉넉하게, 편안히, 조용히 계실 처소로 만들어 가면 좋겠다.

주님 우리 더러운 마음들을 주의 피로 씻어주시고 주님만을 모시는 거룩한 그릇되게 하옵소서.

46

육신의 병과 영혼의 병

세상에 태어날 때 인간은 영혼과 육신이 함께 태어났다. 육은 보이는 존재고 영은 안 보이는 존재다. 육신은 흙이고 세상에서 왔고, 영은 하늘로부터 왔다.

당연히 인간은 눈에 보이는 세상 쪽으로 더 기울어진다. 육신의 생각 중심에서 살게 되고 모든 육체가 바라는 것은 잘 먹고 건강하게 오래 사는 것이다. 이것이 이 세상에 태어난 육신들의 공통된 생각이다.

그런데 세상에는 죄가 들어옴으로 질병과 죽음도 생겨났다. 인간이 있는 곳이라면 죄가 있고 죄가 있게 되면 질병과 죽음이 꼬리표와 같이 따라다닌다. 인간의 최대 적이 질병이다. 그런데 그런 질병의 가짓수가 얼마나 많은가 엄청 많은 질병이 지금까지 육신을 파괴하고 무너뜨리고 있는 것이다.

고혈압, 당뇨, 위암, 간암, 폐암, 췌장암, 디스크, 관절, 중풍, 통풍, 외과, 내과, 이비인후과, 안과, 치과, 신경과 이런 과의 속한 질병들이 얼마나 많은가? 젊어서는 잘 모르다가 나이 먹고 육신이 늙어 갈수록 질병이 찾아온다. 없던 병이 생긴다. 어떤 병은 아픔을 느끼지 못하는 병도 있다. 느낄 때는 이미 늦었다. 암 종류도 20여 가지가 넘는 것 같다. 이렇게 병이 무섭 기에 보험이라는 것이 생겼고, 인간들은 병마와 싸우면서 많은 약과 치료방법을 동원해서 병든 육체를 보링해 가면서 근근이 살아왔다.

인간에게는 육신만 병이 있는 것은 아닐 텐데 분명히 영도 병이 있을 것이다. 영혼도 아픔을 느낄 것인데 왜 인간은 영적인 병은 도무지 모를까?

내 영에 어떤 병이 있는 줄도 모르거니와 알 수 있는 방법도 별로 없는 것 같다. 영혼이 건강한지 병들었는지 진단할 방법이 없다.

육신에 죽음이 있으면 영도 죽음이 있을 것이고, 육신에 중풍 병이 있으면, 영적인 중풍 병이 있을 것이다. 육신의 소경과 벙어리병이 있으면, 영에게도 소경과 벙어리 같은 병이 있을 것이다. 육신에게 문둥병이 있으면, 영적인 문둥병도 있을 것이고, 육신의 암들이 있는 것과 같이 영적으로도 암적인 병들이 있을 텐데 인간은 육신의 병만을 고치려 한다.

육신의 병은 고쳐 주는 병원도 있고 약도 있다. 그런데 영혼의 병은 어디서 고칠 수 있을까? 그래서 우후죽순처럼 생겨난 것이 각종 종교들이다.

미신과 귀신을 이용한 무당, 박수, 점쟁이들이 돌팔이 의사처럼 인간의 약점을 이용해서 영과, 육의 병을 고치겠다고 인간들 속으로 깊숙이 파고들어 왔다.

육의 병은 육신인 사람이 고치려고 하고, 영의 병은 신을 빙자해서 신의 힘을 빌려 고치려고 한다. 그중에 허가 난 병원과 같은 곳이 불교이고, 천도교, 천리교라고 하는 교자를 붙인 종교들이 영혼의 문제를 해결해 보겠다고 화려한 간판을 붙여 놓고 인간들의 마음을 몇 천 년 동안 다스려 오고 점령해 왔다.

그중에 기독교계통의 교회들도 인간들의 영적인 문제를 해결하기 위해 도전을 하고 있다. 이쯤 되면 중간의 있는 인간들은 혼동이 올 수밖에 없다 어디를 가야 하나? 무엇을 믿어야 하나? 어떤 종교가 진짜 종교인가? 모두가 자기네가 참이라고 선전을 하기에 판단을 내리기가 어렵고 선택하기가 어렵게 됐다.

우리는 이것을 먼저 알고 믿어야 한다. 미신과 무당, 점술가, 불교, 세상 종교들은 사람이 죽은 귀신들이다.

그러기에 그들은 사람의 형상을 만들어 놓고 그 귀신을 빙자하고 힘을 빌려서 사람의 영과 육의 문제를 풀어 보려 한다.

그러나 기독교는 차원이 다르다. 육의 몸과 영혼을 지으신 창조자 하나님이 인간을 위해 육신을 입고 오셨다. 그분이 우리가 믿는 예수시다. 예수님의 육신은 우리와 똑같은 인간이다. 그런데 그 속의 영은 하나님이다.

예수님은 인간의 육신의 병도, 영혼의 병도 아울러 고쳐 주신 분이다. 지금도 영육의 질병에서 고치시고 계신다.

예수님이 공생의 시작 하실 때에 제일 먼저 하신 일이 회개하라 하시고 천국 복음부터 전파하셨다. 육신이 먼저가 아니라 영혼의 병부터 고쳐 주시는 분이다.

영혼이 깨끗하고 건강하게 되면 육신은 자연히 좋아진다. 그러나 육신이 깨끗하게 되었다고 영혼이 깨끗하게 되지는 않는다.

그래서 예수님은 제일 먼저 귀신을 쫓아내는 일을 하셨다. 인간들 마음속에는 수많은 악령들이 우글우글하다. 우리는 그 영들을 볼 수가 없지만 그러나 주님은 보신다.

거라사 귀신 들려 무덤 사이에서 사는 사람이 이천 마리에 귀신이 들렸다고 기록되어 있다.

막달라 마리아는 일곱 귀신이 들렸었는데 고쳐 주셨다.

어떤 귀신은 더 나은 사람을 찾아다녔지만 없어서 먼저 집을 찾아왔고 너무 깨끗해서 못 들어가고 결국 자기보다 더 악한 동료 귀신 일곱을 데리고 들어갔다 한다.

우리 인간에게는 이렇게 많은 귀신들이 누구에게나 들어와 살고 있는데 모르고 있는 것이다.

옛날에 시골 초가집에 봄이 되면 제비가 집을 짓는데 개체수가 많다 보니 여기도 짓고 저기도 짓는다.

우리 마음속은 악령 귀신 마귀들이 들어와 살기가 제일 좋은 곳이다. '가재는 게 편'이라는 말이 있다. 육신은 육신끼리 영은 영들끼리 통한다. 귀신들이나 마귀들이 나무나 돌보다 살기 좋은 곳은 사람의 영혼 속이다.

이스라엘 민족이 가나안 땅에 들어갈 때에 이미 그 땅에는 일곱 족속이 살고 있었다. 그 일곱 족속을 진멸하고 몰아내야 이스라엘 백성이 살 수 있는 공간이 된다.

영적으로 보면 나라고 하는 한 인간 영혼 속에는 이렇게 많은 죄악의 마귀들과 귀신들이, 또 악령들이 예수님 믿기 전에 이미 점령해 버렸다.

그리고 나를 지배해왔고, 지금까지 다스린다. 그런 일곱 귀신들이 내가 호령한다고 내 마음에서 순순히 떠날까?

귀신은 점점 늘어나고 사람들 속에 들어오려고 하는 귀신들이 우글우글할 것이다. 오늘날 인간들이 잔악해지고 불법을 좋아하고 무서운 것은, 많은 귀신들이 사람들 속에 가득하기 때문이다.

소독을 안 한 과일을 먹어 봤는가? 우리는 시장에 나오는 좋은 과일만 먹기 때문에 과일 속에서 벌레 나오는 것을 모른다. 그것은 수없이 살충제 살균제로 소독을 했기 때문이다.

시골 텃밭에서 소독을 안 한 과일은 겉모습은 멀쩡한데 먹으려고 깨물어 보면 벌레가 꾸물꾸물 기어 나온다. 소독을 안 했기 때문이다.

그와 같은 원리다. 인간들 영혼 속에는 수많은 악령들이 존재한다. 인간에 힘으로는 쫓아낼 수 없다. 한 마리도 물리칠 수가 없다. 그런데 일곱 마리라면 쫓아낼 수 있을까? 이천 마리는 더더욱 힘들다.

우리 속의 마귀라는 벌레들을 무엇으로 쫓아낼 수가 있을까? 좋은 책을 보면 떠날까? 부처 앞에 불공드리면 떠날까? 굿을 하면 떠날까? 엄나무 가시나무를 무서워할까? 고춧가루를 무서워할까?

우리 속에 살충제와 같은 역할을 하는 것은 예수님의 십자가 보혈의 피 밖에 없다.

예수님 이름 외에는 그 어떤 것도 없는 것이다.

예수님이 고쳐 주신 병중에 문둥병을 고쳐 주셨다. 구약의 보면 문둥병에 대한 규례가 있다. 많은 분량을 차지한다. 그만큼 문둥병이나 옴이 육신의 엄청난 무서운 병임을 보여 주는 것이다. 문둥병이 발병하면 일주일 단위로 제사장에게 진단을 받는다. 악성 문둥병으로 판명되면 그는 얼굴을 가리고 부정하다 부정하다를 외치면서 사랑하는 가족과도 헤어져야 하고 별도로 떨어져서 살아가야 된다.

다른 병은 있어도 가족과 함께 살 수가 있지만 문둥병은 별거생활을 해야 한다.

우리나라도 소록도로 몰아넣었다. 문둥병은 전염이 되고 감염이 빨리 되기 때문에 문둥병자와 격리시키는 것이다.

영적으로 문둥병은 죄를 의미한다. 죄는 유전되고 전파력이 있다. 선생이 없어도 빨리 배운다. 아담의 원죄가 후손들에게 유전되어 오는 것이다. 아담은 영적인 문둥병자다. 낙원에서 세상으로 격리되었다. 가인 같은 사람이 영적인 문둥병자다. 미리암은 모세를 원망하다가 문둥병이 들렸다. 원망하는 말은 다른 사람에게 전염된다. 원망하는 죄가 문둥병과 같다. 결국 미리암도 칠 일을 진 밖에서 보냈다. 웃시야왕이 문둥병에 걸렸다. 자기 본분을 지키지 않고 남의 것을 뺏으려다 문둥병이 들어 별궁에 거했다.

타락한 마귀가 자기 본분 지키지 않고, 하나님 영광을 뺏으려다 문둥이가 되어 쫓겨 났다.

오늘날 남의 것을 탐하고 빼앗으면 영적인 문둥병자다.

예수님 시대에 영적인 문둥병자는 바로 제사장들이며 바리새인들이다. 저들은 사사건건 트집 잡고 시기하고 원망하는 자들이다.

교회 안에도 현대적 문둥병자들이 있는 것이다. 조용하던 교회가 이런 사람만 등장하면 갈라지고, 편이 갈리고 찢어지고, 결국 분리해서 나간다. 영적인 문둥병과 옴 환자들인 것이다.

예수님이 고쳐 주신 병중에 소경이 나온다. 바디메오는 예수님 지나실 때 나사렛 예수여 불쌍히 여겨달라고 소리쳤다. 결국 고침을 받았다.

실로암 연못으로 가다가 나음을 얻은 사람도 있었다. 육신의 소경은 빛을 못 보고 어둠에 갇혀 있다. 사물을 분별할 수가 없다. 방향 감각이 없고 길을 찾지 못하고 헤맨다.

영적인 소경은 빛 되신 예수님은 못 보고 어두운 세상에서 헤매는 자들이다. 오늘날 교회 안에도 영적인 소경이 얼마나 많은지 모른다.

세상 것은 통달했다. 돈 버는 일, 집 치장하는 일, 옷 잘 입고 잘 먹고 재산 모으는 일, 사업하는 일은 능수능란하다. 그런데 성경지식은 캄캄하다. 장로 권사가 되어도 성경은 단 몇 번 못 읽어 지식이 몽매하다.

교회에 앉아 있으면서도 생각은 온통 사업과 돈 버는 것과 세상 돌아가는 것만 눈에 선하다.

바울사도가 소경 중의 한 사람이었다. 율법은 선생인데 예수님을 못 보는 영적인 대표적인 인물이었다. 그런데 눈에 비늘 같은 것이 벗겨지면서 소경에서 고침을 받았다. 바리새인들이 소경이고 제사장들과 율법사들이 영적인 소경이었다.

병 중에는 또 중풍병자도 있었고, 한 손 마른 병자도 고쳐 주셨다. 중풍병자와 한 손 마른 자 또는 앉은뱅이병은 닮은 데가 있다.

모두 한결같이 한쪽밖에는 못 쓴다. 중풍병자는 오른쪽이든지 왼쪽이든지 한쪽은 살고 한쪽은 죽은 것이다. 피가 통하질 않기 때문이다.

한 손 마른병도 한 손만 쓰고 한 손은 무용지물이다. 이 역시 영적으로 땅에 속한 자다. 신앙생활 수십 년 했어도 자라지를 못하는 앉은뱅이 신앙이다. 기도할 때에는 세상 것만 구한다. 다른 우상종교인하고 구분이 안 된다.

세상 것은 살았고 영적으로는 죽은 자다. 땅의 것만 구한다. 자기 잘되고 자식 출세 형통 건강 모두 땅, 육신이다. 영적으론 얼어붙었다. 죽은 자다.

계시록에 나오는 라오디게아 교회가 살았다고 하나 실상은 죽었다 했다. 예수님의 제자 중에 가룟 유다가 그렇다 유다는 영적으로 중풍병자요. 앉은뱅이 신앙이요. 한 손 마른 병자다. 돈에는 눈이 밝다. 돈에는 능통하다. 인간 사귐도 좋다. 사람답다. 학식도 있다 수단도 있다. 그런데 신앙 면에서는 자라지를 못한다. 눈만 감으면 십자가가 보이는 것이 아니고 돈으로 흘러간다. 사업구상만 떠오른다.

벙어리도 열병도 고쳐 주셨다. 벙어리병은 세상 자랑은 많이 하는데 말씀은 나오질 않는 병이다. 우리 모두 이 병에 걸려 있다.

열병은 몸에서 열이 난다. 그런데 자신은 춥다. 열병은 다시 말해서 혈기 병이다. 평상시엔 목사요, 장로요, 집사요, 권사다. 그런데 열이 턱까지 받칠 땐 분을 참지를 못한다. 분을 분출한다. 제직회 하다가도 목소리가 높아지고 열을 올린다. 당회 하다가도 열이 나면 자리를 박차고 나간다. 노회할 때에도 영적인 열병이 있는 자는 자기 분에 안 차면 의자도 날아가고 멱살도 잡는다.

혈루병은 어떤 병인가? 피를 쏟아내는 병이다. 추하고 냄새나는 병이다. 사람들이 그 사람 근처에 안 간다. 냄새가 나기 때문이다.

영적으론 어떤 사람일까? 예수님의 보혈의 피를 받고 땅으로 쏟아 버리는 자들이다. 교회 안에서는 주여, 주여 아멘, 아멘하면서 믿음의 사람 같아 보이는데, 세상 이웃 간에는 만날 이간질하며 싸움이 떠나질 않고 고소질하며, 손가락질 받는 자다.

너도 예수 믿는 자야? 하고 욕을 먹는 자다. 예수님의 보혈의 피를 죽은피로 썩은 피로 부정한 피로 쏟아버리는 병이다.

육신의 병중에서는 어떤 병이나, 어떤 병해도 죽음의 병이 가장 무서운 병일 것이다. 예수님은 나인 성 과부의 아들, 백부장의 아들 나사로와 같이 육신의 죽음의 병도 고쳐 주셨다

육신의 죽음은 영혼도 죽을 수 있다는 뜻이고, 육신의 고침은 영혼도 살아날 수가 있다는 뜻이다. 뭐니 뭐니 해도 가장 무섭고 고통스러운 병은 영혼이 구원받지 못하고 지옥으로 가는 병이다.

예수님은 죽음을 이기시고 부활 승천하셨다. 사망을 이기신 분이다. 죽음의 병도 고쳐 주시는 분이다. 예수님은 육신의 죽음의 병, 영혼의 죽음의 병 모두를 고치시려고 오신 분이다.

어떤 자들이 영적으로 죽은 자들인가? 수십 년을 믿어도 예수님의 십자가가 없는 믿음은 죽은 자다. 예수님 보혈의 피가 흐르지 않는 자는 죽은 자다. 그리스도가 없으면 죽은 자다.

예수님은 병들만 고쳐 주신 것이 아니다. 병은 가난한 병도 목마름도 병이다. 예수님 앞에 찾아온 가난한 자들에겐 복음을 주셨고, 목마른 자에겐 생수를 허락하셨다. 복음은 예수님이시다. 생수도 예수

님이시다. 가난한 자들에게 떡 몇 개를 주신 것이 아니고 아예 떡집을 주신 것이다.

목마른 자들에겐 물 몇 병을 주신 것이 아니고 아예 우물을 통째로 주신 것이다. 복의 근원이시고 생수의 근원이시다. 그런 예수님을 우리는 선물로 받았다. 이보다 더 큰 복이 어디 있으랴. 그런데 지금 교회 안에서는 예수님 말고 다른 복을 교인들에게 쏟아붓고 있는 것 같은 느낌을 받는다.

다른 복은 없다. 바울 사도는 내가 전한 복 외에 다른 복을 전하면 저주를 받는다 했다. 성경에 나오는 목마름이나 가난하여 떡을 먹는 장면들이 육신만을 위한 것으로 생각하고 거기에 맞추어 해석을 하게 된다.

물이라고 하면 대표적인 가나안 여인의 우물사건이 나온다. 이 내용으로 설교하는 소리를 많이 들었다. 모두 판박이다 여인이 행실이 안 좋다는 식이다. 그래서 사람 만나기가 부끄러워 아침에 못 오고 낮에 온다는 식이다.

한결같이 육신의 생각으로만 짜 맞춘다. 여기서 좀 크게 시야를 넓혀서 영적으로 생각해 보자. 우선 우물을 생각해 보자. 육신의 목마름을 해결하는 우물로 해석하면 방향은 예수님과 멀어지게 된다.

요한복음에 나오는 우물은 구원의 우물인 교회를 상징하는 것이다. 오늘날 우리는 영적으로 이방사람이요 가나안 여인 같은 존재다. 영혼의 목마름을 해결하기 위하여 구원의 우물인 예수님께로 가야 생수를 얻을 수가 있다.

양식이 없어 주림이 아니고 물이 없어 갈함이 아니라 말씀의 기갈이라 하셨다. 우물은 예수님 몸이다. 오늘날 교회를 상징하고 있다. 가나안 여인이 아침에 갔으면 예수님은 못 만나고 동네 사람들과 여인들만 만나고 왔으리라.

우물의 간 목적은 물을 얻기 위함이다. 교회 간 목적은 사람들을 만나기 위해서가 아니다. 생수가 되신 예수님을 만나야 한다.

예수님 몸이 우물이고 쏟으신 물과 피가 생수인 것이다. 그 피를 마신 자마다. 영원히 목마르지 않게 되는 것이다. 벳세다들에서 오천 명을 먹인 기적의 사건이 있었다. 여기에도 보면 기적과 표적으로만 돌린다. 이 내용도 엄청난 큰 뜻이 담겨 있다. 이 말씀도 육신들이 먹는 떡으로만 생각한다.

예수님은 육신과 세상이야기하려고 오신 분이 아니다. 자신과 하나님의 뜻을 전하려고 해도 시간이 모자라는 분이다.

여기에 떡에 관한 내용도 육신의 음식이 아닌 영적인 자기 몸을 가리킨 것이다. 예수님은 먹고 남은 조각 열두 바구니를 버리지 말라 하셨다. 그때 버리지 않고 남겨 간수하신 열두 바구니 지금까지도 있을 것이다. 누구를 주시려고 남겨 두셨을까.

분명 부스러기가 필요한 누군가가 있을 것이기에 버리지 말라 하신 것이다. 어떤 설교자는 예수님은 경제학자다. 낭비성이 없는 예수님이다. 라는 설교를 들었다. 성경은 육신을 위한 말씀이 아니다.

영적으로 듣고 영으로 해석해야 한다. 오천 명을 먹이고 12 바구니가 남았고 4천 명을 먹이고 일곱 광주리가 남았다. 그런데 버리는 것이 없도록 하라.

예수님은 그 남은 것을 언제 누구에게 주시려고 하시는 것일까? 지금 남은 떡 부스러기도 육신이 먹는 음식인 떡으로 생각하지 말아야 한다.

자꾸만 육신이 먹는 떡으로만 생각하니 사람의 육신적인 해답만 찾게 된다. 여기에 나오는 떡과 생선과 물은 예수님 몸을 생각하고 흘리신 피를 생각해야 한다. 예수님 몸은 [떡] 온 세상 사람이 다 먹고도 남을 것이고 예수님이 흘리신 생수이신 보혈은 온 세상 사람이 다 마시고도 남을 것이다.

가나안 여인이 예수님께로 와서 부르짖었다. 다윗의 자손이여 나를 불쌍히 여기소서.

'내 딸이 흉악히 귀신이 들렸나이다'하고 간청했지만.

예수님의 반응은 싸늘했다.

나는 이스라엘의 양들에게 보냄을 받았다 하다. 제자들은 한술 더 떴다. 시끄러우니 빨리 보내라 하는 식이다. 가나안 여인은 예수님 앞에 꿇어 절하며 간청하는 데도 자녀의 떡을 취하여 개들에게 던짐이 합당치 아니하니라.

여기서 잘 이해해야 된다. 가나안 여인이 한 말을 들어 보라. '옳습니다마는 개들도 주인의 상에서 떨어지는 부스러기를 먹나이다.'하다.

그런데 예수님의 대답이 기다렸다는 듯이, 여자야 네 믿음이 크도다. 도대체 뭐가 뭔지 잘 이해를 못 하겠다. 주인의 상에서 떨어지는 부스러기는 뭐고 자녀들의 떡은 무슨 뜻일까? 그리고 예수님은 가나안 여인에게 왜 개라고 하셨을까?

그리고 가나안 여인도 개라고 하는데도 달게 받았을까? 주인의 상에서 떨어진 부스러기와 벳세다들에서 먹고 남은 12 바구니하고는 어떤 연관이 있을까?

그렇다 바로 가나안 여인 같은 개와 돼지와 같이 생각하는 우리 이방민족들에게 주시려고 남기신 것이다. 즉 나에게 주시려고 남기신 것이다.

이스라엘 백성은 주인의 아들들이고 가나안여인과 우리는 이방인이다. 부정한 백성들이라 이스라엘 백성이 먹고 마시고 남겨진, 혹은 떨어진 부스러기 은혜를 먹는 것이다.

12 바구니는 이스라엘 12 지파를 위한 것이고 일곱 광주리는 아담 이후로 예수님 재림하시기 직전까지에 구원받을 백성들을 위하여 남겨 두신 것이다. 예수님은 육신의 떡이 아닌 자신의 몸으로 생각하시고 하나도 버리는 것이 없도록 하시고 자신의 몸이 떡과 같아서 모든 인간이 먹고 생명을 얻게 하시는 것이다.

심지어 아주 조그만 부스러기까지도 먹는 자에게 생명이 되어 살리시고자 하시는 것이다.

예수님은 육신의 병을 통해 영적인 병도 아울러 깨달아 고침받기를 원하시고 육신의 병이든, 영적인 병이든, 목마름의 병이든, 굶주림의 병이든 예수님을 먹고 마심으로 영육이 건강하고 구원받아 영생하도록 하시는 것이다.

'내 살을 먹고 내 피를 마시는 자는 영원히 멸망하지 아니 하리라.'

다윗왕의 모습과 압살롬의 모습

우리가 학교에서 공부를 할 때 반드시 문제가 있고 그 문제를 풀어가는 해답을 요구한다. 해답을 찾는 것이 교육이다.

성경에도 구약과 신약이 있는데 대체로 구약은 문제집과 같은 것이라면 신약은 해답집이다. 구약의 내용들은 모두가 신약에 예수님으로 풀어가는 것이다.

구약의 인물들 거의가 예수님 육신으로 오신 모습들을 보여주고 있다. 아담과, 아벨과, 셋도 아브라함, 이삭, 야곱, 요셉, 모세, 여호수아, 다윗, 솔로몬은 예수님 모습을 잘 드러내는 그림자와 같은 인물들이다.

열왕기 때 다윗 왕의 시대는 처음부터 끝까지 예수님을 보는 듯 하게하는 내용들이다. 여러 면이 있지만, 그중에 한 단면 다윗과 압살롬의 관계에서 보여 지는 모습들이 있다. 압살롬은 머릿결이 유난히 아름답고 몸에도 상처 하나 없는 완전한 자다.

그런 그가 아버지인 다윗 왕을 몰아내고 자기가 왕이 되려고 대적자가 된다.

여기서 하나님과 마귀를 놓고 생각해 보자. 하나님이 창조하신 피조물 중에는 천사들도 있었다. 그 가운데 루시퍼라는 천사가 지금의 압살롬과 같이 하나님을 대적하여 도전하고 있다. 하나님은 루시퍼를 아주 없애 버리셨더라면 세상은 조용했을 것이다. 그런데 내버려 두셨다.

타락한 천사가 온 세상을 시끄럽게 하고 있다. 세상인심이 압살롬에게 넘어가듯 지금의 인간의 마음은 온통 세상으로 마귀에게로 넘어가고 휩쓸려 가고 있는 것이다.

성자 하나님이신 예수님이 다윗 같이 세상에 오셨다. 그런데 예수님을 대적하는 압살롬과 같은 인물들이 또 다른 각도로 달라붙는다. 예수님 시대에 압살롬 같은 존재는 누굴까? 권세를 잡은 제사장들과 율법주의자들이다.

타락한 천사도 지음을 받을 땐 완전한 자라 했다. 흠이 없었다. 그러던 그가 교만하게 되어 하나님의 권세에 도전하고 하나님 자리를 탐내고 뺏으려 하다. 타락했다. 예수님 당시에도 제사장들이 다윗을 대적한 압살롬의 모습이다.

압살롬은 왕의 아들이다. 제사장들은 예수님의 동족이다. 압살롬은 왕의 아들이지만 왕위를 받지 못할 것을 알고 있다. 그래서 대적했을 것이다.

제사장들은 진짜 대제사장이 나타났다. 예수님은 대제사장이시다. 그 당시 제사장들은 자기 자리 지키기 위해서 예수님을 대적했다. 그래서 예수님을 더욱더 죽이려 했을 것이다. 자기들이 영원토록 제사장직을 하기 위해서다.

예수님은 제사장들과의 대화에서도 잘 나타나 있듯이 너희들은 마귀의 아들들이라 하셨다. 마귀의 피가 흐르고 있는 것이다. 마귀의 피가 흐르고 있다고 하는 것은 마귀의 모습이 유전되어 오는 것이다.

즉 압살롬의 모습으로 주님을 대적하는 것이다. 포도원 농부 비유에서도 주인이 종들을 보낼 때 죽이고 거저 보냈다고 했다. 이렇게 몇 번 한 다음 나중엔 아들을 보내리라. 아들을 보냄은 공경하리라 하고 보냈다.

그런데 먼발치에서 오는 주인의 아들을 보면서 저는 상속자다. 죽이자 그러면 이 소유는 우리 것이 되리라. 하는 생각으로 죽였다.

압살롬은 왜 다윗을 죽이고 자기가 왕이 되려 했을까? 농부들의 생각이나 제사장들의 생각이나 한결같이 자기들 것으로 차지하기 위한 것이다.

저들 속으로는 마귀의 피가 아담과 가인을 통해서 이어져 오고 있는 것이다. 압살롬은 다윗을 죽이고 자기가 왕권을 차지하려고 하고 한편으로는 다윗을 없애므로 장차 오실 메시야 예수님의 길을 끊어버리려는 마귀의 음모가 깃든 것이다.

압살롬이 실패하자 마귀는 예수님이 베들레헴으로 탄생하시자 또 다른 얼굴의 압살롬으로 변장하고 예수님을 없애려 한다.

그 이름이 바로 헤롯이다. 표면적인 문제는 유대인의 왕으로 오셨기 때문에 자기 자리 지키려고 두 살 미만 어린아이들을 모두 죽게 했다. 여기서도 결과적으론 메시야 예수님의 발을 붙이지 못하도록 하는 마귀의 속셈이 지배하고 있는 것이다.

결국 압살롬은 전배 50인을 세워서 압살롬이 왕이라고 선전하게 한다. 재판받으려는 백성들의 마음을 도적질하고 훔쳐 갔다.

다윗에게로 가는 사람들의 마음을 모두 돌려놓았다. 이 모습은 예수님의 어떤 모습인가?

예수님이 오병이어 기적과 죽은 자를 살리시고 각색 모든 병을 고쳐 주실 때에 예수님의 인기가 하늘로 치솟았다. 예루살렘 입성하실 때에는 모든 백성들의 마음이 호산나 만세까지 불렀다 마치 다윗이 골리앗을 죽이고 돌아올 때 여인들이 소고치고 춤추며 사울은 천천 이요, 다윗은 만만이라 함 같이 말이다.

그런데 내 살을 먹고 내피를 마셔야 영생한다 하시니 듣기 어렵다고 다 등을 돌린다. 하나님이 아버지라 하니 참람하다 하며 등을 돌린다. 그리고 사랑하는 제자 가룟 유다가 압살롬의 자리의 앉아 예수님을 대적한다. 여우는 꼬리가 아홉이라 한다. 마귀의 얼굴은 지금 여러 각도로 이용한다.

그렇게 인기가 많던 다윗이 몰골이 초라해 졌다. 반면 압살롬은 기세가 등등하다. 압살롬은 궁궐을 향하여 돌진하고 다윗은 궁궐을 벗어나 얍복 나루터에서 초라한 신세가 되었다.

이 모습은 예수님의 어떤 모습일까. 한때는 인산인해로 몰려들어 호산나 할 때도 있었다.

그런데 지금은 어떤가. 예수님은 궁궐을 버리고 초라하게 죄인이 된 다윗의 모습이다. 예수님을 따르는 자는 없다.

제자들도 다 도망가고 사도 요한과 여인 몇이 고작이다. 그런데 압살롬은 궁궐에 앉아서 다윗을 죽이기를 꾀하고 있는 것처럼 간신배들 즉 제사장들이 백성의 마음을 혼돈시켜 도적질해서 예수님을 죄인으로 몰아세우고 재판자리에는 지금 아히도벨의 베푼 모략과 같이 예수님을 어떻게 죽일까 하고 모략을 베푼 아히도벨의 음모와 같은 수난을 다윗이 아닌 우리 주님이 받으시는 모습이다.

아히도벨이 자기의 뜻이 관철되지 않자 고향으로 내려가 결국 목매어 자살했다. 예수님을 팔아먹은 가룻 유다도 목매어 자살했다.

다윗은 이 싸움 중에서도 요압에게 부탁하기를 압살롬을 너그러이 대하라고 간청한다.

이 모습은 예수님의 어떠한 모습일까? 원수들은 기세가 등등하고 예수님은 십자가의 못 밖인 상태다. 압살롬은 승리하는 것 같고 다윗은 패배자와 같은데도 다윗은 아버지의 마음으로 압살롬을, 즉 원수를 너그러이 대하고 죽이지 말라고 하듯,

예수님은 살기가 등등하고 승리할 것 같은 원수들 앞에서 자신은 초라하고 죽음의 모습에서도 하나님 아버지의 사랑의 마음으로 십자가 위에서 저들의 죄를 용서하여 주소서 하고 기도하신 우리 주님의 모습인 것이다.

구약의 성경에서 소설 같은 말씀이 많이 나온다. 우리는 그 소설 같은 말씀을 잘 이해해야 한다. 이 말씀이 무슨 말씀일까? 이 말씀엔 어떤 뜻이 있을까? 이 말씀은 예수님과는 어떻게 관계가 형성이 되어 있나 하고 자주 열어보면 예수님이 해답이고, 진리의 열쇠이고, 비밀의 핵심인 것을 알 수가 있게 되고, 성경의 깊은 곳으로 빨려 들어간다.

결과는 압살롬이 승리할 것처럼 보였지만, 압살롬은 길르앗 전투에서 긴 머리가 상수리나무에 걸려 결국 죽고 만다.

골리앗은 이마의 돌이 박혀 죽었고, 압살롬은 머리가 나무에 걸려 죽는다. 무엇을 의미하는가? 창3:15절에 '말씀과 같이 여인의 후손은 네 머리를 상하게 할 것이요. 너는 그의 발꿈치를 상하게 할 것이다.'

구약의 인물인 다윗은 그냥 사람으로가 아닌 예수님의 상징적인 모습으로 보냄을 받은 자다. 다윗이 고난받고 핍박받은 것은 예수님이 당하신 모습으로 보여 져야 하고 다윗이 한 싸움은 사람이 아니라 마귀 사탄과의 싸움임을 보아야 한다.

다윗과 싸운 골리앗도 사람이 아닌 사탄으로, 아버지를 죽이고자 한 압살롬도 부자지간이 아닌 사탄으로, 결국 이 두 사람은 머리가 상해서 죽었다.

다윗은 다시 궁궐로 입성했다. 이 모습은 예수님이 사망권세 어둠의 권세 마귀의 권세 다 이기시고 부활하신 모습이다.

솔로몬을 세워 놓고 세상을 떠난다. 우리 주님은 육신으로 죽으시고 삼일만에 살아나셨다. 그리고 다시 오실 것을 약속하시고 솔로몬 왕과 같이 평화의 왕으로 다시 오시고 우리와 같이 평화의 천년 왕국을 건설하시고 다스릴 것이다. 할렐루야.

48

광야, 좋은 것인가 나쁜 것인가

이스라엘 백성이 제일 많이 보낸 곳이 광야다. 광야는 글자 그대로 넓은 땅이다. 끝이 안 보인다. 광야는 죽음의 땅이다. 생명이라곤 찾아볼 수가 없다. 물도 없고 식물도 없고 그늘도 없다. 어디로 가야 할지 길도 없다. 좋은 것이라곤 찾아볼 수가 없다. 그러나 나쁜 것은 많고 해로운 것은 많은 곳이 광야다.

광야에는 무서운 전갈들이 득실거린다. 광야는 불 뱀들이 날아다닌다. 광야에는 이리떼와 사자들이 으르렁거린다.

광야는 죽음의 땅이다. 사망의 음침한 땅이다. 낮에는 뜨겁고 밤에는 춥다. 가도 가도 끝이 보이지를 않는 곳이 광야다.

이스라엘 민족이 이런 광야에서 어떤 생각이 들었을까? 어떤 감정일까? 당연히 애굽에서 살던 추억을 떠올리게 된다. 잘 먹고 잘살던 때가 그리워진다. 고기, 가마, 부추, 외, 마늘 그런 생각과 동시에 애굽으로 되돌아가고 싶은 마음으로 충동되고 이미 마음은 애굽에 가 있다. 그러기에 입으로 애굽으로 돌아가자 하고 시위를 한다.

이스라엘 백성이 애굽의 바로의 권세 아래서 노예로 살았을 때 모세와 아론을 통해서 해방시켜 주셨다.

그런데 왜 광야 길로 가게 하셨을까? 바로 가나안에 도착해야 되지 않았을까? 이스라엘 백성이 지나가야 할 광야 길도 그대로 가면 일주일 정도 아니면 길게 잡아도 한 달이면 갈 수 있는 거리를 40년 동안 뱅뱅 돌게 하셨을까?

이스라엘 민족은 지금 애굽이라는 경계를 벗어났다. 바로의 권세 밖에 있다. 홍해바다를 건널 때만 해도 가나안땅에 금방 들어갈 줄 알았다. 희망과 꿈에 부풀어 있었다. 소고치고 춤추며 노래까지 불렀다.

그러나 춤과 노래는 여기가 끝이다. 앞으로 다가올 시험과 어려운 난관들은 아무도 모르고 있다. 첫 번째 시험 무대인 마라를 깃 점으로 하여 완전히 무대가 바뀌어 가고 있다. 쓴물과 목마름, 배고픔, 더위, 전갈, 맹수, 원수와 대적들, 끝이 보이지 않는 절망감 일 년도 아니고 오 년도 아니고 십 년도 아닌 사십 년이라니.

이스라엘 백성은 지금 광야 가운데 갇혀 있다. 앞으로 가지도 못하고 그렇다고 되돌아갈 형편도 못 된다. 이쯤 되면 더욱 애굽이 그리워진다. 애굽의 고기 가마가 아른거린다. 부추와 마늘향기가 그리워진다.

원망 안 할 자 있겠는가? 여기저기서 원성이 터져 나온다. 반기를 드는 자도 있고 반역하고 거역하는 자도 있고, 심지어 신과 같은 모세와 아론을 대적하는 자들도 일어난다.

애굽에서는 구원을 받았지만 가나안땅은 구경도 못 하고 광야에서 모두 다 죽고 만다. 우리는 이 부분을 잘 이해를 해야 한다.

구원이라는 문제는 애굽과 바로의 권세에서 벗어났다고 구원받은 것이 아니라 가나안 땅에 들어간 자가 구원받았다고 할 수 있는 것이다. 결국 구원받은 사람은 육십만이 출발했지만 두 사람만이 구원받은 것이다.

광야는 시험장소다. 어렵고 힘든 훈련장이다. 시험 답안지의 바른 답을 써넣지를 못하면 불합격 판정을 받는다. 좋은 직장 대기업에 들어가기도 하늘의 별 따기라 한다. 그만큼 어렵다는 뜻이다. 아무나 갈 수가 없다.

그런데 가나안 땅을 아무나 들어가게 하실까? 아니다. 시험을 이긴 자 합격한 자만이 들어간다. 이제부터 신약시대 예수님을 믿는다고 하는 우리이야기도 해 보려 한다.

우리는 어떤가. 세상이라는 영적 애굽을 떠나 나온 자가 있는가? 세상이라는 영적 애굽의 경계를 벗어나지도 못하고 있는 모습이다.

초대교회 때나 중세교회 시대만 해도 성도들이 영적인 애굽인 세상을 떠나고, 등지고, 예수님을 따라나섰다. 그런데 지금은 믿는 자들이 과연 세상 밖으로 마음이 떠난 자들이 있을까? 도무지 세상을 떠나지 못하고 있는 것이 보인다.

무슨 말인가? 예수를 믿어도 광야에는 들어가지를 못하고 있으니까. 아쉬울 것이 없다. 우리는 지금 세상[애굽] 가운데서 예수 믿는다고 하니 아쉬울 것이 없고, 목마름도 모르고 배고픔도 모르고 사나운 짐승도 만나지를 않고, 전갈도 없고, 불 뱀도 없는 곳에 있기 때문에 평안한 것 같다.

이스라엘 백성도 고센 땅에 있을 때엔 아쉬울 것이 없었다. 거기서 나오게 되니 고생이다.

그러나 그런 자에게는 가나안은 있을 리가 없다. 이 세상이 천국이고 잘 먹고 잘사는 것이 구원일 뿐이다.

여기서 잠깐 바로의 말의 귀를 귀 기울여 보자. 바로가 모세와 아론에게 처음 한 말이 무슨 말인가? 생각해 볼 필요가 있는 대목이다. 우리는 바로의 이 말 한마디가 바로의 말이 아닌 온 세상을 다스리는 마귀의 음성으로 들어야 한다.

그 무슨 말인가? 너희는 이 땅에서 여호와를 경외하라. 그리고 너무 멀리 가지 말라. 이 세상이 얼마나 행복하고 좋은데 떠나려고 하는가? 이 땅에서 예수도 믿고 이 땅에 축복을 누려라. 이 세상에 고센 땅을 줄 터이니 이 세상에서 행복을 누리며 살아가라고 유혹하는 것이다.

거기에 온 세상 교인들이 다 포섭되어 있다.

목사, 장로, 집사 누구를 막론하고 영적인 애굽[세상] 바로의[마귀의] 권세에서 떠난 자가 얼마나 있을까? 모두 이 땅에서 축복만을 외쳐 댄다. 좋은 집 갖기를 원한다. 좋은 사업으로 돈 많이 벌기를 원한다. 좋은 대학 좋은 출세 모두 제일 좋은 것으로 모두 이 땅의 것으로 만족을 누리려 하는 것 같다.

이 땅에서 예수를 믿고 멀리 못 간 모습들이다. 바로와 애굽만 벗어났다고 구원받은 것이 아니고 광야의 시험에 합격하고 가나안에 들어가야만 구원받은 자다.

오늘날 성도들도 죄에서 구원받았다고 한다. 그러나 완전구원이 아니라 이 세상[광야]에서 모든 시험을 이기고 합격한 자만이 천성 가나안에 들어갈 자격이 있고 구원받았다고 할 수 있는 것이다.

하나님은 예수님을 믿는 우리들에게 달콤한 사탕만 물리시는 것이 아니고 초달을 준비하시고 영적인 체력을 위해 광야의 온갖 어려운 시험을 40년이 아닌 일평생 견디어야 한다. 세상이라는 답안지가 놓여있다.

바울 사도는 나의 달려갈 길을 다 달려갔으니 했다. 죽을 때까지 달려갈 길이 이 길이다. 끝까지 시험이 따라다닌다. 평안할 날이 없다. 우리는 온실 가운데 있는 연약한 식물이 아니다. 우리는 시험과 환란이 기다리는 광야에서 모진 훈련을 받고 있는 모습이다.

로마의 카타콤베에서 성도들이 받던 시험과 신앙훈련 모습과 터키 카파도기아에서 바위굴을 뚫고 들어가 신앙을 지킨 자들이 광야에서 시험에 합격한 자들이다. 일제 강점기에 손양원 목사님이나 주기철 목사님의 신앙이 광야를 지나가는 모습이다.

히11장에 기록된 말씀같이 죽음도 개의치 않고, 더 좋은 부활을 받기 위하여 구차히 면하지 아니했다 하는 부녀들이 광야 길을 갔다.

십자가에 거꾸로 못 박힌 베드로 사도의 광야에서 합격한 일, 단두대에서 칼에 목이 떨어진 바울 사도의 광야길, 화형을 받으면서도 찬송을 부르며 주님을 따라간 자들이 광야[세상]라는 시험지의 정답으로 합격한 자들이다.

오늘날 잘 먹고 잘살면 하나님의 은혜라고 하는 이들이 부끄러움을 느낄 줄 알아야 한다. 마귀가 주는 유혹의 매여 벗어나지를 못하고 있는 오늘날 교인들이 영적 가나안에 들어갈 자들이 과연 몇 명이

나 나올까?

이스라엘 백성 20세 이상 60만 명이 애굽에서 바로의 권세에서 벗어나 가나안 땅을 향해 출발했지만 모두 거의 다 탈락하고 겨우 두 사람 뿐이다.

대한민국 교회들이 초호화판이고 가득가득하다. 모두 구원받았다고 입으로 시인하지만 천성 가나안의 들어갈 자가 과연 얼마나 될까?

하나님은 누구든지 예수님 믿고 구원받기를 원하신다. 다 천국으로 오기를 원하시지만 그렇다고 아무나 미달자도 시험의 불합격자도 불러들이지는 아니 하신다.

한 사람이 와도 두 사람만 와도 괜찮다. 오직 구원은 예수그리스도의 피로서 거듭나고 예수님을 닮지 않고는 그 어느 누구도 들어갈 수가 없고 세상이라는 광야에서 합격한 자라야 천성 가나안에 들어가 영원히 구원을 받을 수가 있는 것이다.

광야는 우리 인간에겐 없었으면 좋겠지만 하나님에겐 절대적으로 필요한 광야다.

49

사랑하면 결혼하고 싶고 결혼하면
동침하고 싶은 것

성경에는 동침이라는 말이 수없이 많이 나온다. 동침은 남녀 간에 사랑과 결혼에서 일어나는 사랑의 행위이다. 그러나 동침은 남녀 간의 문제만은 아닌 것 같다. 남자가 남자로 더불어 여자가 짐승으로 더불어 아버지와 딸이 아들과 어머니가 시아버지와 며느리가 더불어 아주 괴상한 동침의 세계가 있는 것을 볼 수 있다.

그뿐만이 아니다. 인간이 신과도 동침하고 어느 물건하고도 동침한다. 누구와, 무엇을 사랑하느냐의 따라서 가게 되어 있다. 무엇을 사랑하게 되면 결국 그것과 혼인하게 된다. 결혼하게 된다는 말이다.

결혼까지 한 상태이면 분명 동침의 단계까지 이르게 되고 동침한 상태라면 결과가 있게 마련이다. 하와는 사탄과 영적인 동침을 통해 살인자, 거짓말쟁이 가인을 해산한 것이다. 누구와 동침했느냐의 따라서 그 결과가 나타난다.

구약성경의 나타난 실제적인 결과가 나타난 인물들이 있다. 아브라함은 사라와 동침을 통해서 이삭을 약속받았다. 그런데 그 약속을 차마 못 기다리고 약속이 아닌 하갈과 동침하므로 얻은 결과물은 결국 약속의 대적자가 탄생한 것이다.

이스마엘이 이삭을 조롱하듯 지금에 와서는 이스라엘과 기독교의 대적자 이슬람이 탄생한 것이다.

이 세상에 충만하라 정복하라 하신 것은 동침을 통해 이루어지는데 선한 것보다는 악한 것과 동침해서 채워지는 것들이 더 많은 것 같다.

동침은 한 유전자를 세상에 퍼뜨리기 위한 수단과 방법이다. 롯이 소알성으로 들어가서 살 때 그의 딸들이 장성했다. 그런데 시집갈 조건이 어려워 딸들이 생각해 낸 것이 자기 아버지와 동침해서 유전자를 이 세상에 심고자 한 것이다. 그 결과 모압과 암몬족속이 이루어진 것이고 지금의 요르단이라는 국가가 생기게 된 것이다.

야곱의 넷째아들 유다는 수아라는 아내를 얻었다. 아들 셋을 낳고 죽었다. 큰아들을 위해 다말이라는 자부를 얻었다 첫째와 둘째가 죽는다. 다말을 친정으로 보낸다. 결국 유다는 자부와 동침하게 된다. 그 결과 베레스와 세라를 얻게 된다.

누구와 동침 했느냐에 따라서 결과물이 달라지게 되는 것이고, 방향도 바뀌어 가는 것을 볼 수가 있다.

다윗은 우리아의 아내와 동침해서 얻은 아들을 하나님이 치셔서 죽게 된다. 암논은 압살롬의 누이와 강제로 동침하고 결국 자기도 죽게 된다.

이스라엘의 두 자매가 있는데 언니는 오홀라고 동생은 오홀리바마다. 언니 오홀라는 북쪽 이스라엘이고 동생 오홀리바마는 남쪽 유다를 가리킨다. 언니인 오홀라가 하체가 큰 앗 수르를 사랑하여 음란을 피우고 간음을 했다. 그런데 그 음란의 대상은 사람이 아닌 우상과 동침한 것으로 표현하고 있다.

이것을 본 동생 유다도 회개하기는 커녕 오히려 갈 대아 사람을 사랑하고 음란을 피우다가 결국 두 나라 모두 사로 잡혀 가게 된다.

유다왕 여호사밧은 훌륭한 왕이었다. 그런데 북쪽 이스라엘왕인 아합과 친교가 있었다. 자주 찾아가서 허물없이 지냈다. 악과도 친숙해지면 정이 드는 법이다. 결국 가지 말아야 할 곳에 가게 되었고 만나지 말아야 사람과 만나고 있었다.

자주 만나게 되니 정이 들고 사랑하게 되어 있다. 어떻게 되어 질까 여호사밧 아들 요람과 이세벨의 딸과 혼인하게 된다.

동침하게 되니 어떤 결과물이 나타날까? 악인의 씨를 받았으니 결국 악인의 유전자가 퍼지게 된 것이다. 요람도 죽고 그 아들 아하 시야도 죽고 만다.

이 세상에 모든 남녀가 만나서 혼인하고 동침해서 얻은 결과물이 지금 세상을 가득 메었다. 그런데 좋은 유전자보다 악인의 유전자가 전파되는 속도가 엄청 빠른 것이다. 옛말의 선생이 가르치는 공부는 잘 못 하지만 악을 행하고 죄를 짓는 것은 선생이 없고 가르치는 사람이 없어도 빨리 배운다는 말이 있다.

그런데 사랑하고 동침하는 것이 육신만이 아닌 영적 혼인, 영적 동침, 영적 간음이 있다. 야고보서 4:4절에 있는 내용이다. '간음하는 여자들이여 세상과 벗 된 것이 하나님의 원수임을 알지 못하느뇨. 그

런즉 누구든지 세상과 벗이 되고자 하는 자는 스스로 하나님과 원수 되게 하는 것이니라.'

이 말씀을 놓고 생각해 볼 때 세상 사람들이 세상을 좋아하는 것은 당연하지만 지금 교회들을 볼 때 여기에 안 걸린 교회들이 있을까 생각이 든다.

목사, 장로 누구를 막론하고 세상을 미워하는 사람은 없을 것이다. 지금 우리나라 교회 안에서 수많은 설교가 쏟아져 나온다. 그런데 세상을 미워하라고 세상에서 나오라고 하는 설교자가 있을까?

분명 세상과 벗이 되는 것은 하나님과 원수 했고 간음하는 것이라 말씀하셨는데, 지금 교인들이 세상을 사랑하지 않는 자가 있을까? 세상을 떠난 자들이 있을까? 애굽을 떠나야 하고 소돔 성을 떠나야 한다.

야곱은 세겜을 떠나지 않고 우리를 짓고 살려고 할 때에 딸 디나의 사건을 통해서 결국 벧엘로 올라갔다.

가나안땅에 들어가서 살게 될 이스라엘 백성에게 제일 많이 강조한 잔소리 같은 내용이 그 땅 백성과 혼인하지 말라 그 땅의 풍속을 따르지 말라 하셨다. 그 땅에서 살고 싶으면 그 땅 백성을 모조리 죽이고 쫓아내고 불쌍히 여기지도 말라고 하셨다. 그렇지 않으면 눈엣가시와 올무가 되고 너희들이 먹히리라.

요한1서5:19절에는 '우리는 하나님께 속하고 온 세상은 악한 자 안에 처했다'했다. 그런 세상을 사랑한다면 어떻게 될 것인가? 필연 세상과 동침 할 것이고 세상과 동침해서 낳은 결과물은 교회 세속화일 뿐이다.

지금 기성교회가 구원이 있는가? 하는 의문이 생길 정도다. 모든 교회가 돈으로 치장하고 있다. 돈과 물질이 교회를 이끌어 가는 것이 아닐까?

　구약교회가 성전 안에서 장사하다가 말라기 선지자를 통해서 하신 말씀 성전 문을 닫을 자가 있었으면 좋겠다. 하셨는데 결국 예수님의 채찍에 맞았다.

　로마 가톨릭교회가 너무 건물에만 치중하고 눈에 보기에 화려하게 꾸리기 위해 불법으로 돈을 긁어모으다가 종교 개혁이 일어났다.

　지금 교회들도 정신을 못 차리고 구습을 쫓아가고 있는 것 같다. 온통 돈으로 교회를 도배를 하다시피 한다.

　교회보다 돈을 더 요구하는 종교가 또 어디 있겠는가? 하나님이 돈을 좋아해서 요구하는 것처럼 중간의 종들이 구약과 신약을 구분을 못 하고 있는 것 같이 보인다.

　이스라엘 백성이 로마 앞잡이들을 싫어한다. 왜일까? 로마에서 세금을 징수하면 꼭 덧붙여 빼앗아 가기 때문이다. 하나님은 하나를 바치라 하시면 교회는 셋을 바치라 함과 같다. 돈을 사랑함이 일만 악의 뿌리라 하셨다.

　교회보다 더 돈을 내라고 하는 종교는 없을 것이다. 교회 안에서 돈 버는 사업들도 하고 있다. 돈을 사랑하게 되면 돈과 혼인하게 되고 돈과 동침하게 된다. 거룩한 성도라면 세상 쾌락과 안일함의 뿌리를 내리지 못하도록 막아야 할 교회가 대 놓고 세상에서 성도들도 잘 살아야 한다. 부자 되어야 한다면서 잘 먹고 잘사는 것이 축복인 양 설교 때마다 물을 주고 북돋아 주고 있는 실정이다.

예수님은 나를 따라오는 길은 좁은 길이라 분명하게 말씀하셨다. 거기에다 십자가를 지고 오라고 하셨는데. 지금의 교인들은 좁은 길로 가는 자도, 십자가를 지고 가는 자도 없어 보인다. 그저 이 땅에서 잘 먹고 잘살고 부자 되기만을 신경 쓰고 있고, 제일 좋은 것 최고급으로만 채워가고 있는 성도들이 정말 하나님 앞에 성도일까? 예수님은 나를 믿으면 세상에서 잘 먹고 잘살게 될 것이다. 라고 한 말씀도 안 하셨는데 중간의 종들이 다른 복음을 온통 교회 안에 심어 놓고 있는 것이다.

지금 교인들 마음에는 천국보다 세상을 더 좋아하고 사모하고 바라보게 하고 있는 것 같다. 예레미야 선지자가 이 땅이 바벨론에 포로 되어 갈 것이다. 항복해야 살 수 있다. 이것이 하나님 말씀이다. 라고 했을 때에 좋아하는 사람도 믿어 주는 사람도 없었다.

그런데 거짓선지자 하나냐가 나타나서 거짓예언을 한다. 여호와 하나님이 자기에게 하신 말씀이라면서 내가 바벨론으로 간 백성들을 두어 해 후에 다시 돌아오게 하리라 하고 예레미야 선지자 목에 있는 나무 멍에를 꺾어 버렸다.

예레미야도 감쪽같이 속았다. 자기에겐 70년이라 하셨는데 하나냐에게는 두어 해 후에 돌려보내겠다. 하니 그렇게 되길 바란다고 아멘 했다.

나중에 알고 보니 하나님이 보내신 선지자가 아니고 자기 마음대로 떠들어 댄 거짓 선지였다. 결국 그해 7월에 죽고 만다.

바로는 이스라엘 백성을 애굽에 묶어 놓고 나가지 못 하게 한다. 애굽을 사랑하게 하고 애굽과 동침하도록 유도하고 있다. 이 땅에서 믿으라 한다.

온 세상은 악한 자 안에 처했다 하셨다. 그런데 이런 세상을 목회
자들은 잘 파악해서 성도들로 하여금 세속의 물이 들까봐 걱정을 해
야 하고 거기서 끌어내려고 안간힘을 써야 하건만 오히려 세상을 사
랑하게 만들고 세상과 동침하게 이끌어 간다면 그런 선지자는 채찍
이 아닌 주님 오실 때에 철장으로 맞을 것이다.

오늘날 교회들과 성도들이 두 주인을 섬기고 있다. 세상도 좋아하
고 천국도 가려 한다. 돈도 좋아하고 주님도 믿으려 한다.

그런데 세상과 돈을 좋아하는 쪽으로 알게 모르게 기울어져 가고
있다. 주님을 잘 믿기 위해 돈을 버는 것이 아니고, 돈을 많이 벌고
세상에서 잘살기 위해 믿는 것 같다. 기도할 때마다 사업 잘되게 해
달라고 축복해 달라고, 건강하게, 평안하게, 우리 자녀들 좋은 대학,
좋은 직장, 달라고 기도한다. 모두 세상과 돈과 결탁된 것만을 기도
한다.

돈을 위하여 사업을 위하여 예수 믿는 것처럼 보인다. 구원이나 죄
의 문제와 예수님의 십자가의 피는 장식품 정도 되는 것 같다.

이 세상은 거대한 감옥과 같다. 선한 것이 한 개가 있다면 죄에 대
한 유전자는 백 개 천 개가 있는 세상이고 악한 것이 우글우글한 세
상이다.

여기에 경계선 같은 것도 없다. 믿는 자의 입에서 이렇게 좋은 세
상인데 하면서 세상을 칭찬하는 소리를 가끔은 듣는다.

믿는 사람은 세상에 속하면 안 된다. 세상과 밀착해서도 안 되고

사랑해서도 안 되고 세상에 있는 물질을 사랑해서도 안 된다.

예수님보다 더 사랑하게 되면 그것이 우상이고 그것이 간음이다. 그것과 동침하는 것이다. 세상과 돈과 물질은 떼어내야 떼어 낼 수 없는 관계다. 내가 나를 사랑하는 것도 하나의 자위행위다. 바로가 첫 번째 모세에게 한 말을 다시 한번 생각해 보자 이 땅에서 여호와를 섬겨라 너무 멀리 가지 말라. 이 말을 다시 번역한다면 애굽은 세상이고 애굽을 다스리는 바로는 이 세상을 다스리는 마귀가 되는 것이다.

우리가 예수님을 믿는 것을 호락호락하게 놔주지를 않는다. 우리를 쉽게 보내주지를 않고 갖은 이유를 들어 세상에 묶어 두려 한다. 이 땅에서 믿으란 말을 믿는 자라면 각자가 깊이 생각해 보길 바란다. 이 땅에서 예수를 믿으라 하는 뜻이 무슨 뜻인지 너무 멀리 가지 말라고 한 이 말을 나와의 관계에서 측정해 보길 바란다.

이 말을 기준으로 내가 애굽 같은 이 세상 안에서 나가지 못하고 예수를 믿고 있는 것인지 아니면 모세와 아론을 따라 나선 이스라엘 백성들처럼 예수님과 성령님을 따라 세상을 등지고 나와서 예수님 따라가고 있는 것인지는 각자가 잘 판단하길 바란다.

마귀는 예수를 믿어도 너무 깊이 빠지지 말고 대충 믿으라고 한다. 세상도 좋아하고 세상에서 해 보고 싶은 것 다 해 보고 세상 낙도 누리면서 부자로 잘살면서 다 누려보고 가져 보고 예수는 적당히 믿으라는 마귀의 영적 음성이 아닐까.

계시록에 음녀라는 말이 있다. 음녀는 몸을 파는 창녀 같은 생각이
든다. 창녀는 돈만 주면 누구에게든지 몸을 맡긴다.

젊은 사람 늙은 사람 가리질 않는다. 오늘날 세상에서 영적인 음녀
는 무엇일까? 세상을 지배하는 돈이다. 돈은 누구의 품이든지 좋아한
다. 오늘은 이 남자 내일은 저 여자 온 나라 안으로 돌아다닌다. 돈은
중성체다. 남자도 여자도 아이도 어른도 이 돈과 사랑하기를 원하고
동침하기를 원한다. 그러기에 돈은 음녀가 되는 것이다.

이 돈과 깊은 동침 중에 있는 영혼들은 주님의 음성을 들을 수가 없
다. 좀이 먹는 줄도 모르고 집 서까래가 썩는 줄도 모른다. 돈은 기적
을 만들어 낸다. 그래서 모든 사람은 돈 주위로 몰려든다.

하나님 위에 높아 보인다. 온 세상이 돈돈하고 경제 경제 한다. 우
리의 육신이 좋아하는 것들이다. 환영한다. 싫어할 자가 누가 있겠는
가?

순교적인 신앙이 없으면 결국 먹히고 만다. 육신의 생각은 사망이
다. 하나님의 법을 순종할 수도 없고 하지도 못한다.

유다민족이 70년 포로생활 마치고 고향으로 돌아왔다. 그런데 느
헤미야가 보니 그 땅의 여자들을 데리고 온 것이다. 느헤미야가 기가
막혀 옷을 찢고 탄식했다. 결국 총회를 열어서 본국으로 돌려보내기
로 기한을 정하고 마무리한다.

그 일에 제사장들이 앞장서서 혼혈족을 만들어 왔다. 오늘날 세상
과 혼인하게 하고 내 믿음 안으로 교회 안으로 이방 여인 같은 돈과
물질과 세상 것들을 끌어들인 자가 교인보다 목회자들이 열을 올렸

다면 이젠 세상에서 교회를 분리시키고 끌어내는 작업을 빨리 해야 한다. 성도들도 세상과 물질과 돈의 굴레의 깊이 빠져있던 곳에서 나와야 한다. 그리고 광야 길로 가자. 육선이 가득한 세상이라는 아내와 싸우면서 사는 것보다 움막[광야]에서 고생하는 것이 더욱 소망이 있지 않을까?

구원은 예수님을 믿음으로 시작하여 같이 떠나는 것이다. 광야 길을 다 가고 요단을 건너서 가나안에 들어갈 때까지 멈춰서는 안 되는 길이다.

이스라엘 백성도 떠났다. 롯도 소돔 성을 떠났다. 이스라엘 백성 중 여호수아와 갈렙이 구원 받았듯이 우리도 예수 믿는 것은 구원의 첫걸음일 뿐이다. 구원의 완성은 천성가나안으로 들어가는 자만이 받을 수 있는 것이다.

출애굽하듯 출세상하면서 좁은 문으로 십자가를 지고 가야 되는 것을 결코 잊어서는 안 될 것이다. 주여, 주여 우리에게 문 열어 주소서 우리가 주의 이름으로 귀신도 쫓아내고 선지자 노릇도 했나이다. 주님의 음성을 잘 들어 보라. 불법을 행한 자들아 나는 너희를 모른다.

세상과 음행한 교회는 혼혈족인 교회 세속화만 만들어 갈 것이다.

50

아브라함과 이삭과 야곱의 하나님

이스라엘 백성들이 하나님을 부를 때 아브라함의 하나님, 이삭의 하나님, 야곱의 하나님 이런 식으로 불렀다.

이삭도 하나님 부를 때 나의 부친의 하나님이라고 하였고, 야곱은 나의 조부의 하나님 나의 아버지의 하나님으로 칭송하였고, 요셉이나 그 후손들은 아브라함의 하나님 이삭의 하나님 야곱의 하나님으로 지칭하여 불렀다.

우리가 성경에서 아브라함 하면 믿음의 조상 순종의 사람으로 생각하게 된다. 어딘지 모르게 무게가 있고 진실하고 거룩한 사람으로 보여 지는 인물이다.

아브라함은 갈대우르라는 지금의 이라크 서쪽지방의 살았는데 하나님이 이끌어 내시어 지금의 가나안땅에 정착하게 되는데 그때 나이는 75세였다. 가족으로는 삼형제 가족이 떠나오다 하란의 가족은 하란 땅에 정착을 하고, 아브라함과 롯의 가정만 가나안으로 온다. 애굽까지 내려갔다가 올라오면서 조카인 롯의 식구와 결별하게 된다.

그때 나이는 86세쯤 되도록 아이가 없어 무자했다. 직계로는 아내인 사라가 있을 뿐이고 사라의 몸종인 하갈과 우양과 남녀종들이 많아서 거부라 했다.

하나님이 나타나셔서 가나안땅을 주실 것과 아들을 주실 것을 약속하신다. 언제 주시겠다고는 안 하셨기에 그 사이를 못 참고 하갈과 동침해서 아들을 얻는데 이스마엘이다. 육신의 생각에서 얻은 것은 결국 육신의 상처로만 남게 된다.

하나님의 약속이 아브라함 백세의 사라가 이삭을 낳으므로 이루어진다. 하나님과 아브라함의 약속이다. 그리고 모든 축복의 약속은 이삭을 통해서 하셨다.

이삭이 어릴 때에 이스마엘이 이삭을 귀찮게 하고 조롱하는 광경을 사라가 보고 아브라함에게 쫓아낼 것을 제안하니 아브라함이 마음이 아파서 하나님께 기도했더니 사라의 말대로 내보내라고 하신다.

우리는 여기까지만 우선 생각하여 보자. 아브라함을 보면 어딘지 모르게 하나님 모습을 보는듯한 느낌을 받는다. 하나님은 약속의 하나님이시고 그 약속을 예수님을 통해서만 하신다. 아브라함은 이삭을 얻기 전에 이스마엘을 먼저 얻었다. 하나님은 예수님을 이 땅에 보내시기 전에 구약과 율법을 먼저 주셨다. 예수님이 이스라엘 땅에 오실 때에는 벌써 육신을 통하여 낳은 이스마엘과 같은 율법이 먼저 자리를 잡고 있었다.

이스마엘이 이삭을 조롱하고 핍박하듯 말이다. 사라가 아브라함에게 쫓아낼 것을 제안하자 하나님도 승낙하셨다. 그래서 하갈과 이스마엘은 쫓겨났고 지금의 사우디족속이 되었다. 갈 4:21~31절에는 하갈과 이스마엘은 시내산으로부터 나왔다고 했는데, 시내산에서 무엇이 나왔나? 모세의 율법이 나온 것이다. 여기서 말하고 있는 하갈은 모세를 말하고 이스마엘은 율법을 가리키고 있는 것이다. 25절에는 예루살렘은 자유자니 곧 우리 어머니시라고 바울 사도는 말하고 있다.

예루살렘은 약속의 아들인 이삭이다. 이삭은 곧 약속하신 예수그리스도이시다. 곧 우리 어머니와 같다. 우리는 예수님만을 통해서 구원의 약속을 받은 것이며, 율법으로 구원받을 것을 약속받지 않았다.

아브라함 그는 곧 하나님 대행자요 하나님의 상징적인 사람으로 보아야 한다. 아브라함은 12살 정도 되는 아들 이삭을 내어놓았다. 아무 미련도 없이 아들이삭을 제단에 바쳤다. 기꺼이 내어놓았다. 어찌 외아들이 아깝지 않겠는가? 우리는 아브라함의 훌륭한 믿음으로만 볼 것이 아니고 그것을 초월하신 하나님이 우리를 위해 독생자 예수를 우리에게 내어주신 분으로 봐야 되겠다. 하나님은 약속의 예수님을 주시기 전에 율법과 계명을 먼저 주신다. 그 후에 약속의 아들 예수그리스도를 보내시니 구약의 율법과 계명, 이런데 속한 사람들이 얼마나 예수님을 조롱하고 핍박하고 죽이려고 했나, 성경은 말씀하시길 하갈과 이스마엘을 내어 쫓으라 계집종의 아들이 자유하는 여자의 아들로 더불어 유업을 얻지 못하리라 하셨다.

눅16:16절에는 율법과 선지자는 세례요한까지니 그 후로는 천국이 복음으로 침로를 당한다 하셨다. 우리에게 하갈과 같은 율법을 쫓아 주시고 예수그리스도를 쫓게 하신 것이다.

아브라함을 하나님의 대변자로 살게 하셨다면 이삭은 예수님의 모습으로 살아간 인물이다.

이삭의 생애의 있어서 평온한 것 같은데 힘든 삶을 살아가는 것을 볼 수 있다. 어렸을 때엔 이스마엘로 인해서 해를 받았다.

이삭은 아버지 아브라함의 전철을 그대로 밟아 따라가는 삶이었다. 우리 주님은 하늘에서 이른 것처럼 땅에서도 그렇게 살게 해달라고 기도하셨다.

예수님의 삶은 하나님의 삶 그 자체인 것이다. 이삭이 물려받은 것은 우물이다. 이삭은 그 우물을 계속해서 파 나간다. 블레셋 사람들이 메우면 이쪽으로 와서 또 파고 일평생 우물 파는 일을 한 것처럼 보인다.

이삭이 어렸을 때에 형한테 조롱받은 것은 예수님이 형 격인 제사장들과 바리새인들과 유대인들에게 핍박받은 모습이고 이삭이 장작을 지고 가는 모습은 주님이 십자가를 지고 골고다 언덕을 올라가는 모습이고 이삭이 포박되어 장작 위에 올려져 있는 모습은 예수님이 십자가 위에 달려 죽으시는 모형이다.

이삭의 제물은 그리스도의 십자가의 제물이 되시는 것이다. 그러기에 이삭 그는 바로 예수님이 십자가를 지시는 상징적인 사람이다.

이삭은 가는 곳마다 우물을 팠다. 육신이 마시는 생수인 것이라면 예수님은 영혼이 마시는 생수의 우물을 파신 분이다. 여기까지 율법의 우물물만 마시면 또 목 마르지만 예수님은 천국 복음의 우물물을 먹이신 것이다.

내피를 마시는 자는 영생하고 영원히 목마르지도 아니하며 배에서 생수의 강이 흘러넘치리라 하셨다. 이삭과 우물은 떼어 놓을 수 없는 관계이다.

예수님은 훗날에 사마리아성에 들를 때에 야곱의 우물에서 사마리아 여인과 대화 중에 이물을 먹는 자마다 다시 목마르려니와 내가 주는 물은 영원히 목마르지 아니하리라 하니. 여인의 눈이 번쩍 떠졌다.

예수님이 하신 속뜻의 말씀은 이런 것일 것이다. 이 우물 즉, 율법으로서는 영원히 구원받을 수가 없다. 율법의 우물물을 먹는 자는 다시 목마를 수밖에 없을 것이다.

우리는 예수님의 구원의 우물, 영생하도록 솟아나는 십자가의 보혈의 우물 그 물을 마셔야만 영생하고 다시 목마르지 않을 것이다.

이삭이 판 우물들을 원수들이 쫓아다니면서 메꾼 것은 오늘날 예수님이 파 놓으신 우물 즉 교회들을 원수 마귀들이 예수님을 배척하고 쫓아내고 메꾸고 있으며 교회가 온갖 세상 오염들로 더럽혀져 메어져 가고 있는 모습인 것이다.

야곱 하면 떠오르는 인상이 어떤가? 흔히 말들 하길 간사한 사람, 도적이라고 말을 한다. 태어날 때부터 형의 발꿈치를 잡고 나온 아이였다. 이기려는 근성이 보인다. 야곱과 에서의 경쟁은 세상에 나온 후에도 계속적으로 이어져간다.

소년시절엔 팥죽 한 그릇으로 장자의 명분을 빼앗는다. 형을 추격해 나가기 시작한다. 축복권도 손아귀에 넣는다. 외삼촌의 집에 가서도 그 집 처녀들을 싹쓸이한다. 끝내기 작전으로 외삼촌의 재물로 거부가 되어 돌아온다.

형 에서가 마중 온다 하니 잔꾀를 부려 형의 환심을 사려고 뇌물공세를 편다. 가나안땅에 도착해서도 형 에서를 에돔 땅으로 가게 한 것을 보면 역시 대단한 인물이다. 아내가 넷이고 아들이 열둘이고 딸이 하나 거부 중의 거부가 되어 가나안 사람이 두려워할 정도였다.

야곱은 우리가 볼 때 정말 교활하고 약삭빠른 자가 틀림없다. 그런데 성경은 이렇게 말한다. 큰 자가 어린 자를 섬기리라.

하나님은 야곱의 손을 들어주셨다. 야곱과 함께 계실 것을 약속하셨다. 네가 어디를 가든지 너를 도와주리라 하셨다. 이삭 때에는 남의 것을 빼앗는다고 하는 것은 상상도 못 할 일이다. 이삭은 평생 빼앗기기만 한 사람이다.

예수님도 주시려고 오신 분이다. 피도 주고, 살도 주고 십자가에서 인간에게 원수에게 다 빼앗기신 분이다.

오른편 뺨을 때리면 왼편 뺨도 돌려대라고 하시고, 속옷을 달라고 하면 겉옷까지 주라고 하셨다. 이삭의 삶을 보면 어딘지 모르게 좀 어리석고 순하게 빼앗기고 당하고만 산 모습이 꼭 예수님이 사신 모습하고 흡사하다.

예수님이 빼앗기고, 뺨 맞고, 머리 맞고, 포박을 당해도 대항하지 않는 모습이 바로 몇 천 년 전에 이미 이삭이라는 사람 속에서 보여 주셨던 것이다.

그런데 그 아들 야곱은 기질이 딴판이었다. 자기 아버지의 기질을 조금도 닮지를 않은 것 같다. 속이고 빼앗고 하여도 하나님은 야곱을 지켜주셨다. 야곱은 성령의 하나님 기질을 닮은 것으로 보여 진다.

아버지 이삭은 외아들이다. 예수님도 독생자로 이 땅에 오신 분이다. 그런데 야곱을 보면 성령의 역사를 보는 것 같다.

무엇인가 끈질긴 면이 있다. 축복을 받는 일이라면 속여서라도, 환도뼈가 부러져서라도 받는 기질이 있다. 성령은 우리 보고 세상과 타협하지 말고 싸우라 하신다. 영생의 복을 받는 일에는 적극적으로 사생결단하고 받으라 하신다.

오순절 마가다락방에서 성령의 역사가 일어난다. 베드로를 비롯해서 120명의 성도들에게 임했다. 야곱은 12 아들로 시작하여 이스라엘 나라를 세워가고 성령은 120명으로 시작하여 이 땅에 그리스도의 나라를 이루어 나간다.

에서와 야곱을 놓고 다시 한번 생각하고 지나가자. 그 당시 에서가 야곱에게 축복권을 빼앗겼을 때 심정이 어떠했을까? 아버지 이삭에게 애원하는 장면이 나온다. 또 방성대곡했다고 기록이 되어 있다.

그 후에 에서가 야곱을 죽이려 하여 결국 하란으로 도망한다. 여기까지 놓고 또 생각해 보자.

축복권을 먼저 받은 이스라엘 민족이다. 에서와 같이 장자권을 받았는데 야곱에게 빼앗기듯이 장자인 이스라엘 민족이 이방인 우리들에게 빼앗긴 것이다. 장자권 축복권을 빼앗긴 에서가 야곱을 죽이려하듯 복을 받아 교인들이 불어나니까 두렵기도 하고 부럽기도 하여 방성대곡하고 시기하여 죽이려 하는 에서와 같은 유대인들이 베드로를 잡고 핍박하고 사울과 같은 자들이 잡으려 하고 죽이려 하니까.

야곱이 하란으로 피난하듯 성도들이 고향을 등지고 안디옥으로 아시아로 피난하여 흩어져서 복음을 전하는 광경의 모습인 것이다.

하나님께서 메시야 예수님을 이스라엘 땅으로 보내시고 받으라 하시는 것이다. 장자이기 때문이다. 축복이다. 복이다. 하는 것은 이 땅에 있는 것이 아니다. 양이나 재물을 논하는 것이 아니다. 메시야 예수님이 복이고 축복이다.

그런데 유대인들은 먼저 받으라고 주신 우선권을 별 볼 일 없는 것으로 착각하여 대수롭지 않게 생각하고 선물에 대하여 시큰둥하게 여기고, 발길로 차버린 격이 됐다. 유대인들이 발로 차버린 보화를 야곱 같은 둘째 아들 격인 이방인들이 귀한 보배로 보고 받아들인 것이다.

에서는 지날 날에도 장자권을 귀하게 생각지 않다가 동생 야곱한테 밥죽 한 그릇에 팔더니, 이번에는 멀리 가서 어렵고 힘들게 구하다가 기회를 놓친 것이다. 이스라엘 백성이 꼭 에서와 같은 제물로, 율법으로 행함으로 계명으로 드리려다 놓친 것이다.

야곱은 우리에 있는 양을 잡아들였다. 오늘날 하나님께서 좋아하시는 별미는 무엇일까? 돈을 많이 드리면 기뻐하실까? 새벽기도 하루도 안 빠지고 나가면 좋아하실까? 좋은 일 많이 하면 좋아하실까? 그런 것도 필요하다. 그러나 정말로 기뻐하시고 좋아하실 별미는 어린양 되시는 예수그리스도의 피만이 하나님이 기뻐하시는 별미가 되는 것이다.

또 야곱의 아들들이 열둘이나 된다. 이것은 성령의 열매가 3천 명 5천 명 많은 것을 보여 주는 것이다. 야곱은 천사와의 씨름에서도 이긴 자다. 그래서 이스라엘이란 새로운 이름도 받았다.

오늘날 우리가 기도할 때에 성부하나님 성자하나님 성령의 하나님을 부르며 기도하듯 이스라엘조상들의 이름을 부르며 아브라함의 하나님 이삭의 하나님 야곱의 하나님이라 부르면서 기도한 것은 아브라함은 하나님의 성품과 모습이 보이지 않는 내면에 잠재해 있기 때문이다. 이삭도 마찬가지로 예수님의 피가 흐르고 있는 것을 볼 수가 있다.

야곱의 기질은 꼭 가지고야 마는 기질이다. 장자권도 손아귀에 넣었다. 축복권도 가졌다. 천사도 이겼다. 여자들을 다 취했다. 재산도 모두 손에 쥐었다.

고향으로 돌아와서 이스라엘민족을 세운다. 성령님은 어떤가? 가는 곳마다 탈취하신다. 가는 곳마다 이기신다. 3천 명, 5천 명씩 세상을 이기고 돌아오게 하신다. 예루살렘과 유대와 사마리아와를 성령의 손아귀에 넣으셨다. 안디옥도 취하시고 아시아를 점령하신다. 성령은 가는 곳마다 이기시고 점령하신다.

야곱은 천사와의 싸움에서도 이겼다. 성령은 로마와 싸우신다. 엎치락뒤치락하다가 결국 로마도 성령의 손안으로 들어왔다. 성령은 거기서 그치지 않고 전 세계를 손아귀에 넣으셨다.

야곱은 외삼촌의 있는 모든 것을 다 가지고 고향으로 돌아간 것처럼 성령은 이 세상에 있는 하나님의 백성들을 모아서 고향인 천국으로 데리고 가시는 것이다.

이스라엘 백성들이 기도할 때에 아브라함의 하나님 이삭의 하나님 야곱의 하나님으로 기도한 것은 오늘날 우리들이 삼위일체 하나님 즉 성부 성자 성령의 하나님으로 부른 의미가 담겨 있는 것이다.

51

이른 비와 장맛비와 늦은 비

여호와께서 너희 땅에 이른 비, 늦은 비를 적당한 때에 내리시리니 곡식과 포도주와 기름을 얻을 것이요 (신11:14, 욥29:23, 렘5:24, 호 6:3, 약5:7).

내가 그들에게 복을 내리며 내산 사면 모든 곳에 복되게 하며 때를 따라 비를 내리되 복된 장맛비를 내리리라 (겔34:26). 이스라엘 월력 은 7월~11월은 이른 비 12월~2월까지는 장맛비, 5월까지는 늦은 비 가 오는 시기라 한다.

강수량은 남쪽 사해 근방에는 년 중 250mm, 예루살렘 부근은 500mm, 갈릴리 지방은 1,500mm가 내린다고 한다.

성경기록 가운데 비에 대하여 기록된 말씀이 많이 있다. 그래서 비 는 그냥 비가 아니고 단비라 표현을 하고 복된 비, 축복의 비라고 설 명한다.

그도 그럴 것이 물이 귀하고, 비가 귀하기 때문이다. 이스라엘 남 쪽지방 사해근방은 250mm의 불과하기 때문에 에일락[에시 연게벨]

에서 사해까지 가는 동안은 벌거숭이산과 황토 광야 모래밭이다.

그러면서 예루살렘으로 올라가면 더러더러 나무와 풀이 있는 것을 볼 수가 있다. 예루살렘에서 갈릴리 지방으로 올라가면 갈수록 산에도 들에도 푸름이 짙어진다. 갈멜산과 기손강 갈릴리지방은 평야가 펼쳐져 있어서 이스라엘의 주식이 거의 다 거기서 나온다고 한다. 이스라엘의 키프츠 농장은 유명하다. 갈릴리호수 물을 끌어들여 농장을 가꾸어가고 있다. 가로수에도 농장에도 검은 파이프라인을 설치를 해서 옥토를 만들어 가고 있는 것이다. 신11:14절에 '이른 비와 늦은 비를 적당한 때에 내려주서서 곡식과 포도주와 기름을 얻을 것이라'하셨다.

우리는 성경에 나오는 이른 비, 늦은 비, 장맛비다. 반석의 물이다. 샘물이다. 우물물이다 하는 비와 물은 그냥 우리가 마시는 그런 물이 아니고 예수님으로 초점을 맞추어 생각을 해야 한다. 그냥 두리뭉실 이스라엘 땅에 내려지는 빗물로 육신이 마시는 물로만 생각하지 말기를 바란다.

어느 성경이든지 어느 요절이든지 간에 신구약 전체 해석의 열쇠는 예수님의 십자가로 풀어야 풀리고 열어진다.

여기서 나오는 이른 비를 먼저 생각해 보자. 성경의 기록한 것을 보면 분명하게 이른 비와 늦은 비로 구분되어 있고, 중간에 장맛비가 있다. 어느 나라든지 가장 더운 한여름 복장마가 드는 것이다. 성경에 장맛비가 중간이라는 단어는 없다.

이른 비는 예수님이 육신의 초림을 의미하고 있는 것이다. 예수님은 죄인을 위하여 세상에 단비로 오신 분이다.

1) 이른 비

예수님 초림은 이른 비, 이른 비가 오므로 땅에서는 곡식과 포도주와 기름을 얻는다 하셨는데, 예수께서 세상에 초림하셔서 십자가에 피 흘려 죽으심으로 모든 것을 주신 분이다. 죄인들이 죄에서 포도주와 같은 주님의 보혈의 피로 깨끗함을 얻었고, 굶주린 영혼들이 생명의 양식인 예수님의 몸[말씀]을 얻었고 죄인들이 성령의 기름으로 윤택해지고, 거룩한 사람이 되는 것을 보여주시는 말씀이다.

이른 비가 오기 전에는 건기이다. 건기 때에는 비가 안 내린다. 모든 곡식과 식물들이 타들어 가고 죽는다. 예수님이 오시기 전은 율법시대이다. 율법시대 구약시대는 건기와 같은 시대라고 볼 수가 있다.

인간이 구원받을 수가 없고 행할 수가 없는 구원의 건기라고 할 수 있다.

모든 인간이[식물이] 율법과 계명을 먹고서는 잘 자라지를 못한다.

메마른 땅에 단비가 필요하듯 목마른 인생에게는 생수가 필요한 것처럼 예수님은 메마른 땅에 생수인 피와 물을 십자가에서 아낌없이, 남김없이, 쏟아주시고 부어 주신 분이다.

바로 물과 피를 쏟으신 초림이 이른 비요 단비인 것이다.

신약 성경에서 예수님은 소자에게 냉수 한 그릇 주는 것도 하늘의 상이 있으리라 하셨다. 우리가 생각할 땐 냉수 한 그릇 하면 보잘 것 없어 보인다. 그러나 팔레스타인 땅이나 광야나 사막에서의 냉수는 그야말로 생명수와 같은 것이다. 소자에게 주는 냉수는 육신이 마시는 물이 아닌 예수님의 보혈을 생각해야 한다. 육신은 물을 마시지만 영은 예수님의 피를 마시는 것이 생수를 마시는 것이다.

흔히 주유소에서 기름을 넣고 나면 물 한 병씩을 준다. 교인들이 나가서 전도할 때에 보면 전도지와 함께 사탕이나 휴지를 같이 주는 것을 볼 수가 있다.

그것도 좋은 방법이겠지만 목마르고 갈급한 영혼들에겐 예수님의 시원한 보혈을 한 그릇씩 마시게 하는 것이다. 그것이 참된 전도다.

94년도 성지순례로 이스라엘 땅을 가 보았다. 가로수마다 파이프 라인이 연결되어있어서 언제든지 자동으로 분수처럼 물을 뿜어내고 있는 것을 보았다.

그러기에 항상 시리아하고 싸우는 원인도 헤르몬산(3,000미터급)에서 발원하는 물줄기를 가지고 싸우는 것이다. 만약 그물 줄기를 빼앗긴다면 갈릴리 호수가 마르게 되고, 그렇게 되면 이스라엘은 죽을 수밖에는 없는 것이다.

우리는 생명의 생수의 근원되시는 예수그리스도를 놓고 세상과 늘 싸우고 있는 것이다.

우리가 만일 영적 싸움에서 밀려 예수님을 빼앗긴다면, 우리는 죽을 수밖에는 없는 것이다.

물이 이렇게 귀한 것이다. 물이 없이는 살 수가 없기 때문이다. 물이 풍성한 곳에서는 생명도 풍성하듯이 예수그리스도의 물과 피가 흐르는 곳에는 영혼의 새 생명이 탄생하고 잘 자라고 있는 것이다.

2) 장맛비

두 번째로 이스라엘 땅에는 12월~2월까지 그 기간이 장마철이다. 성지순례를 2월 달에 갔더니 정말 예루살렘에서 예수님 무덤으로 갈 때 우산 쓰고 다닌 생각이 난다.

겔34:26절 내가 그들에게 복을 내리며 내 산 사면 모든 곳도 복되게 하여 때를 따라 복을 내리되 복된 장맛비를 내리리라.

우리나라 장맛비는 공포와 두려움의 장맛비인데 반해, 이스라엘의 장맛비는 복된 비다. 우리나라 장맛비는 홍수가 나고 생명과 재산을 잃어버리는 무서운 비이며, 농작물 유실과 손해가 해마다 수천억씩 발생하고 있는데, 성경에는 복된 장맛비라 표현을 했다.

비는 많이 오는데 피해 될 것이 없고, 손해가 없다면 좋은 비가 분명하다. 큰 장맛비가 지나가면 대지가 물을 흠뻑 먹어 물이 충만하고 깨끗해지고, 공기도 맑고, 오염으로 악취가 나고 벌레가 들끓는 도랑과 개울이 얼마나 깨끗한가?

어떤 청소부가 그렇게 깨끗하게 치울 수가 있을까? 또 장마가 오랫동안 있게 되면 땅이 물을 흠뻑 먹어서 땅 샘, 선샘이 여기저기서 터져 나오는 것이다.

성경에서 복된 장맛비라 한 것은 예수님 승천하시고 열흘 후에 성령을 장맛비와 같이 폭포수와 같이 부어 주시는 모습이다.

초대 교회를 보면 성령의 역사가 장마기간에 홍수에 떠밀려가는 무슨 물체와 같이 무엇인가의 힘의 이끌려 움직이는 것 같다.

비실대던 제자들이 성령을 충만히 받고 나서는 180도로 변화되지를 않았나? 세 번씩이나 주를 모른다고 부인하던 베드로, 나는 물고기나 잡으러 가겠다던 베드로, 계집아이한테도 무서워하던 베드로, 문을 꼭꼭 걸어 잠그고 있던 베드로와 제자들이 아닌가?

그런데 오순절 마가 다락방에서부터 내려진 장맛비와 같은 성령을 받고서는 일자무식 베드로가 한번 설교하니 3천 명, 5천 명이라는 군중들이 구름떼와 같이 몰려들었다. 이렇게 복된 장맛비에 흠뻑 젖어 무서울 게 없어졌다. 그전에 베드로가 아니고 그전에 제자들이 아닌 것이다. 예수의 이름으로 외친즉 앉은뱅이 병자들이 벌떡 일어나고 죽은 자가 살아나고 하는 이런 역사는 성령을 장맛비와 같이 철철 넘치도록 받아야 이런 현상이 일어나는 것이다. 또 장맛비가 내리고 홍수가 날 때에는 천둥 번개 벼락도 수반되어 따라온다.

아나니아, 삽비라 성령을 속였다가 천둥 벼락에 맞아 즉사했다.

또 스데반은 성령과 지혜가 충만했다. 충만했다는 말은 성령을 철철 넘치게 받았다는 뜻이다. 장맛비와 같이 길게 쏟아 내리는 성령을 철철 넘치도록 받고 나니까 전도하게 되고 죽는 것도 무섭지가 않고, 죽는다 해도 기쁨으로 죽을 수 있다.

이런 사건들이 평상시에는 잘 일어나질 않는다.

우리가 기도할 때에 성령을 폭포수와 같이 부어 달라고 기도한다.

이런 성령의 장맛비로 인해 율법이 떠내려가고 사울이 떠내려간 것이다.

그뿐이 아니라 로마까지 성령의 홍수의 물결로 밀어낸 것이다.

사울은 떠내려가고 바울만 남았다. 바울이 성령의 장맛비에 온몸을 씻고, 매 맞고 헐벗고 옥에 갇혀도 찬송을 부르게 되고 끝내는 단두대에서 목이 떨어지면서도 예수님의 이름을 부를 수가 있는 것이다.

이른 비도 중요하지만 천둥 번개 치는 장맛비도 필요한 것이다. 성령의 장맛비가 내리니까 성령의 물결이 예루살렘을 기점으로 하여 유대와 사마리아를 지나 땅끝까지 휩쓸고 간 것이다. 더러운 우상, 더러운 죄악, 더러운 권력을 깨끗이 쓸어버리고 로마까지 복음화시키고 전 유럽까지, 아니 우리까지 성령의 장맛비의 세력으로 믿음이라는 물결에 휩쓸려 가고 있는 것이다.

이제는 그러한 장맛비는 지나갔지만, 땅이 흡수했던 장맛비를 선샘물과 같이 남은 성령의 역사로 이 땅에 교회가 유지하고 있는 것이다.

그런데 이렇게 귀한 진리가 들어있는 구절을 아주 경박하게 오역을 시켜 놨다.

개역 개정판이다. 겔34:26절 후반 절이다. 먼저 성경은 때를 따라 복된 장맛비를 내리리라 했다. 그런데 개정판 성경에는 때를 따라 소낙비를 내리리라고 했다. 한번 생각해 보자. 소낙비 가지고 사막 땅에서 얼마나 밀고 나갈 수 있겠는가?

아마도 마가다락방에 소낙비가 내리다 그쳤다면 예루살렘도 흘러가지 못하고 말라 버렸으리라. 그런데 로마까지는 무슨 힘으로 갈 것이며, 유럽과 전 세계를 어떻게 침몰시킬 수가 있겠는가? 장맛비와 소낙비는 하늘과 땅 차이가 나는 것이다.

오늘날 이렇게 오역시켜 놓은 성경이 수백 곳에 이른다. 세상만 오염된 것이 아니고 기독교도 성경도 모두 오염되어가고 있는 것이다.

3) 늦은 비

이스라엘 나라의 2월~5월까지가 늦은 비 오는 시기이다. 세상나라들이 거의 다 그런 것 같다 일주일의 한 번씩 정기적으로 온다든지 하면 얼마나 좋을까?

그런데 그렇지가 않고 몰아서 온다. 가물 땐 가물다가 올 때엔 주체할 수 없게 많이 온다. 우리나라에도 여름 복 장마가 질 땐 홍수로 몸살을 앓다가 가을 김장 심고 할 때에는 가물어 비가 잘 오지 않을 때가 있다. 또 늦가을이나 초겨울에 비가 안 오면 지하수가 고갈이 되고 저수지의 수위가 내려간다.

성경에서는 이른 비와 늦은 비가 일정하게 내린다고 말씀한다. 이른 비가 예수님의 초림이라면 늦은 비는 예수님의 재림을 상징하는 내용이다. 이른 비가 중요하듯 늦은 비도 중요한 것이다. 비는 단순히 육신이 마시는 물이 아니라 구원하는 생명수인 것을 말하고 있는 것이다.

예수님이 이른 비와 같이 초림하셔서 죄인들에게 미치는 영향은 말할 수도 없을 정도로 엄청난 것이다. 그것을 어떻게 값으로 따지겠는가?

한 생명이 온 천하보다 귀하다 하셨다. 그런데 한 생명만 구원받겠는가?

수많은 생명이 초림의 이른 비 혜택을 누리는 것이다. 그러면 늦은 비와 같은 예수님 재림은 어떠할까? 초림 때 예수님의 생명으로 살고 있는 우리들에게 재림의 늦은 비로 거두어 들이시는 것이다.

하나님께서 성경을 기록하게 하실 때 인간이 잘 먹고 잘살라고 기록하신 것처럼 보인다. 물론 그 뜻도 있지만 근본 목적은 예수그리스도를 보이시고 나타내기 위해서다.

이른 비와 늦은 비도 인간을 위한 제도 같아 보이지만 성경이 말하고자 하는 것은 바로 이른 비와 늦은 비가 인간에게 미치는 영향이 엄청난 것처럼 초림하셔서 인간에게 주시는 은혜와 사랑이 엄청난 것을 말하고자 하는 것이고, 재림 역시 인간에게는 아주 꼭 필요하고 요긴한 늦은 비와도 같은 것이다.

성도들은 늦은 비를 기다리는 농부처럼 주님의 재림을 학수고대하고 기다리고 있는 것이다.

주 예수여 어서 오시옵소서.

52

요나와 예수님

여호와께서 이미 큰 물고기를 예비하사 요나를 삼키게 하셨으므로 요나가 3일 3야를 물고기 배에 있으니라 (욘1:17).

소선지 요나서를 읽을 때마다 요나가 불순종한 일이 무엇인가? 생각하면서 읽게 된다. 왜냐하면 모든 사람들이 요나를 가리켜 불순종의 선지자라고 돌을 던지는 것을 많이 보고 들었기 때문이다. 그래서 요나는 불순종이라는 낙인이 찍혔다.

불순종한 사람들은 요나보다 먼저 온 사람 중에서 몇몇 사람이 있다. 아담은 불순종의 사람 중에 첫 번째다. 아담은 불순종하므로 낙원을 상실하고 이마의 땀이 흐르게 되었다. 땅도 저주를 받았다.

모세는 잘나가다가 가데스 반석에서 물을 낼 때에 반석을 명하라 하셨는데 두 번을 쳤다.

하나님은 모세의 잘못을 물으셨다. 그 결과 가나안에 못 들어가게 하셨다.

또 한 사람은 다 잘 아는 사울이다. 아말렉을 진멸하라고 하셨는데 값진 것은 살리고 값이 없는 것들은 죽였다. 그 불순종함으로 말미암아 악신이 임하는 사람이 되었다.

이로 보건데 요나도 불순종한 것이라면 분명히 하나님께서 죄의 값을 치르게 하셨을 것인데 하나님은 불쾌해 하시거나 화가 나시지도 아니한 모습이다.

먼저 이스라엘과 니느웨를 생각하고 지나갈 필요가 있다. 니느웨는 북방에 있는 앗수르나라 수도다. 굉장히 큰 나라이며, 주위의 모든 나라들을 침략해서 점령하고 약탈을 자행했으며 이스라엘의 몽둥이로 앗수르를 들어 치신 적도 있던 나라다. 결국엔 북방 이스라엘 민족이 앗수르 나라의 포로가 되어가서 망하게 된다.

요나 선지자는 북쪽 이스라엘의 선지자다. 역사적으로 들어서도 알게 되고 앗수르에게 실제로 당해도 봤을 것이다.

앗수르 대왕 산 헤립이 유다왕 히스기야에게도 사람을 보내어 시비를 걸어온 모습도 있었다. 이토록 앗수르와 이스라엘과는 철천지 원수 나라이다.

힘이 없어서 그렇지 아마도 요나는 앗수르가 망했으면 했을 것이다. 어떻게 하면 망할까?

율법에는 눈에는 눈, 이는 이, 죽이는 것은 죽이는 것이 율법이다. 요나 마음속에는 앗수르의 대한 미움과 원한이 사무쳐 있었을 것이다.

그런데 그런 앗수르 원수의 나라 수도에 가서 전도하라 하시니 쉽게 가겠다 하겠는가? 요나의 마음속에서는 많은 갈등이 일어났다. 내

키지를 않는다. 죽으면 죽었지 갈 생각이 없다.

심통이 났다. 자존심이 상하는 일이다.

그렇다고 안 갈 수도 없다. 일단 떠나고 보자 하여 탄 배가 다시스까지 가는 배다. 니느웨까지 가는 배를 탔어야 하는 데 말이다. 아직까지는 떠나긴 했어도 니느웨라는 곳은 갈 마음이 없었을 것이다.

우리는 여기서 잘 이해를 해야 한다. 흔히들 말하기를 지리상으로 연구도 안 해보고 요나가 다시스로 가니까 무조건 반대 방향으로 불순종해서 갔을 것이다. 라고 생각을 하고 정죄한 것이 요나는 불순종의 선지자라고 낙인을 찍은 것이다.

다시스는 니느웨에서 정반대 방향이 아니고, 같은 방향이다. 이스라엘의 욥바 항구에서 북쪽방향으로 보면 니느웨는 아주 북쪽에 있고 다시스는 레바논의 항구이다. 성경에 많이 나오는 두로 지방의 항구이기에 욥바에서 다시스[두로]까지는 배들이 수시로 왕래가 있었던 것이다.

(사23장 참고) 요나는 가기는 가는데 주춤주춤 대며 가는 모습이다. 먹기 싫은 음식 깨지락거리면서 먹듯이 가기 싫은 니느웨에 가질 리가 없고, 다시스로 가는 배가 있기에 무작정 타고 배 밑층으로 내려가 깊이 잠이 들었다.

요나는 어떻게 해서든지 안 가려고 하고, 하나님은 어떻게 해서든지 요나를 끌고 가려고 하시는 것이다. 요나는 나는 다시스까지만 갈래요. 하는 것이다.

하나님은 '응. 알았어. 네가 안 가면 내가 알아서 할게.'하신다. 그리고 풍랑을 일으키신다. 배가 위험의 처하게 만드신다. 사공들이 안

간힘을 써서 나아가고자 하나 갈 수가 없다. 제비를 뽑는다. 요나에게 뽑혔다. 사연을 물으니 나 때문이니 나를 물에 던지라 한다. 어떻게 그냥 나아가 보려 하지만 갈 수가 없게 되자 요나를 물에 던진다.

그렇게 흉흉하던 바다가 거짓말처럼 잔잔해 졌다. 하나님은 배에서 내린 요나를 더 빠른 배로[큰 물고기] 가라 태우시고 삼 일 동안 요나가 가기 싫어하는 땅으로 달려가게 하시고 니느웨 땅에 토하게 하셨다.

억지로 하나님 손에 끌려왔다. 다시 가서 전하라 하신다.

삼일 길인데 하루 길만 가면서 회개하지 않으면 40일 후에 이성이 무너진다고 외쳤다.

요나는 힘들이고 공을 들여 전하질 않았기에 아마도 회개하는 자가 없으리라고 생각했을 것이다. 그래서 그 결과를 보려고 초막을 지어 놓고 지켜보고 있다.

하나님은 박 넝쿨의 교훈과 사랑으로 마무리하신다. 요나를 순종이냐 불순종이냐 그것을 보는 것이 아니고. 사랑으로 오래 참으시고 기다리시면서도 결국엔 그 요나를 통해 구원하시는 하나님의 역사를 보는 것이다.

이제부터 우리는 요나와 니느웨성만을 보고 판단하면 별로 유익이 없다. 한낱 지난날의 이스라엘의 역사일 뿐이다. 요나와 니느웨성은 엑스트라일 뿐이다. 진짜로 대타를 보고 만나야 한다. 요나는 사람이다. 사람을 만나서 무슨 유익이 있겠나? 그림자에 불과한 인물이다.

그 요나라고 하는 사람을 들어서 멀리 옮겨 놓고, 그 자리에다 예수님을 앉혀놓고 생각을 하고 또 니느웨성과 같이 멀리 있고 아주 오래된 것은 제쳐 놓고, 현재도 이루어지고 있는 니느웨성보다 엄청 큰 12만 명이 아니라 80억 명이 살고 있는 이 세상을 옮겨 놓고서 요나와 니느웨의 설명이 아니라, 하나님께서 요나를 니느웨로 보내시듯, 예수님을 이 세상으로 보내시면서 니느웨의 12만 명을 구원하시듯이 이 세상의 인간을 구원하시는 하나님과 예수님의 역사로 볼 줄 알아야 한다.

우리가 구약성경을 읽을 때 아주 먼 옛날 이스라엘의 역사 이야기로만 생각하게 되고, 지나간 이야기 우리와 상관이 없는 것으로 치우치기 쉽다.

좌우를 분별 못 하는 니느웨 사람들을 위해서 요나를 보내시듯 죄와 악으로 가득 찬 이 세상으로 예수님을 보내신다.

요나는 다시스로 가던 중 풍랑을 만나 바다에 던짐을 받는다. 우리 주님은 구약이라는 낡은 배를 타고 가시던 중 율법과 계명이라는 풍랑이 대작하여 결국 골고다 언덕에서 추락하여 죽으셨다. 요나가 빠진 그 바다가 예수님이 죽으신 이스라엘 땅이고 예수님이 죽으신 이스라엘이 요나를 삼킨 다시스 바다인 것이다.

요나를 들어 던진 사람들, 사공들은 그 당시 제사장들과 율법사들과 바리새인 들인 것이다. 또 로마 병정들과 간악한 유대 병정들이다.

그냥 노를 저어서 가보려 한 것은 빌라도가 예수님을 무죄 판결을 해서 놓아주려 하는 모습인 것이다. 풍랑이 더 거세져서 결국 요나를 바다에 던졌다 한 것은 빌라도가 예수님을 놓아주려하니 유대인들이 더욱 거세게 달려들어 예수를 놓아주면 가이샤의 충신이 아니라 하니, 결국 예수를 사형언도를 내린다. 즉 요나를 바다의 던짐같이 예수를 들어 십자가의 못 박는다.

요나 때문에 풍랑이 일어났다. 요나는 풍랑을 일으킨 주인공이다.

요나의 첫 번째 풍랑은 다시스 바다요 죽는 풍랑이고, 두 번째 풍랑은 니느웨 성이며 살리는 풍랑이다. 요나가 가는 곳엔 항상 풍랑이 일어난다.

예수님이 가시는 곳엔 풍랑이 일어난다. 예수님은 풍랑을 일으키시는 분이다. 예수님 당시에 제사장, 바리새인들, 율법사, 서기관들에게 엄청난 풍랑을 일으키신 분이다. 요나가 풍랑의 주범으로 제비가 뽑히듯이 예수님은 풍랑을 일으킨 범인으로 지목을 받았다. 아니 처음부터 죄인의 옷을 입고 오셨기 때문에 제비가 뽑힌 것이다.

요나가 나를 들어 바다에 던지라 했다. 던졌더니 거짓말같이 바다가 조용해졌다.

예수님은 이스라엘이란 바다에 오셔서 풍랑을 일으키시는데 바리새인. 율법사. 서기관. 장로들에게 벌집을 쑤셔 놓은 것 같이 하셨다. 상을 둘러 엎으시질 않나. 노끈으로 채찍을 만들어 내어 쫓으시기도 하고. 율법사. 서기관. 바리새인들에게 외식하는 자들이라. 회칠한 무덤 같은 자들이라. 사탄의 자식이라 하시질 않나 이 성전을 헐라. 내가 삼 일 만에 다시 지으리라 하시니. 엄청난 풍랑의 바람을 일으킨 것이다.

예수님은 내가 화평을 주려고 온 것이 아니고 검을 주려고 왔노라. 원수들로 만들겠다 하시니 더 이상 이 풍랑 때문에 배가 앞으로 나갈 수가 없게 된 것이다. 율법이란 구약의 배가 나갈 수가 없다는 말이다.

자기를 가리켜 하나님의 아들이라 하고, 하나님을 친아버지라 부르며, 죄를 사하는 권세도 있다고 하시니 율법의 속해있는 사람들로서는 더 이상 예수님을 죽이지 않고서는 율법이란 배를 끌고 갈 수가 없게 되자. 요나를 들어 바다에 던짐과 같이, 예수님을 던져 십자가의 못 박아 죽인 것이다.

예수님을 십자가의 죽이니, 정말 세상이 조용해졌다. 요나를 던졌더니 바다가 조용해져서 하나님께 영광을 돌렸다 한다. 아마도 제사장들과 그 당시 지도자들도 그러했으리라 예수님을 죽이고 세상이 조용해지니까 하나님께 감사하다고 했으리라.

기독교 교인들이 가는 곳에는 풍랑이 일어나야 한다. 풍랑이 없다고 하는 것은 상대방과 동조하고 있다는 사실이다. 우리는 항상 세상에 도전을 받고 또 도전을 하고 있는 것이다. 사실 기독교 교인들이 있는 곳은 항상 변론과 분쟁이 일어나야 하는데 지금은 이런 일들이 일어나지 아니하고 있다.

죄를 책망하고 멀리하고 지적해주고 해야 할 성도들이 벙어리와 소경이 되었으니 조용해질 수밖에 없게 되어 가고 있는 것이다.

마귀가 주는 뇌물 공세의 밀려 세상을 책망하는 사람이 하나도 없으니 죄악으로 조용해졌다. 요나는 나를 들어 바다에 던지라 함 같이 예수님은 십자가에 몸을 던지셨다. 빌라도는 십자가의 못 박지 않고 그냥 나아가려 했으나, 유대인들이 하는 말이 예수를 놓아주면 가이샤의 충신이 아니라하고 풍랑을 거세게 하니까 결국 십자가에 못 박게 허락지라.

요나는 삼 일 동안 큰 물고기[음부] 속에서 있다가 나왔다.

예수님은 삼 일 동안 무덤[음부]의 갇히어 있었다. 요나는 니느웨 땅으로 토해냄을 받았고 예수님도 무덤이 토해냈다. 부활하셨단 말이다.

한 가지만 생각하고 지나가자. 성경 66권 중에서 "스올"이란 말은 욘2:2절 하반 절에 딱 한 번 나온다. 그리고 음부라는 단어는 무수히 많이 나온다. 그런데 개정판을 만들면서 수많은 음부라는 말을 없애 버리고 딱 한군데 기록이 된 스올이 잠식을 해 버렸다.

도대체 어디까지 성경을 뜯어고쳐야만 진짜 성경이라고 하겠는가? 해도 해도 너무하는 것 같다. 신령한 부분들을 다 파헤쳐 버리고 있는 것 같아 보인다.

그런 오염된 성경을 가지고 일점일획도 정확 무오한 성경이라고 선서를 하겠는가?

요나가 다시 육지에 올라온 것은 예수님의 부활을 묘사한 것이다. 요나의 두 번째 풍랑도 대단한 풍랑을 일으켰는데, 죽음의 풍랑이 아니고 살게 하는 풍랑이다. 요나가 회개하라 그렇지 않으면 40일 후에 성이 무너진다 했을 때, 굉장한 풍랑이 일어났다.

성경이 무엇이라 설명을 할까. 백성으로부터 왕의 이르기까지 굵은 베옷을 입고 재에 앉아 회개했다고 했다. 얼마나 큰 풍랑이 일어난 것인가.

요나가 불순종의 선지자였나? 요나는 예수님의 행적을 대신 보여준 선지자이다. 요나의 회개하란 말 한마디가 수많은 생명을 살리는 풍랑이었다.

예수님도 두 번째 풍랑을 일으키신다. 첫 번째 풍랑의 고비로 십자가의 못 박혀 죽으심으로 조용하다 싶더니, 삼 일 후에 무덤이 열리며 예수님을 토해내고, 승천하신지 40일 후에 다시 성령으로 오셔서 회개의 풍랑을 일으키셔서 12만 명이 아닌 온 세상 사람들이 3천 명 5천 명이 예루살렘을 기점으로 하여 120명의 무리가 주축이 되어 전 세계로 확산되어 온 세상 사람들이 구원을 얻게 하시니.

40일 후에 니느웨성이 구원을 받듯이 40일 후에 성령의 역사가 이 땅의 풍랑을 일으켜 우리가 어떻게 하여야 구원을 얻으리이까 하고 회개의 풍랑이 각 도처에서 일어난 역사를 본다. 예수님의 풍랑은 죽이는 풍랑이 아니고, 구원하여 살리는 풍랑이다. 자신은 죽고 우리는 살리신다. 지금도 예수그리스도 십자가의 복음이 성령을 통해서 죄인들의 마음을 흔들고 있다. 구약의 성경은 모두가 예수님을 가리키고 설명하고 대변해주고 있다.

니느웨성 사람들이 구원받은 것만 생각하지 말고 니느웨성과 같은 이 세상이란 성에 살고 있는 현재 내가 예수그리스도로 말미암아 구원받았음을 믿어야 한다.

예수님은 사람들이 표적을 구했을 때, 요나를 들어 두 번씩이나 인용하셨다.

53

인리가 진리를 파괴시킨다

　인간이 사는 이 세상은 인리로 운영된다. 인리는 인간의 이치다. 인리는 인간의 생각이다. 인리는 인간의 잣대다. 인리는 인간의 방법이다.

　인간들이 살아가는 데는 인리가 절대적으로 필요하다. 세계를 조화롭게 운영하고 이끌어 가기 위해서는 국제기구가 필요하다. 그래서 유엔이라는 기구가 창성됐다. 거기서 인간의 이치에 맞게 구상을 하고, 이치에 합당하게 의론을 하고 운영해 간다.

　각 나라마다 국회라는 기구가 있어서 자기나라의 백성을 안전하게 잘살아 가도록 각종 생각을 이치에 맞게 이끌어 가는 것이다.

　그것이 인리이다. 각 회사나 공장들도 모두 그 인리로써 발전해 나간다.

　교회도 운영기구가 있다. 제직회, 당회, 노회, 총회라는 기구가 설립되어 있다.

　가끔 총회 때 회장 선거를 한다. 입후보자가 많을 땐 각 후보자의 소신을 듣는다.

다 듣고 난 다음 사회자가 이 사람의 말도 인리가 있고 저 사람의 의견에도 상당히 인리가 있는 말이라 한다. 그렇다 세상일은 인리로 발전해 나간다.

그러면 교회는 어떻게 운영되어 갈까? 세상 인리로써가 아니다. 인리로써 해서는 안 된다. 반드시 진리로써 이끌어 가야 한다. 그것은 만고의 변할 수 없는 진리인 것이다. 주님의 진리로써, 주님의 생각으로써, 주님의 방법으로써, 주님의 잣대로써 운영되어야 한다.

그런데 정말 지금의 교회들이 인리가 아닌 진리로써 이끌어져 가고 운영되는지 의심이 간다. 만일 교회 안에서 인리로써 이끌어져 간다면 진리와 마찰이 생기고 진리가 파손되고 무너지고 훼손이 된다.

성경 안에서 인리가 주장이 되어 진리가 어려움을 당하고 파손되거나 마찰이 생기는 일이 많이 일어나는 것을 볼 수 있다.

아담과 하와에게 선악과를 따먹지 말라고 하신 것은 진리이다. 그러나 아담과 하와는 사람의 생각인 인리로써 따 먹었다. 그 결과 영혼의 죽음과 낙원을 잃어버렸다. 가인과 아벨의 제사에서도 아벨의 피의 제사는 변할 수 없는 진리인 것이다. 그 결과 가인은 거짓말쟁이와 살인자가 되었다.

노아 홍수 후 땅에 충만하라. 정복하라 하는 말씀은 진리인데, 바벨탑을 쌓고 흩어짐을 면하고 사람의 이름을 높이려 하는 것은 인리인 것이다. 결과는 언어 혼잡이 왔다.

아브라함의 가정사에서도 아브라함과 롯의 가정이 갈라설 때에도 롯은 인간의 마음으로 소돔과 고모라 땅을 택했다. 결과는 뻔한 것이다.

아브라함은 75세 때 고향을 떠난다. 하나님께서 약속하신다. 바다의 모래같이 땅의 티끌같이 하늘에 별과 같이 많은 자손을 주시겠다고 약속을 하셨다. 이 약속은 진리인 것이다. 변함이 없는 것이다. 그 약속은 반드시 이삭을 통해서만 이루어지는 약속이다.

그런데 언제 주시겠다고는 말씀이 없다보니 하나님의 시간을 인간이 기다릴 수가 없는 것이다. 거기에서 인간의 생각이 발동하게 된다. 사래가 아브라함을 인리로 유혹한다. 하나님이 나에게 씨를 안 주시니 내 몸종인 하갈에게로 들어가라. 그러면 내가 아들을 얻겠노라.

아브라함에게 다른 여인을 주겠다 하니 싫다고 할 남자가 어디 있겠는가? 그렇게 해서 얻은 아들이 이스마엘이다.

인리로 얻은 이스마엘로 말미암아 아브라함의 가정사의 큰 장애물이 되고, 이스라엘의 대적자가 될뿐더러 기독교의 이단자가 되고 있다.

이처럼 인리가 얼마나 무서운 결과를 초래하는지 모른다. 야곱은 벧엘로 잘 올라가다가 세겜으로 빠져버리고 만다. 벧엘로 가는 것은 진리인데 세겜으로 들어가 우리를 짓고 자리를 폈다. 그 결과는 딸 디나가 추장의 아들한테 강간을 당한다. 이스라엘민족이 애굽에서 400년 후에 나오는 것은 약속된 진리이다. 그런데 애굽으로 돌아가자 하고, 반란을 일으킨 것은 인리이다. 그 결과 광야에서 40년 동안 빙빙 돌리셨다.

발람 선지자에게 가지 말라 하신 것은 진리인데 인간의 생각으로 따라가다. 이스라엘 민족 앞에 올무를 놓게 된다. 그 결과 이만 사천 명이 죽고 자기도 죽게 된다.

사울 왕에게 아말렉을 진멸하라 하신다. 그러나 사울은 인리로써 처리했다.

결과 어떻게 나왔을까? 왕위를 빼앗겼다. 다윗에게 기름을 부어 왕이 되는 것은 진리이다.

그런데 사울은 인간의 생각과 방법을 동원해서 진리로 세우신 다윗을 죽이려 한다. 그 결과 자기도 죽고 아들들도 죽음을 맞는다.

모세는 가데스 반석 앞에서 반석에게 명하라 한 진리를 거시려 지팡이로 두 번을 쳤더니, 물은 나왔는데 하나님은 기뻐하시질 않고 화가나 계셨다.

결국 가나안 땅에 못 들어갔다.

다윗은 인구 계수하다가 많은 사람이 죽게 된다.

솔로몬은 이방여인과는 혼인하지 말라고 하신 진리를 인리로써 많은 이방여인을 얻은 결과 끝이 좋지를 않았다.

요나는 니느웨로 가라하신 진리를 거시려 인리로 행하다가. 물속에 빠진다. 무엇보다 말라기서에서 보면 제사장들 책망을 많이 하셨다. 왜 책망을 받았을까. 눈먼 것을 드렸다. 지체 상한 것을 드렸다. 너희 총독에게 이런 것을 드려 보라. 받겠느냐?

도대체 어떤 것을 드렸기에 그렇게 화가 나셨을까? 제사장들의 이런 횡포는 예수님 당시까지 내려오고 있는 것이다. 이 사건의 내용은 이런 것이다.

이스라엘 백성이라면 1년에 세 번씩은 예루살렘 성전을 향해서 모인다. 전 세계의 흩어졌던 이스라엘민족이 양이나 염소, 송아지를 끌고 온다. 얼마나 힘이 들까?

그래서 제사장들이 고안해낸 생각이 바로 백성의 편의를 도와주는 것이었다. 처음부터 성전 안으로까지 들어오지는 않았을 것이다.

성전 밖 마당에서 시작을 하다가 보니 규모가 커지고 종류가 다양해졌다. 처음의 시작은 참 좋은 뜻으로 정말 진리인 하나님의 사랑으로 했을 것이다.

그런데 시간이 지나고 세월이 흐르면서 이 법도 조금씩 변질되어 가고 있는 것이다. 처음엔 순수한 진리인 하나님의 마음으로 시작한 것이 서서히 인리인 사람의 생각으로 둔갑하여 언제까지 봉사만 할 수는 없지 않은가 하는 생각이 들었을 것이다.

이익을 조금 남기다 보니 재미가 솔솔 붙는 것 같다. 욕심이 잉태하면 사망을 낳는다고 했다. 욕심이 생기다 보니 보이는 것이 없어졌다. 돈이 수중에 들어오니 무서울 것도 없어졌다.

과감하게 자연히 성전 안으로까지 밀고 들어온 것이다.

백성들이 밖에서 사서 끌고 온 짐승은 이런저런 트집을 잡아 불합격시키고 자기들이 파는 양과 염소만이 합격을 시키고 들여보내기 때문에 백성들은 울며 겨자 먹는 식으로 비싸도 사야 되고 마음에 안 맞아도 사야 한다.

몇 백 년이 지난 예수님 당시 때에는 완전히 성전 안이 짐승 판이고 시장판이고 장사판으로 돌변한 것이다. 강도의 소굴로 변질이 된 지가 오래된 것이다.

칼만 안 들었지 날강도인 것이다. 이것이 습관화가 되고 정신과 몸의 배어서 죄라고 생각하는 이가 없게 되는 것이다.

지금 교회 안에도 이러한 세상 것들이 가득 들어와 차 있는 상태다. 교인들 마음속에도 예수님 들어갈 공간도 없이 차 있다. 그러면서도 죄인 줄도 모르고 죄의식도 없다.

하나님은 말라기1:10절에 성전 문을 닫을 자가 있었으면 좋겠다 하시고, 이스라엘과 4백 년 동안이나 인연을 끊으셨다. 그것도 깨닫지 못한 제사장들은 예수님 당시까지도 여전히 이런 행각을 일삼아 오고 있으니, 구약 때 벌써 화가 난 하나님이 육신을 입고 예수님으로 오신 하나님이 그냥 넘어가시겠는가?

노끈으로 채찍을 만드시고 짐승들을 밖으로 쫓아내시고 돈 바꾸는 상을 둘러 엎으시며 내 아버지의 집을 강도의 굴혈로 만들지 말라 하시며 쫓아내신다.

이것이야말로 얼마나 인위적인가? 인리가 진리를 완전히 삼켜 버린 예다. 인리가 얼마나 무서운 것인가를 다시 한번 느껴지는 것 같다.

한번은 제자들 앞에서 앞으로 제사장들을 통해서 해를 받으시고 십자가에서 죽으시는 말씀을 하셨다. 베드로가 절대로 그런 일은 없습니다. 했다.

그런데 예수님께서 베드로를 향해 사탄아 물러가라. 너는 나를 넘어지게 하는 자로다. 하신다. 우리는 여기서 큰 진리를 배워야 하겠다. 분명히 베드로 입장에선 바른말을 한 것이다. 어떤 제자가 자기 선생이 죽으신다는데, 그래요 선생님 잘 죽으세요. 할 수는 없지 않은가? 오늘날 교회 안에서 이런 식의 일들이 많이 일어나는 것은 아닌지 각자가 잘 살펴보기 바란다. 예수님도 십자가에서 죽으시는 것이 정답이고, 진리이다. 이것이 하나님 뜻이고 예수님이 바로 이 일 하려고 오신 것이다.

베드로는 인정[인리]상 예수님이 죽으시면 안 됩니다. 했는데 바로 이것이 사탄이요. 마귀요. 인리인 것이다. 강단에서 외치는 설교자들이 여기의 사건을 거울삼아서 교인들 교육을 바로 시켜야 한다. 분명 성도는 예수님을 믿음으로 따라가는 것은 예수님과 같은 길을 걸어가는 것이다. 베드로식으로 반대로 가게 한다면 그것이 바로 사탄이요. 인리인 것이다. 예수님의[진리] 뜻은 우리도 십자가를 지고 좁은 문으로 오라고 하시는데, 베드로식으로 만사가 형통하고 축복만을 전한다면 그 목회자는 분명 사탄이라고 책망을 받을 것이고 너는 나를 넘어지게 하는 자로다. 함같이 너는 교회를 넘어지게 하는 자로다 라고 책망받을 것이다.

주님의 생각이 아닌 인간의 생각과 방법으로 세상 것들을 끌어들이지는 않았는가? 어떤 교회는 세상과 소통한다고 풍물패를 만든 교회도 있다.

세상을 향한 열린 교회라고 하면서 일일 찻집도 민요반도 운영하고 있다. 이런 것의 시작이 진리로부터 시작하였을지라도 하다 보면 인리가 그 자리를 차지하게 되고 결국에 남는 것은 주님은 없고 사람들만 남게 된다.

주님은 나를 따라오려거든 자기 십자가를 지고 따르라 하셨다. 그렇지 않으면 나와 상관이 없다고 하셨다.

지금 십자가가 뭔지도 모르는 교인이 너무 많은 것 같다. 동문서답을 하고 있다.

예수님이 천국이 먼저 하시면 아니요 세상에서 출세가 먼저구요. 축복이 먼저예요 한다.

네로 때 로마의 엄청난 환란과 핍박이 일어났다. 기독교인들을 잡아가고 죽이고 투옥시킬 때 베드로도 위험에 처했다.

제자들이 베드로 보고 피할 것을 권하자. 베드로가 로마를 등지고 도망간다. 그런데 맞은편에서 어떤 사람이 머리를 숙인 채 무거운 십자가를 지고 로마성을 향하여 오고 있는 것이 아닌가? 자세히 보니 주님이시었다. 주여 어디로 가시나이까?[쿠어 바 디스] 유명한 말이다.

그때 주님이 하시는 말씀. 네가 십자가를 버렸으므로 내가 다시 십자가를 지려고 로마로 들어가노라. 베드로가 거기서 번쩍 정신이 들어 아닙니다. 제가 가겠습니다. 하고 로마로 돌아와서 체포되고 순교할 때에 나 같은 죄인이 어떻게 우리 주님과 같은 모양으로 죽을 수 있겠나. 나를 거꾸로 못 박아 달라하여 거꾸로 순교한 베드로다.

베드로도 주님이 순교할 것까지 아시고 예언까지 하신 진리인 말씀을 베드로의 인리로 피해보려 했으나, 결국 진리가 삼켜버리고 만다. 그래서 베드로를 가리켜 수제자라 하는 것이다.

사격을 할 때에 영점조준을 한다. 그때 총구에서 1미리만 방향이 벗어나도 과녁과 타깃에 맞는 부분은 엄청 크게 편차가 난다.

우리가 예수님 기준으로 영점 수정하고 조준을 잘 맞추어서 천국 구원이라는 목표물에 잘 맞추도록 인도하는 것이 지도자들이 할 일이다.

고난받는 것은 진리이다. 잘 먹고 잘살고 평안하기만을 바라는 것은 인간의 마음인 인리인 것이다. 세상을 등지고 세상에서 나오는 것은 진리이지만 세상에 두 발을 밟고 서 있는 것은 인리인 것이다. 좁은 길로 가는 것은 진리이지만, 넓은 길로 가는 것은 인리이다.

세상을 사랑하는 것도 인리에 속하는 것이다.

성경은 육신[인리]의 생각은 사망이요. 영의 생각은 생명과 평안이니. 라고 하셨다. 지금까지 미루어 볼 때 인리와 진리가 부딪치게 되고 마찰이 생기는 것을 보았다.

인리로 치장한 교회와 믿음들은 장차 진리의 주인공인 주님과 부딪치게 된다. 슬피 울며 이를 가는 곳으로 추방당하게 될지도 모른다.

우리주님도 겟세마네 동산에서 기도하실 때 인리로 기도하셨다. 이 잔을 내게서 옮겨달라고 하신 것이다. 그러나 주님은 곧바로 진리의 순종하셨다. 순종은 진리이고 인리는 불순종이다.

54

코로나 19가 무엇을 말해주고 있나

2019년 겨울부터 시작된 코로나 사태가 중국 우한시에서부터 발생하더니 우리나라에도 건너왔다. 처음엔 예년에 다른 유행성 독감처럼 몇 달 정도 유행하다가 잠잠해지겠지 했다. 그런데 몇 달이 지나면서 코로나 기세가 점점 확산되어가고 죽는 사태도 많이 발생했다. 기세는 꺾일 줄 모르고 무섭게 전파되어 세계가 우리나라와 단절하는 사태까지 이르게 된다.

처음에는 신천지 교인들이 대수롭지 않게 생각하다가 언론의 지탄을 받았다. 사람과 사람 사이 격리가 되고 마스크를 쓰는 생활이 시작되었다. 모임이 없어지고 나라와 나라사이도 단절 상태가 되고, 교류가 없다 보니 사는 것이 힘들어진다. 점점 재앙으로 발전해 나간다.

지방에서 정부에서 기금을 푼다. 5월이나 6월에는 벗어날 줄 생각했다. 그런데 7월이 되어서도 줄어들기는커녕 더욱 세력이 강한 독감으로 재유행하여 전 세계로 확산하는 것 같다. 이 코로나를 유럽과 선진국이라고 하는 나라들은 우습게 보다가 아주 큰 코를 다치고 있다. 걷잡을 수 없게 퍼져나간다.

이런 일은 정말 처음이다. 내 나이 칠십이 넘었어도 처음 있는 일이다. 이것은 그냥 질병이 아니고 유행성독감도 아닌 인류를 향한 하나님의 재앙이요. 징계의 나팔소리다.

재앙은 한 번으로 그치는 법이 없다. 성경에서 보면 최소 단위가 네 번이다. 첫 번째는 온역이고 두 번째는 기근이며, 세 번째는 사나운 짐승, 네 번째는 칼 같은 전쟁이다.

지금 코로나 재앙은 온역이다. 우리가 회개하지 않으면 기근재앙으로 치실 것이다. 지금 생활이 최저 생활이다. 사람이 움직이질 못하니 이루어지는 게 없어 보인다. 완전히 경제 공황이요 파탄이다. 기근 재앙인 것이다.

실로암 망대가 무너져 열여덟 명이 죽었다. 누구의 죄 때문입니까? 물었을 때 주님의 대답이다. 누구의 죄가 아니라 너희도 회개하지 아니하면 이와 같이 망한다 하시다.

우리는 이런 재앙을 보면서 가슴을 치면서 회개해야 한다. 애굽의 바로에게는 열 번의 기회를 주셨는데 다 놓쳐 버렸다. 결국 장자가 죽는다.

우리도 회개하지 않으면 죽을 수밖에 없다. 회개할 기회이다. 그리고 이 재앙은 온 세상을 향한 하나님의 진노의 경고 나팔소리이기도

하지만, 그중에 특별히 교회를 향한 하나님의 경고의 나팔소리로 들린다.

지금 교회들은 경건의 모습은 있는데 경건의 능력은 없고, 주여 주여 외치는데 예수님은 없고, 십자가는 부르짖는데 피는 말라버렸다.

세상 것으로 가득 차 있을 뿐이다. 주님이 떠난 빈 건물만 붙들고 있는 모양새다. 지금의 교회가 개혁한 지 오백 년이 지난 지금 너무도 많이 변질이 되어 있다. 세상 교회가 되어 가고 있는 중이다. 지금 교인들 속에는 세상 것들로 가득 차 있다.

무엇을 회개할지 모르고 있다. 꼭 구약의 끝인 말라기 선지자 때가 된 것 같아 보인다. 그런 느낌이다. 말라기 선지자 때에 제사장의 횡포의 하나님은 애통하시고 계시다가 말라기 선지자의 입을 빌어 감정을 표출하신다.

차라리 성전 문을 닫을 자가 있었으면 좋겠다. 하셨다. 지금 코로나라는 재앙이 왔다. 교회는 어떤 현상이 나타나고 있을까? 교회 숨통을 조여 온다. 지금 손과 발목이 다 잘린 상태다. 포박되어 사슬에 묶여있는 모습이다.

숨만 쉬고 있을 뿐이다. 그 숨도 못 쉬는 교회가 있다. 주일 낮 예배 외에는 일절 다 막혀있다. 오후도 삼일도 새벽에도 다 막혀있고, 다 잘려 나간 상태다. 백 명 나오는 교회가 20명 30명만 간간이 나온다.

숨만 쉬고 있는 분위기다. 어떤 교회는 교회의 빨간딱지가 붙어 숨통마저 막혔다. 일제 치하에서와 6.25동란 때 잠시 교회 문이 닫힌 일이 있었다. 그 이후 처음 있는 일이다.

그동안 교회가 너무 사치에 빠졌다. 돈으로 치장하고 하늘 높은 줄 모르고 치솟았다. 목사, 장로가 술독에 빠진 사람도 많아졌다. 교인들의 상태는 더 악화되어 간다. 거룩한 주님의 날도 없어진 지 오래다. 60년대 70년대만 해도 주일날을 온전히 지키려고 안간힘을 썼다. 세상으로 끌려가지 않으려고 말이다.

그런데 지금은 어떻게 주일을 보내고 있을까? 예배 한 시간 드리고 나머지는 내 날이 되고 있다. 이것이 점점 마음에서 굳어져 가는 실정이다. 하나님께서 말라기 선지자를 통하여 한탄하셨듯이 오늘날 주님이 교회들을 보시고 한탄하시는 것은 아닐까? 차라리 교회 문을 닫을 자가 있었으면 좋겠다고 하시는 것은 아닌지 걱정스럽다.

사람은 닫을 사람이 없다. 그래서 코로나를 불러들여 닫게 하시는 것인 줄도 모를 일이다. 이미 서구에는 많은 교회가 문을 닫고 세상 사람들에게 팔려서 카페가 되고, 술집으로도 변형되어 간다라는 말을 오래전에 들은 바 있다.

교회들이 회개하지 아니하면 모두 망한다. 교회가 먼저 회개하자. 말로만이 아니라 높은데 거한 자는 낮은 곳으로 내려오고 많이 가진 자는 모두 풀어서 나누어 주고 세상으로 가던 자들은 돌아오라 그것이 회개다.

이 재앙은 또한 예수님의 재림에 대한 징조로 보여 주시는 것 같다. 택한 백성으로 하여금 보고 깨달아 준비하라고 하시는 것처럼 생각이 든다.

사람이 남이 살던 집을 사 가지고 이사를 올 때엔 집을 다시 손을 보고 도배장판도 다시 하고 깨끗하게 하고서 이사를 오듯, 우리 주님 재림하실 때에도 이 세상에 더러운 마귀 때가 묻은 것과 인간의 더러운 죄악이 가득 차 있는 것을 그냥 두시고 오실 리는 만무하다.

오시기 전에 분명 청소 작업을 하실 것이다. 온역으로, 기근으로, 사나운 짐승으로써, 마지막엔 칼 같은 전쟁을 통해서 이 지구상을 태워서 깨끗하게 하신 다음에 오셔서 사실 것이다. 그중에 이번 코로나가 재앙의 전주곡일 뿐이다. 지금 인간에게 주어진 시간이 다 지나가고 있는 것이다. 또 아담 때가 봄이라면 예수님 초림은 여름이고 이제 예수님 재림은 늦가을 추수 때와 같은 시기이다. 지금 이 세상은 가을과 같은 시대이다.

태초의 땅을 정복하라 편만 하라 하셨다. 지금 세상은 포화 상태다. 이 세상은 가라지도 많고, 쭉정이도 많고, 알곡도 많다. 우리 주님의 재림은 추수하시러 오시는 것이다.

모든 것은 때가 있다. 지금까지는 인간에게 주신 때고, 마귀에게 주신 때다. 그러나 곧 우리 주님의 때가 올 것이다.

그때가 재림의 때인 것이다. 초림하셔서는 노끈으로 채찍을 만들어 사용하셨지만 재림하셔서는 철장을 가지고 심판하신다. 깨어서 등을 준비하고 기름을 준비하고 기다리자. 늦어도 오신다. 넓은 길로 가던 자여도 빨리 좁은 문으로 들어오라. 내 등에 십자가 있는지 꼭 확인하고. 없으면 안 된다. 꼭 지고 가야 주님을 만날 수가 있다.

십자가 없으면 갈 생각도 하지 말아야 한다. 헛수고한다. 오히려 불법을 행한 자라고 책망 듣는다. 이 세상에서 출세 부자 이런 것 버려야 하고. 세상에서 나와야 산다. 도피성을 바라보고 떠나야 한다.

멸망받을 소돔성에서 소알성으로 간 것처럼, 공중 시온산으로 피신할 준비를 하고 있어야 한다.

지금 자연계를 보자. 다른 나라는 몰라도 우리나라만을 살펴보기로 하자. 70년대까지만 하여도 도랑과 시내 개울에는 가재가 엄청 많았다. 정말 우글우글했었다. 지금 대다수 개울과 하천에는 가재가 사라졌다. 산골짜기에 몇 마리 있을 정도다.

반딧불도 밤하늘을 번쩍번쩍 수놓았다. 그런데 지금은 볼 수가 없다. 깊은 골짜기에 조금 있는 상태다. 얼마 전까지만 해도 뱀, 개구리 천지였다. 논두렁 밭두렁 할 것 없이 늘 뱀, 물뱀, 독사, 살무사, 구렁이가 엄청 많았었다.

지금도 있긴 하지만 얼마 없다. 그저 간간이 있을 정도다. 여름에 우는 개구리, 참개구리, 청개구리 정말 많았었다.

모를 심기 위해 써레질을 할 때면 논에다 알을 까놓고 개골개골 울던 시절 그립다. 그런데 그 개구리 소리를 들을 수가 없다. 한여름 다 가도록 두서너 마리 볼 정도다. 작은 나무나 수풀 위에서 있다가 저녁때나 비가 오려고 날씨가 흐리면 으레 울던 청개구리가 흔적조차 찾아볼 수가 없다. 눈을 씻고 찾아보아도 안 보인다. 몇 년 사이에 급작스럽게 없어졌다.

해마다 3월에 찾아와서 10월의 가는 제비도 우리가 사는 국립수목원 동네에는 벌써부터 한 마리도 안 보인지 여러 해가 되었다. 60년대 70년대까지만 해도 얼마나 많았나 전깃줄 빨랫줄에 새까맣게 앉은 모습이 눈에 선하다. 처마에, 서까래 사이에 집을 짓고 재잘대며 울던 시절이 있었다. 그런데 지금은 없다.

5월에 왔다가 삼복더위 때 가는 뻐꾸기와 꾀꼬리소리도 그렇다. 뻐꾸기는 한두 마리 정도다 그것도 개체수가 많이 없어졌다. 그런데 꾀꼬리는 몇 년 전부터 아예 안 온다. 그 아름다운 소리를 못 듣는다. 아쉽고 그립다.

다른 것은 없어져도 매미 잠자리는 안 없어질 것 같았다. 몇 년 사이로 개체수가 완전히 없어지다시피 줄어들고 있다. 매미 종류가 여덟 종류가 된다. 거의 멸종 상태다. 여름의 대표 매미 참매미[매암매미], 쓰름매미가 있다.

2019년도에 쓰름매미 우는 소리를 한 번도 못 듣고 지나갔다. 2020년도 8월 3일인데 아직까지도 쓰름매미와 참매미 소리를 못 들었다. 중복이 지났다. 원래 이 매미를 복 매미라 한다. 삼복이 지나면 매미도 일생을 다 산 것이다.

각종 매미가 합창을 하면 귀가 따갑다. 한때는 공해라고까지 했던 시절이 있었다. 어쩌면 몇 년 사이에 이렇게 급작스럽게 없어질까?

비 오고 난 뒤에 하늘을 빨갛게 수놓은 고추잠자리, 메밀잠자리, 왕잠자리도 볼 수가 없어진다. 있긴 있는데 별로 없다.

몇 년 전에만 해도 전깃줄에 빨랫줄에 일렬횡대로 수백 마리가 앉았었다. 오후에 하늘을 보면 잠자리 노는 모습이 얼마나 아름다운지 모른다. 고추 말뚝마다 어김없이 앉아 있는 것을 어린 아이들이 매미채를 가지고 잡았다가 놓아주곤 했던 시절이 있었는데 지금은 잡을 잠자리, 매미가 없는 것이다.

불과 몇 십 년 전만 해도 땅벌[일명 오빠치]이 그렇게 많았다. 논둑

밭둑 들판에 산에 어디든지 있어 여름이면 벌초할 때엔 몇 방씩 쏘이곤 할 때도 있었는데 지금은 찾아보려고 해도 없다. 여치도 얼마나 많았는지 모른다. 여치는 6월에 들판에 보리가 누렇게 익어가는 시기에 칡넝쿨 이파리 위에서 찌르르 울어댔다.

지금도 있기는 더러 있다. 그런데 외국종이 들어와 차지하고 있다. 외국종은 울지를 못 한다. 국내종도 요즘엔 모두 벙어리가 되어 버렸다.

생물계 동물계뿐만이 아니다. 지금 자연계에서도 이상 기후가 나타나고 있는 것이다. 북극에 얼음이 녹아내리고 있다. 빙하는 모래시계와 같은 역할을 하고 있는 듯싶다. 모래시계의 모래가 다 내려오면 약속한 시간이 다하듯, 빙하가 다 녹아내리면 이 세상 역사의 시간도 사라질 것만 같다.

오존층이 파괴가 되면 지구상의 이상한 일들이 나타나고 있는 것은 누구나가 알고 있는 현실이다. 지금 벌써 손 쓸 수 없게 망가져 가고 있는 것이다.

지구에도 우리가 말하는 컴퓨터 칩이 내장되어있는데 그것이 고장이 난 상태다. 그래서 소위 말하는 지구가 미쳐버렸다. 아무 때나 비가 오고 아무 때나 덥고, 폭우가 내렸다 하면 재앙 수준이고 2020년 7월~8월 만해도 중국에 한 달 이상 폭우가 내려 샨샤댐이 붕괴 직전에 있다고 하는 보도를 봤다. 그런데 그 비가 우리나라에까지 오고 있는듯하다. 지금 8월 4일이다. 지금까지 비 온 날 수가 20일이 넘는다. 그런데 뉴스를 보니 13일까지 비가 온다고 하고 금년 장마기간이 최장 일수라 한다.

30일 이상 비가 오는 것이다. 이것은 코로나 말고 또 다른 재앙인 것이다. 삼복더위라는 말이 무색할 정도다. 더 무서운 것은 이글을 타자치고 있는 이 시간에 대만 부근에는 엄청난 태풍이 우리나라를 향해 직격탄을 날릴 기세로 다가오고 있는 것이다. 그 후엔 어떻게 될지 오직 무섭다는 생각 밖에는 없다.

자연계가 망가지고 생물들이 자취를 감추고 있는 것이 무슨 뜻일까? 생물들을 통해서 보고 듣는 것이 있어야 하겠다.

오래전 인도네시아에 쓰나미가 휩쓸고 갔다. 멍청한 인간들은 다 당했다. 그런데 생물과 동물들은 다 피신했다고 한다. 생물들은 바다가 우는 것, 땅이 우는 것을 감지한다고 한다.

현재 많은 생물들이 우리 곁을 떠나고 있는 것이다. 저들은 지구의 종말을 느끼고 있는 듯 싶다. 지구가 우는 소리를 듣고 있는 것 같다. 인간하고 같이 있어 봐야 좋을 것이 없기에 떠나는 것 같다. 우리도 지구가 우는 소리를 들어 보자.

여름 가을에 살던 풀벌레들이 서리가 오게 되면 자취를 감추듯이 우리 곁을 떠나고 있는 생물들을 보면서 '아. 지구의 늦가을이 오고 있구나.', '찬 서리 내릴 때가 되었구나.', '추수 때가 되었구나'하는 것을 느껴야 하겠다.

흔히 말하는 세상 말세다 라고 하는 것은 예수님 재림을 두고 하는 말이다. 예수님 재림 없는 말세는 없는 것이다.

지금 생물들만 없어지는 것이 아니다. 인간들도 없어진다. 어느 시점의 가서는 인간들도 자취를 감추게 될지 모른다. 우리나라 실정만 보아도 그렇다. 인구가 감소한다. 젊은 사람들이 결혼을 못 하기도 하지만 안 하는 추세다.

결혼을 했어도 아이를 안 가지려 한다. 갖는다 해도 한 명이나 많아야 두 명 정도다. 어느 부부는 갖고 싶어도 못 낳는다. 그렇다 앞으론 낳고 싶어도 못 낳는 시절이 온다. 사람의 씨앗인 남자의 정자수가 급격히 줄었다 하다.

지금 핸드폰이 인류를 망하게 하는 기구가 될 것이다. 다른 전자제품은 몸에서 떨어져 있는데 핸드폰은 손에서 놓치를 못한다. 그리고 뇌에다 대고 산다. 그 전자파가 어린아이가 성인이 될 때면 완전히 인간성을 죽이게 된다. 지금 말할 줄만 알면 핸드폰이다. 그 아이들이 어른이 되게 되면 인류가 고갈이 될 것이다.

우리 사회가 노령화되고 새로 태어나는 신생아가 없으면, 가재 없어지고 반딧불 없어지듯 자연히 인간들도 없어지리라. 늦가을 들판을 보라. 어떤 색인가? 모두 누렇게 변한다. 생기가 있는 것은 별로 없다. 초목도 누렇고 들판에 곡식들도 모두 누런 색깔뿐이다.

우리나라 사람들이 그렇게 누렇게 변해가고 있는 것을 본다. 50, 60년대만 해도 아이들이 너무 많았다. 동네마다 골목마다 아이들 때문에 정신이 없었다. 산아제한까지 했다. 둘만 낳아 잘 기르자 라는 문구도 있었다.

그런데 지금은 어떤가? 여기 가도 늙은이, 저기 가도 늙은이, 늙은 사람 천국이다. 곡식으로 말하면 익어서 누런 것처럼 인생은 늙어서 누렇게 익어가는 모습이다. 익은 곡식은 낮을 기다리는 추수가 있듯이 인간의 세계에도 추수 때인 가을이 온 것이다.

밭에 곡식은 사람이 추수하지만, 인간의 추수는 주님이 하러 오신다. 인간 중에는 가라지도 많고 쭉정이도 많은데 알곡도 많다.

지금 코로나 사태를 보면서 장차 주님이 심판하러 오심을 깨달아 알아서 준비해야 하겠다.

지금 세상은 제3차 세계전쟁을 준비하고 있다. 다 준비해 놓고 신호의 총소리만 울리기만 기다리고 있는 상태다. 3차 전쟁은 어디서 일어날까? 중동일까? 아니다 우리나라 주변에서 날 것만 같다. 한반도가 아주 묘하게 생겼다.

남한과 북한이 있다. 북한을 옹호하는 중국과 러시아가 있다. 혈맹 국이다. 좋으나 나쁘나 도와줄 것이다. 남한은 남쪽대로 혈맹 국이 있다. 세계 어느 나라도 양쪽에 피로 나눈 나라는 없을 것이다. 그러기에 우리나라에서 전쟁이 나거나 미국과 중국이 전쟁을 해도 마찬가지다. 어쩔 수 없게 세계는 전쟁에 소용돌이로 휘말리고 말 것이다.

주님의 재림의 때를 생각해 보자. 세계 핵전쟁을 치르고 나서 재림하실까? 아니면 제3차 세계대전이 나기 직전에 오실까?

그래도 성도라면 그런 것까지는 생각을 해봤어야 하지 않겠나? 어느 시간과 날 자는 모른다 하여도 어느 경점과 시대적인 분별은 우리가 해야 할 일이다. 내가 그동안 성경을 통하여 느낀 부분들을 피력해 보려 한다.

나는 예수님이 재림하신다면, 제3차 핵전쟁이 나기 직전에 재림하시지 않겠나 생각이 든다. 그 이유를 예를 들어 보겠다.

하나님께서 소돔과 고모라 성을 심판하시려 하실 때 천사들을 보내신다. 그런데 그 안에는 아브라함의 조카 롯의 가정이 살고 있다. 그냥 놔두고 함께 심판을 안 하셨다. 천사들이 롯과 식구들을 소알성으로 피난하게 한다.

미적거리니까 손까지 붙들고 이끌어 낸다. 그뿐이 아니다. 천사가 한 말을 직접 들어 보자. '네가 그리로 들어가기 전에는 내가 아무 일도 할 수 없노라.'한 말을 깊이 생각해 볼 필요가 있다. 한 가정을 구원하시는 장면이다.

죽음을 면하게 하시고 구원하신다. 갈 곳을 예비하시고 다 들어간 것을 확인한 다음에 유황불비로 심판하셨다. 우리는 여기서 어떤 교훈을 얻을 수가 있을까?

지금 이 세상에는 익은 곡식이 많다. 예수님의 피로써 구원받을 하나님백성이 많은 것이다. 롯의 한 가정이 아니다.

그 많은 성도들을 이 세상에 그냥 놔두고 제3차 핵전쟁을 선포하시겠는가? 절대 그렇게 생각하지 않는다. 반드시 성도들로 하여금 이 세상에서 피할 소알 성과 같은 곳을 예비하시고 그리로 옮기실 것이다. 롯의 딸들이 지체하니까. 직접 손을 잡아 이끌었다. 하물며 수천만 성도들이 세상에 있는데 같이 죽음의 불 심판을 하실 주님이 아니시다.

천군 천사를 동원해서 우리를 피난처로 이동한 다음 이 땅의 죽정이와 가라지만 있는 세상을 불로 태우실 것이다.

우리가 피난한 곳은 공중 시온산이다 주님과 혼인 예식이 있는 장소다. 우리는 7년 동안 공중에서 주님과 함께 잔치할 것이다. 주님은 신랑이고 우리는 주의 신부가 되는 것이다. 우리가 잔치할 7년 동안 세상은 전쟁으로 깨끗하게 된다.

깨끗하게 청소가 된 세상으로 우리와 함께 오셔서 원래 하나님께서 구상하신 세상을 만들어 가신다. 그때는 평화의 왕국이다.

여기까지 내가 하고자 하던 내용들이다. 이 작품을 작성하면서 수없이 기도했다. 주님 이 작품이 제 생각에서 시작되고 제 생각으로 하는 것이라면 막아주세요. 정말 많이 했다. 책이라는 작품은 아무나 할 수 없기 때문이다.

학교도 중학교 문턱에도 못 가봤다. 이 작품을 만들어 가면서 애로사항이 너무도 많았다. 마음에는 가득한 것을 말로 글로 표출해서 표현한다고 하는 것이 어려웠다. 또 어디서는 어떤 기호를 써야 하는지 헷갈리고 맞춤법도 힘들었다.

이해하고 읽어 주기 바란다. 이 작품을 읽으면서 이단이 아닌가 하고 생각하는 사람도 있으리라. 지금까지 교회 안에서 들어 보지 못한 내용들이 많을 것이다. 이해하려 하기보다. 돌부터 손에 쥐고 던질 준비를 하고 있는 사람들도 있으리라.

이제 돌에 맞는다 해도 나는 장로도 은퇴했고, 천국 갈 날만 기다리는 사람이다. 바울이 핍박받고 어려움에 처했을 때, 그 결박이 아픈 것이 아니고 주의 말씀이 마음에서 나가지 못하는 것을 더 고통으로 여겼다. 내 마음속에서도 수많은 싸움이 있었다. 한쪽에선 해야 된다하고 한쪽에선 못합니다. 나 같은 사람이 무엇을 합니까? 못합니다. 얼마나 싸웠는지 모른다.

오래전 이야기다. 젊었을 때 일이다. 그때에 성령께서 감동 주시는 것이 너무 많아 주체를 할 수가 없었다. 그때마다 책에다 메모를 해 놓고 했다. 책을 한번 만들어 보면 어떨까 하는 생각이 들었다. 교회 의 신현아 교사를 통해서 타자 원고를 부탁했다. 한참 후에 가져왔 다. 부푼 마음으로 서울로 갔다.

여기저기 수소문해서 찾아다녀 봤다. 책을 만들어 주는 데를 모르니까 천방지축 찾아다닌다. 어렵게 몇 군데를 들러서 원고를 제출했다.

거절당했다. 힘이 빠졌다 낙심이 됐다. '그럼 그렇지 네가 무엇을 한다고 하나 송충이는 솔잎만 먹고 사는 거야. 네 주제를 파악이나 해.'하는 소리가 들려 '그래. 알았어. 맞아 맞는 말이야'하고 원고를 컨테이너 박스 안에 던져 넣었다.

하나님은 나로 하여금 세상에서 아무것도 없게 만들어 놓으셨다. 완전히 비어 돌아오게 하셨다. 탕자가 빈손으로 오듯, 나를 아무것도 없는 거지 나사로와 같이 알거지로 만드셨다.

큰집 밭에다 무조건 컨테이너를 실어다 놓고 혼자 처량하게 살고 있던 때다.

그렇게 몇 달을 살았다. 그러던 어느 날 2008년도 11월 둘째 주일 날 낮 예배를 마치고 추수감사주일 점심을 먹는데 보니 우리 컨테이너 쪽에서 검은 연기가 치솟고 있어서 우리 컨테이너는 아닐 거야 하면서 유심히 보는데 아무래도 수상해서 조카랑 올라가 보니 우리 컨테이너가 타고 있는 것이 아닌가.

그럴 때 뭐라고 표현들을 할까 망연자실이란 말이 맞을 것이다. 건진 것이라곤 교회 갈 때 입고 간 양복 구두 가방이 전부였다.

내부에 있는 것이라야 별것도 없다. 모두가 완전히 잿더미였다. 혹시라도 쓸 만한 것이 뭐 없을까 하고 쓰레기 봉지에 담으면서 찾아보았다. 그런데 그전에 책을 만들어 보겠다고 하다가 안 되어서 던져두었던 원고 봉투가 겉만 살짝 타고 내용물은 90%가 그냥 남아있었다. '에잇. 이 까짓거 이건 두어서 뭐해'하면서 쓰레기봉투에 넣었다.

그리고 다른 불탄 쓰레기를 그 위에다 마구 넣다가 마음 한구석에서 원고를 꺼내서 두어봐 하는 소리도 들리는 것 같아 다시 쓰레기봉투를 휘저어 가면서 찾아 꺼내서 장갑 낀 손으로 툭툭 털어서 놔두었다.

이때는 아들네 집에서 살 때다. 아들네가 19평 아파트인데 나까지 들어가 사니 말이 아니다. 겨울 나고 5월에 다시 컨테이너 자리에다 컨테이너처럼 만들어 살다가, 지금은 큰집 밭을 구해 조그만 집을 지어 산다.

혼자 있다 보니 시간이 많아졌다. 지난 시간들을 돌이켜보니 인생은 모두 고난이라 나도 짧은 인생이지만 고난 쪽으로 편중되어 살아온 것 같아서 불현듯 책이라는 단어가 스쳐 갔다.

종교적인 것이 아니고 나 고생한 것이다. 어려서부터 일을 생각나는 대로 원고를 만들어서 아이들에게 보여 주었더니 '아버지 내용이 괜찮아요. 책으로 만들어도 될 것 같아요.' 아이들 말에 힘을 얻었다. 자부가 내용을 수정하면서 타자를 쳐서 원고를 융하게 만들어 주었다.

그렇게 해서 나온 책이 '지금 저는 극기 훈련 중입니다.'라는 자서

전을 만들게 된 것이다.

2016년도 장로 은퇴기념으로 선물했다. 나는 기억력이 없어진다. 그러기에 중요한 뜻을 깨달았다 싶을 때에는 꼭 메모해 놓는다. 어느 때는 혼자 알고 있는 것이 무척 아깝다 하는 생각을 갖게 된다. 그렇다고 교인들에게 말할 수도 없다. 속에 넣고 있자니 자꾸만 내 속에서 나가고 싶어 한다. 감동받아서 적어놓은 것 읽을 때에는 눈시울이 붉어진다. 아니 이렇게 좋은 내용을 썩히다니 교회에서도 못 들어 본 내용인데, 옛날에 젊어서 만든 원고를 생각해 보았다. 그 원고가 다른 것은 다 불에 탔는데 왜 안 탔을까? 어떤 이유라도 있는건가?

다시 시작해 볼래? 저는 못 해요. 하면서 정말 기도 많이 했다. 그런데 제 마음에는 두 가지 마음이 있어서 내 속에서 싸우고 있는 것이다. 못하겠다는 마음과 그래 좋아 그럼 만약에 안 하고 지나가서 네가 이 다음에 나하고 만날 때에 무어라고 핑계를 대겠느냐?

나는 네가 강제로 만들어서 하라고 하는 것이 아니고, 내가 이미 감동으로 많은 것을 주었잖니? 그리고 자서전이라는 책을 만들게 하지 않았느냐?

나도 그런 점에서 압박을 많이 받고 있다. 안 하는 것은 쉽다. 그러나 주님 앞에 가서 유구무언이 될까 두려운 것이다. 안 하고 책망받는 것보다는 하는 쪽이 좋겠다 싶어졌다.

또 재촉하신다. 할 거야 안 할 거야? 한번 시작해봐. 도와줄게 하는 등을 미는 듯, 하는 느낌이 들었다.

나는 컴퓨터를 켜는 것도 끄는 것도 모른다. 타자를 쳐 보지도 못해 봤다. 지난번에는 자부가 수정해가면서 해 주었기 때문에 했지만 직장에 다니느라 시간이 없다. 이젠 내가 처음부터 다 해야 한다. 눈은 침침하지 정신은 멍하지 정말 장난이 아니다. 아이들한테 이야기하니 둘째가 컴퓨터를 조립해주고 타자치는 것도 가르쳐주었다.

연습을 하다가 본 원본을 타자를 치기 시작하는데 어디서 끊어서 해야 되는지 감이 잡히질 않는다. 점은 어디에 찍는 것도 모르고 맞춤법도 틀려 아무리 쳐 봐도 잘못되었다고 빨간 밑줄이 쳐진다. 어렵고 힘들게 몇 날 동안 간신히 타자 친 것을 저장이라는 것을 몰라 순식간에 문자가 날아갈 때도 있었다.

눈앞이 캄캄했다. 하지 말라고 하시는 것인가 보다 하고 자포자기하고 주저앉았다.

그럴 때마다. 어떻게 해서든지 해봐. 쉬운 게 어디 있어? 하시면서 일으키는 느낌도 받았다.

참으로 어렵게 여기까지 오게 하셨다. 나에게 주신 것 아낌없이 눈치 안 보고 돌에 맞든 몰매 맞든 다 썼다.

빌라도가 이런 말을 했다. 유대인들이 자칭 유대인이라고 쓰라 하니 빌라도가 거기 굴하지 않고 내가 쓸 것을 썼다 하다.

나의 바라는 목적은 모든 성도들이 성경 속에서 예수님을 꼭 발견하고 만나는 것이다. 예수님이 없으면 성령도 없고, 하나님도 없는 것이다. 구약의 하나님의 비밀은 예수님이시고 신약의 비밀은 예수님의 십자가의 보배로운 피인 것이다.

모두 예수그리스도의 피뿌림을 받는 자 되기를 두 손 모아 기도한다.